Zu diesem Buch

Václav Havel wurde am 5. Oktober 1936 in Prag geboren. Nach dem Militärdienst war er beim Prager «Theater am Geländer» als Bühnenarbeiter, Beleuchter, Sekretär, Regiassistent, Lektor, Dramaturg und Hausautor tätig. Mit seinen beiden ersten Theaterstücken «Das Gartenfest» (1963), einer Satire über die Mechanisierung des Menschen in einer total verwalteten Welt, und «Benachrichtigung» (1965), einer absurden Komödie über Bürokratie und Entpersönlichung durch anonyme Mächte, gelang ihm der Durchbruch zum international anerkannten Dramatiker. Weitere Bühnenwerke: «Erschwerte Möglichkeit der Konzentration», «Die Gauneroper», «Das Berghotel», «Largo Desolato», «Die Versuchung» und «Sanierung». Insgesamt hatten Havels Stücke bisher über 280 Inszenierungen in achtzehn Ländern sowie etwa 150 Rundfunk- und Fernsehsendungen.

Seit dem Ende des sogenannten Prager Frühlings 1968 wurde Havel mit einem Publikations- und Aufführungsverbot in der ČSSR belegt. Als Mitbegründer und langjähriger Sprecher der «Charta 77» erlebte Havel mehrere Festnahmen, Prozesse und Haftstrafen. 1979 wurde er zu viereinhalb Jahren Haft verurteilt, wegen schwerer Erkrankung 1983 einige Monate vor Ablauf dieser Haftstrafe entlassen. Eine neue Verurteilung am 21. Februar 1989 zu neun Monaten Haft unter verschärften Bedingungen löste weltweite Proteste – auch in Ländern des Ostblocks aus.

Havel erhielt 1968 den amerikanischen OBIE-Bühnenpreis, 1969 den Österreichischen Staatspreis für europäische Literatur, 1982 den Jan-Palach-Preis zur Unterstützung der «Charta 77» und 1986 den holländischen Erasmus-Preis. Die Universitäten in Toulouse und in York-Le Mirail (Kanada) verliehen ihm die Ehrendoktorwürde. Die P.E.N.-Clubs in Frankreich, Schweden, der Bundesrepublik und der Schweiz sowie die Freie Akademie der Künste in Hamburg ernannten ihn zum Ehrenmitglied. 1989 erhielt Havel den Friedenspreis des Deutschen Buchhandels in Frankfurt a. M. sowie den Olof-Palme-Preis in Stockholm.

Am 29. Dezember 1989 wurde Václav Havel einstimmig zum Präsidenten der tschechoslowakischen Republik gewählt.

In der Reihe der rororo-Taschenbücher liegen ferner vor: «Largo Desolato» (1985; Nr. 5666), «Versuch, in der Wahrheit zu leben» (1989; rororo aktuell-Essay Nr. 12622), «Briefe an Olga» (1989; rororo aktuell-Essay Nr. 12732), «Das Gartenfest / Die Benachrichtigung» (1989; Nr. 12736) und die «Vaněk-Trilogie: Audienz / Vernissage / Protest, Versuchung und Sanierung» (1989; Nr. 12737).

Václav Havel

Fernverhör

Ein Gespräch
mit Karel Hvížd'ala

Aus den Tschechischen
von Joachim Bruss

Rowohlt

Veröffentlicht im Rowohlt Taschenbuch Verlag GmbH,
Reinbek bei Hamburg, Juni 1990
Copyright © 1987 by Rowohlt Verlag GmbH,
Reinbek bei Hamburg
Dálkovy výslech Copyright © 1986 by Václav Havel
Umschlaggestaltung Walter Hellmann (Foto: AFP/dpa)
Gesamtherstellung Clausen & Bosse, Leck
Printed in Germany
1280-ISBN 3 499 12859 4

Fernverhör

Wie erscheint Ihnen heute, angesichts Ihres nahenden fünfzigsten Geburtstags, Ihre Kindheit, als Sie zu der bekannten und sogenannten bürgerlichen Familie Havel gehörten? Wenn man damals in Böhmen Havel sagte, meinte man fast immer im selben Atemzug Lucerna und Barrandov und hatte dabei das Vergnügungszentrum und die Filmateliers im Sinn –

Ja, ich stamme tatsächlich aus einer «bürgerlichen Familie», vielleicht sogar aus einer «großbürgerlichen». Zunächst aber die Fakten: Mein Ururgroßvater väterlicherseits war ein bedeutender Prager Müller, hatte jedoch neun Töchter und hat all seinen Besitz auf ihre Aussteuer aufgeteilt, so daß für meinen Urgroßvater – seinen einzigen Sohn – nichts mehr übrigblieb. Er war Wiegemeister, das war eine zur einen Hälfte Arbeiter-, zur anderen Hälfte Beamtenstellung, womit er – wenn meine Annahme richtig ist – aus den mittelständischen Höhen in die proletarischen Niederungen gefallen war. Nichtsdestoweniger hat schon sein Sohn – mein Großvater väterlicherseits – sich wieder hochgearbeitet: er studierte Architektur, lieh sich Geld, pflasterte irgendwo erfolgreich einen Platz und wurde so zum Bauunternehmer. Er hat danach so einiges gebaut, verschiedene hübsche Jugendstilhäuser in Prag und vor allem den Palast Lucerna, das erste Eisenbetongebäude in Prag. Er selbst hat die Arbeit getan, die heute Dutzende von Leuten machen: von den architektonischen Projekten und Berechnungen bis zur Bauleitung, von der ökonomischen Leitung der Firma bis zu ich weiß nicht was. Er gehörte also zu jener ersten Generation wirklicher Kapitalisten oder Bourgeois, nämlich zu der Selfmademan-Generation der Gründer von Familienfirmen, die mit nichts angefangen und viel erreicht haben. Ihm vor allem verdanke ich meine bürgerliche Herkunft, er war es offensichtlich, der unsere Familie in die «bürgerliche Klasse» gebracht hat. Mein Vater hat sein Werk fortgesetzt, er kaufte einen leeren Hügel hinter Prag und baute dort das Villenviertel Barrandov, und ebenso die Terrassen, die dann zusammen mit dem Palast Lucerna unserer Familie als «Restaurationsbetriebe Lucerna und Barrandov» gehörten. Mein Onkel, der Bruder meines Vaters, hat sich von jung auf dem Film gewidmet, er baute in Barrandov die Ateliers und war während der ersten Republik und während des Protektorats der wichtigste tschechische «Filmmagnat». Wieweit meine Mutter ursprünglich bürgerlicher Herkunft war, kann ich nur schwer beurteilen: ihr Vater Hugo Vavřečka stammte zwar aus einer armen Bauernfamilie, er wurde jedoch zu einem Mann mit neun Berufen: nationalökonomischer Redakteur der *Volkszeitung*, tschechoslowakischer Botschafter in verschiedenen Ländern (ein paar Tage sogar Minister), einer der Direktoren der Bat'a-Betriebe, Gelegenheitsschriftsteller (er hat zum Beispiel jenen ‹Lelíček› geschrieben, der dann in der verfilmten Version von Vlasta Burian berühmt wurde). Einzelheiten über unsere Familie, über den Vater, den Onkel und viele andere können Sie – wenn es Sie interessiert – in den sechsteiligen Erinnerungen meines Vaters lesen (sie sind im Samizdat erschienen). Mein Bruder, meine Frau und ich haben ihn gegen Ende der siebziger Jahre dazu gezwungen, sie zu schreiben, getrieben vor allem von «therapeutischen» Motiven: wir wußten, wenn er lange leben und geistig frisch bleiben soll, dann muß er arbeiten – und so haben wir ihn im Alter von fast achtzig Jahren auf diese Weise beschäftigt. Daraus ist, glaube ich, ein in vieler Hinsicht interessantes und belehrendes Buch entstanden (Eva Kantůrková hat einen sehr schönen Essay darüber geschrieben), und in fast jedem seiner Sätze ist zu spüren, daß der Motor der Arbeit meines Vaters (wie übrigens auch der des Großvaters) nicht jenes berühmte kapitalistische Streben nach Gewinn und Mehrwert war, sondern reine Unternehmunglust, der Wille, etwas zu schaffen. (Mein Vater hat sich – unter anderem – durch den Bau von Barrandov für sein ganzes Leben lang verschuldet und ist wohl kein allzu großer Millionär gewesen – zumindest danach zu urteilen, daß er nach dem Krieg der bekannten «Millionärssteuer» nicht unterlag.) Es ist beinahe rührend, wie er sich in seinen Erinnerungen in aller Ausführlichkeit der Welt gegenüber dafür entschuldigt, daß ihm in der Ära des privaten Unternehmertums nichts anderes übrigblieb, als Privatunternehmer zu sein. Doch um nicht allzusehr in die Breite zu gehen: mein Vater war einfach ein hervorragender und braver Mann, obwohl er Kapitalist und Bourgeois war. Das bedeutet jedoch bei weitem nicht, daß ich selbst – als Bürgerkind – mich einfach mit unserer «Bürgerlichkeit» identifiziert hätte, sie ohne weiteres als für mich gültig betrachtet hätte, den Kapitalismus selbst als solchen ohne weiteres für mich als gültig betrachtet hätte. Das war alles viel komplizierter. In der Kindheit genoß ich, besonders wenn wir in unserem Landhaus wohnten und ich die Dorfschule besuchte, vielfältige Vorteile und Vorrechte: ich war – im Unterschied zu allen meinen

Mitschülern und Freunden — ein «Herrensöhnchen», stammte aus einer vermögenden und also einflußreichen Familie, die — wie es in einem solchen Milieu damals üblich war — auch «Dienerschaft» beschäftigte: ich hatte eine Erzieherin, wir hatten eine Köchin, eine Dienstmagd, einen Gärtner, einen Chauffeur. Und das alles bewirkte zwischen mir und meiner unmittelbaren Umgebung (bzw. einem bedeutenden Teil dieser Umgebung, nämlich dem, den meine ärmeren Mitschüler und unsere «Dienerschaft» bildeten) eine begreifliche soziale Schranke, die ich — obwohl ein kleiner Stöpsel — sehr genau spürte und an der ich sehr schwer trug, denn ich fühlte sie eindeutig als mein Handicap: ich schämte mich meiner Vorrechte, bat um ihre Aufhebung, ich sehnte mich nach Gleichheit mit den anderen. Wohl nicht, weil ich von Kindheit an ein Sozialrevolutionär gewesen wäre, sondern einfach, weil ich mich ausgeschlossen und abgetrennt fühlte, weil ich um mich herum ein bestimmtes Mißtrauen fühlte, eine bestimmte Distanz (Klassenhaß würde ich das nicht zu nennen wagen), weil ich einfach wußte, daß zwischen mir und meiner Umgebung eine Art unsichtbare Mauer steht, weil ich mich hinter dieser Mauer — was paradox erscheinen mag — irgendwie vereinsamt, minderwertig, verloren, ausgelacht fühlte. Als ob ich unterbewußt fühlte oder befürchtete, daß alle — und zu Recht — gegen mich verschworen oder zumindest über die Unverdientheit meiner Vorrechte und die Lächerlichkeit meiner Person als ihres kleinen Trägers still übereingekommen wären. Ich fühlte mich kurz gesagt «draußen», ausgeschlossen, durch meine Erhöhung erniedrigt. Rechnen Sie dazu, daß ich ein gemästetes Dickerchen war, und daß alle — wie das unter Kindern üblich ist — sich über mein Dicksein lustig machten, um so mehr, als das für sie leicht eine wenn auch unbewußte Gelegenheit zum Akt einer Art «sozialer Rache» sein konnte. In einem meiner Briefe aus dem Gefängnis schreibe ich übrigens über das alles und versuche anzudeuten, wie mich das beeinflußt hat. Ich glaube heute wirklich, daß diese Kindheitserfahrung mein gesamtes zukünftiges Leben beeinflußt hat, einschließlich meines Schreibens: mein kindliches Gefühl des Ausgeschlossenseins vom Ganzen oder der Labilität der Verankerung darin (später, nach dem Sieg des Kommunismus, entwickelt durch die Erfahrung, ständig Zielscheibe des sogenannten Klassenkampfes zu sein, also wiederum durch die Erfahrung eines nicht verschuldeten Ausgeschlossenseins) konnte auf den Blickwinkel meiner Weltsicht nicht ohne Einfluß bleiben – einer Sicht, die eigentlich auch der Schlüssel zu meinen Stücken ist. Es ist die Sicht «von unten», «von außen». Es ist eine Sicht, die aus der Erfahrung der Absurdität erwachsen ist. Was anderes denn, als das tiefe Gefühl des Ausgeschlossenseins ermöglicht es dem Menschen, besser die Absurdität der Welt und der eigenen Existenz zu sehen oder – nüchterner – ihre absurde Dimension? Über meine Stücke ist geschrieben worden, sie seien tschechisches «absurdes Theater». Es steht mir nicht an zu beurteilen, wieweit ich vom absurden Theater als künstlerischer Richtung belehrt oder beeinflußt worden bin (wahrscheinlich merklich, wenn auch einen noch größeren Einfluß auf mich, denke ich, Kafka hatte), und doch würde ich wohl kaum irgendwie stärker die absurden Umrisse der Welt wahrnehmen, wenn in mir nicht die existentielle Ausgangserfahrung schlummerte, von der ich hier spreche. Also sollte ich eigentlich zusätzlich meiner bürgerlichen Herkunft dankbar sein: es ist deutlich, daß das Gefühl des unverschuldeten Ausgegliedertseins, das meine Herkunft in mir geschaffen hat, sowohl in der Zeit, als ich

Vorteile davon hatte wie auch in der Zeit, als daraus für mich nur Verfolgung erwuchs, sich schließlich für mich als produktiv erwies. Manchmal sage ich mir sogar, ob ich ganz ursprünglich nicht zu schreiben und überhaupt um etwas mich zu bemühen begonnen habe, um irgendwie mein Grunderlebnis der Nichtzugehörigkeit, der Peinlichkeit, der Uneingereihtheit, einfach der Absurdität zu überwinden bzw. um damit leben zu können. Meinen Eltern nehme ich selbstverständlich nichts übel und werfe ihnen nichts vor, es waren brave Leute und es ging ihnen nur um mein Wohl (und soweit sie in die sozialen Gewohnheiten ihrer Epoche und Gesellschaftsschicht eingeschlossen waren, so waren sie es gerade nur soweit, wie das mehr oder weniger jeder ist). Und ich würde ihnen auch nichts vorwerfen, wenn sich ihre unabsichtlich ein Handicap darstellende Hilfe nicht zuletzt zu meinen Gunsten ausgewirkt hätte. Der familiären Umgebung verdanke ich im übrigen auch unmittelbar viel: indem ich in der ideellen Atmosphäre des Humanismus Masarykscher Prägung aufwuchs (der Vater pflegte Freundschaft mit Rádl, Peroutka, J. L. Fischer, Eduard Bass usw.), umgeben von den entsprechenden Büchern, hatte ich – was die geistige Orientierung angeht – gute Startbedingungen. In der Pubertät habe auch ich, wie das eben so geht, eine Zeit der Revolte gegen die Eltern durchgemacht: auch wenn ich mich geistig nie auf den Kommunismus eingelassen habe (die Sache war mir, keineswegs ausschließlich durch eigenes Verdienst, schon seit jeher klar), so war ich doch seinerzeit kämpferisch «antibürgerlich» und habe meinen Eltern (zum Glück nur mit dummem Gerede) wohl recht weh getan – und das gerade in der für sie schlimmsten Zeit (es waren die fünfziger Jahre). Das ging aber bald vorüber. Obwohl – etwas ist mir aus dieser Zeit der ersten Selbstbewußtwerdung wohl doch geblieben: meine bürgerliche Herkunft – was vielleicht etwas Besonderes ist, und wenn Sie es mir nicht glauben wollen, werde ich Sie nicht dazu zwingen – hat in mir so etwas wie ein soziales Gefühl erweckt, oder besser bestärkt, nämlich den Widerstand gegenüber unverdienten Vorrechten, ungerechten sozialen Schranken, gegenüber jeglicher familiären oder sonstigen Vorbestimmtheit für eine sogenannte «höhere Stellung», gegenüber jeder Erniedrigung der Menschenwürde. Ich glaube, alle sollten, soweit möglich, die gleichen Chancen haben. Was dann wer daraus macht – das ist schon eine andere Sache.

Kommt es Ihnen nicht so vor, daß Sie eigentlich ein wenig auf die Regeln des Systems eingegangen sind, das in der Tschechoslowakei seit 1948 herrscht, wenn Sie über Ihre Herkunft so viel und so differenziert nachdenken? Meine Frau kommt aus einer ähnlichen Familie, ihre Vorfahren haben eine Kaufhauskette in der Tschechoslowakei errichtet, den «Weißen Schwan», das erste moderne Kaufhaus in Prags gebaut, und mir scheint es kein Nachteil zu sein, wenn man als Sohn oder Tochter in eine Familie geboren wird, die etwas aufgebaut hat und reich war. Ist es nicht an der Zeit, diese Dinge endlich laut zuzugeben?

Ich weiß nicht, inwieweit mein Erlebnis und die Reflexion meiner bürgerlichen Herkunft verraten, daß ich auf die Regeln des Systems eingegangen bin, und wieweit sie davon abhängig sind. Sei dem, wie es sei, so erfahre ich die Dinge einfach, so sehe ich sie, anders kann ich sie nicht erfahren und sehen, und es ist mir gleichgültig, ob das eine Adaption an ein herrschendes System ist oder nicht. Und überhaupt: niemand entwickelt sich und wird sich seiner selbst im luftleeren Raum bewußt, außerhalb aller Epochen und Systeme; die Zeit, in der der Mensch aufwächst und reift, beeinflußt immer sein Denken. An und für sich ist das nichts, was Selbstkritik erfordern würde. Es geht eher darum, auf welche Weise sich der Mensch hat beeinflussen lassen, ob auf gute oder schlechte Weise.

Ich stimme Ihnen zu, aber gerade deshalb möchte ich noch einmal auf diese Frage zurückkommen. Scheint es Ihnen nicht, daß wir nach allem, was geschehen ist, diese ganzen sozialen Wahnideen von Sozialismus und Gleichheit loswerden sollten?

Sie wollen mich offenbar zwingen, über meine politischen Ansichten zu sprechen. Mit Politik, Politologie oder Ökonomie habe ich mich nie systematisch beschäftigt, eine ausgeprägte politische Ansicht habe ich nie gehabt und um so weniger öffentlich manifestiert. Ich bin Schriftsteller und meine Berufung habe ich immer als die Pflicht begriffen, die Wahrheit über die Welt zu sagen, in der ich lebe, von ihren Schrecken und Miseren zu berichten, also eher zu warnen als Anleitungen zu geben. Etwas Besseres vorzuschlagen und es zu verwirklichen, das ist eher die Aufgabe eines Politikers – und ich bin nie Politiker gewesen und habe es auch nie sein wollen. Auch als dramatischer Autor bin ich immer davon ausgegangen, daß die sogenannte Lösung jeder Zuschauer in sich selbst finden muß, daß sie nur dann wirklich sein kann, meine Aufgabe ist es nicht, etwas Fertiges anzubieten. Für Politik habe ich mich, das stimmt, immer interessiert, doch immer als ihr Beobachter und Kritiker, nicht also als ihr Schöpfer (ich sehe hier von der offensichtlichen, in diesem Zusammen-

hang aber irrelevanten Wahrheit ab, daß auch die Kritik
der Politik auf ihre Weise Politik ist).

*Trotzdem haben Sie doch wohl irgendwelche politischen
Ansichten?*

Irgendeine grundlegende, wenn auch ziemlich nebelhafte
Ansicht darüber, wie die gesellschaftlichen Angelegenhei-
ten geordnet sein sollten, habe ich immer gehabt, das ist
begreiflich, niemals jedoch habe ich sie zusammenhängender geäußert. Immer bin ich zum Beispiel für die Demokratie gewesen und lange habe ich mich für einen Sozialisten gehalten – sogar noch vor zehn Jahren habe ich mich
in einem Gespräch mit Jiří Lederer so bezeichnet. Damals
allerdings habe ich – das muß ich hinzufügen – dieses
Wort zur Bezeichnung meiner politischen Überzeugung
zum letztenmal verwendet. Nicht etwa, weil ich danach
irgendeine radikalere Wandlung der Ansichten durchgemacht hätte oder von etwas zu etwas konvertiert wäre.
Mir ist nur klargeworden, daß dieses Wort eigentlich gar
nichts mehr bedeutet und daß es meine Ansichten eher
vernebeln kann als deutlich machen. Was ist das eigentlich, Sozialismus? Bei uns, wo wir von der sozialistischen
Eisenbahn, vom sozialistischen Geschäft, von der sozialistischen Mutter oder der sozialistischen Poesie lesen können, bedeutet dieses Wort nichts anderes, als Loyalität zur
Regierung. Aber auch dort, wo das Wort immer noch
etwas ausdrückt, kann es doch so viele verschiedene Dinge
bedeuten! Mein Abschied von diesem Wort kommt von
meinem traditionellen Widerstand gegenüber allzu festen
(und deswegen semantisch ziemlich leeren) Kategorien,
ideologischen Floskeln und Zauberformeln, in denen das
Denken zu einer undurchlässigen Struktur statischer Be-

griffe verfestigt, je undurchlässiger desto weiter vom Leben entfernt. (In meinen Essays habe ich hin und wieder einige Begriffe verwendet, die ich mir ausgedacht habe, wie zum Beispiel «posttotalitäres System» oder «antipolitische Politik», aber das waren nur Hilfskategorien, die ich für einen bestimmten Zweck gewählt habe, für einen Artikel, in einem gewissen Kontext, in einer Atmosphäre, ohne daß ich mich später gezwungen fühlte, zu ihnen zurückzukehren oder sie wieder zu verwenden. Es waren für mich nur situationsgebundene sprachliche Hilfsmittel, keineswegs in Ewigkeit verpflichtende Kategorien.) Kurz und gut: ohne daß ich meine politischen Ansichten irgendwie geändert hätte, habe ich aufgehört, mich für einen Sozialisten auszugeben. Übrigens habe ich mich auch in der Zeit, in der ich mich noch für einen solchen ausgegeben habe, nie mit irgendeiner konkreten politischen oder ökonomischen Doktrin, Theorie oder Ideologie identifiziert, mit irgendeinem Gesamtprojekt für die bessere Weltordnung. Der Sozialismus war für mich eher eine menschliche, sittliche, eine Gefühlskategorie. Ich war wohl so ein Sozialist wie etwa Peroutka oder Černý: die haben doch von sich selber auch gesagt, sie seien Sozialisten. Es hat einfach Zeiten gegeben, in denen sich als Sozialist jeder ausgegeben hat, der auf der Seite der Unterdrückten und Erniedrigten stand, keineswegs also auf der Seite der Machthaber, der Widersacher unverdienter Vorrechte, ererbter Privilegien war, gegen die Ausbeutung der Machtlosen, gegen soziale Ungerechtigkeiten und unsittliche Schranken, die den Menschen erniedrigen, der zu dienender Stellung verurteilt ist. Ein solcher «Gefühls»- oder «sittlicher» Sozialist war also auch ich – und ich bin es bis heute, nur mit dem Unterschied, daß ich meine Haltung nicht mehr mit diesem Wort bezeichne.

Wie würden Sie Ihre gegenwärtigen Vorstellungen von einer sinnvolleren Weltordnung beschreiben?

Vielleicht habe ich darüber heute eine etwas konkretere Vorstellung, als ich sie früher und in meiner Jugend hatte, doch auch diese Vorstellung ist äußerst unbestimmt, nebelhaft, offen, durch neue Erkenntnis leicht zu modifizieren. Vor allem glaube ich, daß die Ursachen der Krise, in der sich die heutige Welt befindet, tiefer liegen als in irgendeiner konkreten Art der Organisation der Wirtschaft oder in irgendeinem politischen System. Ich glaube, daß die westliche und die östliche Welt, sosehr sie sich in vieler Hinsicht unterscheiden, eine einzige und gemeinsame Krise durchmachen, mit deren Reflexion alle Überlegungen zu einer besseren Alternative beginnen sollten. Worin besteht also das Wesen oder die Ursache der Krise? Mir scheint, daß Václav Bělohradský das schön formuliert, wenn er von dieser «Spätzeit» als einer Zeit der Konflikte zwischen der unpersönlichen, anonymen, unverantwortlich und unkontrollierbar dahinrasenden Macht (der Macht der «Megamaschinerie») und den elementaren und ursprünglichen Interessen des Menschen als konkreter Person schreibt. Irgendwo hier fühle auch ich die grundlegende Spannung, aus der die heutige globale Krise erwächst. Ich bin dabei überzeugt, daß dieser Konflikt – und überhaupt die hypertrophisch sich entwickelnde Macht selbst – unmittelbar mit dem Geist der zeitgenössischen Zivilisation zusammenhängen, charakterisiert durch den Verlust der metaphysischen Gewißheit, des Erlebnisses des Transzendenten, durch den Verlust jeglicher überpersönlichen sittlichen Autorität und überhaupt jeglichen höheren Horizontes. Es ist eigenartig, aber letztlich logisch: sobald der Mensch sich selbst zum höchsten Sinn der Welt und zum Maß aller Dinge gemacht hatte, begann die Welt die menschlichen Dimensionen zu verlieren und sich der Hand des Menschen zu entziehen. Die große Abkehr von Gott, die wir in der modernen Zeit durchmachen und für die es in der Geschichte kein Beispiel gibt (soweit ich weiß, leben wir in der ersten atheistischen Zivilisation), hat ihre komplizierten geistigen und kulturellen Ursachen: sie hängt mit der Entwicklung der Wissenschaften, der Technik und der menschlichen Erkenntnis zusammen, mit dem gesamten neuzeitlichen Aufschwung des menschlichen Intellekts und menschlichen Geistes. Den stolzen Anthropozentrismus des modernen Menschen, der überzeugt ist, alles erkennen und sich unterordnen zu können, spüre ich irgendwo im Hintergrund der gegenwärtigen Krise. Und mir scheint, soll sich die Welt zum Besseren wenden, muß sich vor allem etwas im menschlichen Bewußtsein ändern, im Menschentum des heutigen Menschen; der Mensch muß sich auf irgendeine Weise besinnen; er muß sich aus dieser schrecklichen Verwicklung in alle offenbaren und verborgenen Mechanismen der Totalität vom Konsum über die Repression und Reklame bis zur Manipulation durch das Fernsehen befreien; er muß sich gegen die Rolle des machtlosen Bestandteils einer gigantischen Maschine auflehnen, die Gott weiß wohin rast; er muß die tiefere Verantwortung für die Welt wieder in sich selbst finden – und das bedeutet, die Verantwortung für etwas Höheres als er selbst es ist. Der modernen Wissenschaft ist das klar (im Unterschied zu den Inhabern der «wissenschaftlichen Weltanschauung»), doch Abhilfe kann sie nicht schaffen: die Erweckung dieser neuen Verantwortlichkeit steht außerhalb ihrer Reichweite, eine solche Sache läßt sich wissenschaftlich oder technisch nicht lösen. Vielleicht wirkt es paradox, doch es zeigt sich, daß einzig die sittliche und

18

geistige Orientierung, die auf dem Respekt vor irgendeiner «außerweltlichen» Autorität begründet ist – vor der Ordnung der Natur oder des Alls, vor der sittlichen Ordnung und ihrer überpersönlichen Herkunft, vor dem Absoluten –, dazu führen kann, daß das Leben auf dieser Erde nicht durch irgendeinen «Mega-Selbstmord» untergeht, daß es erträglich bleibt und wirklich menschliche Dimensionen erlangt. Und allein eine solche Orientierung kann offensichtlich zu einer Entwicklung gesellschaftlicher Strukturen führen, in der der Mensch wieder Mensch ist, konkrete menschliche Person.

Bedeutet das, daß Sie es ablehnen, zu Systemproblemen eine eigene Ansicht zu haben und der Menschheit empfehlen, mit deren Lösung bis zur Zeit ihrer sittlichen und geistigen Erneuerung zu warten?

Zum ersten: die geistige Erneuerung, so wie ich sie verstehe (seinerzeit habe ich sie «existentielle Revolution» genannt), ist nicht etwas, was uns eines Tages vom Himmel in den Schoß fällt oder was uns ein neuer Messias bringen wird. Es ist eine Aufgabe, vor der jeder Mensch steht, und zwar in jedem Augenblick. «Etwas unternehmen» können und müssen wir alle und jetzt und hier; niemand wird das für uns tun und auf niemanden können wir warten. Übrigens könnte ich viele Belege dafür nennen, daß dies schon geschieht: gibt es nicht auch heute auf der Welt genügend Menschen, denen nicht alles gleichgültig ist und die sich bemühen, «etwas zu unternehmen»? Das also als erstes. Zum zweiten: alle Veränderungen oder Bewegungen in der geistigen und sittlichen Sphäre verlaufen schließlich nicht irgendwo außerhalb der Welt oder oberhalb der Welt, in irgendeinem Jenseits, sondern hier und jetzt, also

auf dem Terrain des gesellschaftlichen Lebens. Auf Grund
ihrer gesellschaftlichen Reichweite oder ihres Eingreifens
wissen wir überhaupt davon, nur deshalb sind sie sichtbar,
durch das gesellschaftliche Leben und «an ihm» geschehen
sie de facto – etwa so, wie die Idee eines Bildhauers am
Material seiner Statue «geschieht». Es ist also nicht so, daß
der Mensch erst eine Idee der besseren Welt auszudenken
hätte, um sie dann «in die Praxis umzusetzen», sondern so,
daß er in seinem «Da-Sein» diese Idee schafft oder offen-
bart, daß er sie sozusagen aus dem «Material der Welt»
schafft oder sie «in der Sprache der Welt» artikuliert.

*Also haben Sie doch eine bestimmte, konkretere Vorstel-
lung von einem besseren gesellschaftlichen System?*

Dazu habe ich mich schon bekannt. Der traditionelle politische Streit zwischen der Rechten und der Linken dreht
sich, in marxistischer Terminologie gesprochen, um das
Eigentum an Produktionsmitteln. Also um die Frage, ob
Firmen privat oder «vergesellschaftet» sein sollen. Ich
sehe darin, wenn ich aufrichtig sein soll, nicht das Hauptproblem. Das würde ich etwa so formulieren: es geht vor
allem darum, daß der Mensch das Maß aller Strukturen
ist, einschließlich der wirtschaftlichen, und nicht etwa,
den Menschen dem Maße dieser Strukturen anzupassen.
Das bedeutet, es ist das Wichtigste, daß die persönlichen
Beziehungen nicht verlorengehen, die Beziehungen zwischen dem Menschen und seinen Mitarbeitern, zwischen
Untergebenen und Vorgesetzten, zwischen dem Menschen
und seiner Arbeit, zwischen dieser Arbeit und dem Schicksal ihrer Ergebnisse usw. usw. Die total verstaatlichte und
total zentralisierte (d. h. von Plandirektiven geleitete)
Wirtschaft vernichtet diese Beziehungen in katastrophaler

Weise: zwischen dem Menschen und dem wirtschaftlichen Leben öffnet sich ein immer größerer Abgrund. Deshalb – unter anderem – funktioniert dieser Wirtschaftstyp so schlecht: nachdem der Mensch die persönliche Beziehung zu seiner Arbeit, zu seinem Betrieb, zur Entscheidung über Inhalt und Zweck seiner Arbeit und über das Schicksal ihrer Ergebnisse verloren hat, verliert er auch das Interesse an seiner Arbeit. Der Betrieb gehört angeblich allen, in Wirklichkeit aber gehört er niemandem. Seine Tätigkeit löst sich in der anonymen Eigenbewegung des Systems auf, für die niemand verantwortlich ist und die niemand durchschaut. Alle natürlichen Triebkräfte des wirtschaftlichen Lebens, wie es der menschliche Erfindungsreichtum und die menschliche Unternehmungslust sind, die Notwendigkeit einer gerechten Entlohnung, Marktbeziehungen, Konkurrenz usw. sind ausgeschaltet; niemand ist verantwortlich; niemandem liegt an etwas; niemand erhält für diese oder jene Ergebnisse seiner Arbeit gerechten Lohn oder gerechte Strafe; die Menschen verlieren – was überhaupt das Schlimmste ist – jeglichen Kontakt zum Sinn der eigenen Arbeit. Alles fällt in die ungeheure Grube der unpersönlichen und anonymen wirtschaftlichen Eigenbewegung, von der Arbeit des letzten Hilfsarbeiters bis zur Entscheidung des Bürokraten in der zentralen Planungsbehörde. Das alles sind notorisch bekannte Dinge. Trotzdem glaube ich nicht, daß der Wechsel des Eigentümers wie mit einem Neigen der Wünschelrute das alles beseitigen kann und daß zur Abhilfe bei uns einfach die Erneuerung des Kapitalismus ausreichen würde. Der hat nämlich, wenn auch auf anderem Niveau und nicht in derart trivialen Formen, mit denselben Problemen zu kämpfen (die Entfremdung ist ja zuerst gerade am Kapitalismus beschrieben worden): es ist bekannt, daß zum Beispiel

die riesigen integrierten und internationalisierten privat-
kapitalistischen Betriebe bedenklich sozialistischen Staaten ähneln; mit der Industrialisierung, Zentralisierung,
Spezialisierung, Monopolisierung und schließlich Auto-
matisierung und Computerisierung vertiefen sich verständlicherweise die Elemente der Entpersönlichung und
Sinnentleerung der Arbeit und parallel dazu die gesamte
Lebensmanipulation des Menschen durch das System (wie
unauffällig – im Vergleich zu den totalitären Staaten – sie
auch immer ist). IBM funktioniert sicher besser als Škoda,
doch ändert das nichts daran, daß beide Betriebe schon
lang die menschliche Dimension verloren und aus dem
Menschen ein Schräubchen in ihrer Maschinerie gemacht
haben, völlig abgeschnitten von dem, was diese Maschinerie eigentlich tut, warum und für wen, und was sie damit
in der Welt bewirkt. Ich würde sogar sagen, IBM ist darin
in gewisser Hinsicht schlechter dran als Škoda: während
Škoda bloß einmal in der Zeit einen Atomreaktor älteren
Typs für die Bedürfnisse der zurückgebliebeneren Mitglieder des RGW ausschwitzt, überschwemmt IBM die Welt
mit immer vollkommeneren Rechnern, ohne daß irgendein Mitarbeiter ahnte oder gar beeinflussen könnte, was
das mit der menschlichen Seele und der menschlichen Gesellschaft anrichtet, ob es die Menschheit versklavt oder
befreit, ob es sie vor der Apokalypse rettet oder sie im Gegenteil ihr näherbringt. Dem Menschen angemessen sind
diese Megamaschinerien wahrlich nicht, und der Umstand, daß die eine kapitalistisch ist, nach Gewinn strebt
und besser funktioniert, während die andere sozialistisch
ist, Verluste sie gleichgültig lassen und schlechter funktioniert, scheint mir von diesem Gesichtspunkt aus zweit-
rangig zu sein. Vielleicht wird jetzt schon deutlicher, zu
welcher konkreteren «Systemvorstellung» ich neige: das

Wichtigste heute ist, daß die Wirtschaftseinheiten die Beziehung zum konkreten Menschen erhalten oder erneuern, daß ihre Arbeit menschlichen Inhalt und Sinn hat, daß sie es dem Menschen ermöglichen, in ihr Tun Einblick zu nehmen, mitzureden und Verantwortung dafür zu übernehmen, daß sie – ich wiederhole – menschliche Dimensionen haben, daß in ihnen der Mensch als Mensch arbeitet, als Wesen mit einer Seele und Verantwortung, und nicht als Roboter, sei er primitiv oder hochintelligent. Diesen Indikator, der schwer ökonomisch zu fassen ist, halte ich für wichtiger als alle bisher bekannten ökonomischen Indikatoren. Doch es geht nicht nur um den Menschen als arbeitendes Wesen. Es geht um den allgemeinen Sinn seiner Arbeit: dessen Kriterium sollte meiner Meinung nach wiederum die menschliche Qualität im weitesten Sinne des Wortes sein (im Kontrast zur Produktionsquantität und der abstrakten «Qualität an sich»), also wiederum etwas, das mit irgendeiner, sei es kapitalistischen oder sozialistischen, ökonomischen Wachstumskurve nur schwer zu erfassen ist. Es geht zum Beispiel darum, daß der Mensch auf dieser Erde nicht nur einen Wohnort hat, sondern ein Zuhause; daß seine Welt Ordnung, Kultur, Stil hat; daß das Profil der Landschaft respektiert und mit Gefühl kultiviert wird (sei es auch auf Kosten des Produktionswachstums); daß der geheime Erfindungsreichtum der Natur geachtet wird, ihre Buntheit und die unerforschliche Kompliziertheit aller Bindungen, mit denen sie als Ganzes durchwebt ist; daß die Städte und Straßen ihren besonderen Charakter, ihre einzigartige Atmosphäre, ihren Stil erhalten; daß das menschliche Leben nicht auf das Stereotyp von Produktion und Konsum reduziert wird, sondern ihm alle differenzierten Möglichkeiten eröffnet werden; daß die Menschen keine vom Sortiment der Verbrauchsgüter und der Fernsehgebrauchskultur manipulierte und uniformierte Herde sind, stamme das Angebot von drei konkurrierenden kapitalistischen Giganten oder einem konkurrenzlosen sozialistischen Giganten; daß sich einfach hinter der äußerlichen Buntheit des einen Systems und der abstoßenden Grauheit des anderen nicht dieselbe tiefinnerliche Leere des Lebens verbirgt, das den Sinn verloren hat. Von diesem Gesichtspunkt aus würde ich einem Wirtschaftssystem zuneigen, das auf der maximalen Pluralität vieler dezentralisierter, strukturell verschiedenartiger und eher kleinerer als größerer Betriebe begründet ist, die das Spezifische unterschiedlicher Lokalitäten und verschiedener Traditionen respektieren und dem unifizierenden Druck mit der Pluralität unterschiedlicher Typen des Eigentums und ökonomischen Entscheidens entgegentreten: vom Privateigentum (im Bereich des Handwerks, des Gewerbes, der Dienstleistungen, der Kleinunternehmen, in Teilen der Landwirtschaft und natürlich unersetzlich im Bereich der Kultur) über verschiedene Typen genossenschaftlichen Eigentums und Aktiengesellschaften über kollektives Eigentum (verbunden mit Selbstverwaltung) bis hin zu staatlichem Eigentum. Nichts davon sollte dabei im Bereich seines Wirkens a priori die Entstehung von etwas anderem ausschließen. Das Kriterium für eine eventuelle (in gewissem, minimalem Maße unumgängliche) zentrale Regulierung dieser bunten ökonomischen Szene sollte nichts anderes sein als das entwickelte Gespür für das, was dem allgemeinen Wohl des Menschenwesens zugute kommt, und das, was es im Gegenteil einschränkt und zerstört, wobei der Schiedsrichter in einer solchen Sache verständlicherweise nicht die Staatsbürokratie sein kann, sondern eine demokratisch gewählte politische Repräsentanz, die sich auf einen ständigen Dialog der öffentlichen Meinung mit der Meinung der Fachleute stützt. Soweit es um das politische System geht, würde ich mich nicht allzusehr auf das traditionelle Prinzip zweier oder dreier großer politischer Parteien als die einzig mögliche Garantie der Demokratie verlassen. Wenn in den kommunistischen Staaten alle Macht in den Händen des bürokratischen Apparates einer politischen Partei liegt, so ist das verständlicherweise schlechter, als wenn es zwei Parteien sind, wenn sie beide unter der Kontrolle einer frei geäußerten öffentlichen Meinung stehen, und wenn die Öffentlichkeit in Wahlen zwischen ihnen wählen kann. Doch auch das halte ich durchaus nicht für ideal. Mir schiene es wiederum sinnvoller, wenn ausschließlich Menschen und nicht Parteien gewählt würden (bzw. wenn die Menschen, um gewählt zu werden, Parteien nicht brauchten), wenn also die Politiker für sich selbst um die Gunst ihrer Wähler werben würden, als konkrete menschliche Personen und nicht nur als Glieder einer parteilichen Megamaschinerie oder deren Favorit. Parteien soll es geben, soviel man nur will, sie sollten aber eher den Charakter von politischen Klubs haben, in denen die Leute ihre Ansichten verfeinern, sich persönlich kennenlernen und diejenigen ausgesucht werden, die sich für die Verwaltung der *polis* eignen, an den Wahlen allerdings sollten sie selbst nicht teilnehmen und niemandem sollten sie a priori machtpolitische Krücken geben. Sie sollten, kurz und gut, nicht unmittelbar an der Macht partizipieren – das ist immer zugleich der Keim ihrer Bürokratisierung, Korrumpierung und Undemokratie –, sondern sollten nur denjenigen, die an ihr – wenn sie gewählt sind – partizipieren werden, einen geistigen Hintergrund geben, Anregungen und Gelegenheit zur Profilierung der eigenen Ansichten. Ich bin also nicht gegen die Solidarität und den

Zusammenhalt der unterschiedlichsten Interessen- oder Überzeugungsgruppierungen, sondern bloß gegen alles, was die persönliche Verantwortung vernebelt oder jemanden mit Vorteilen als Belohnung für Gehorsam im Rahmen einer an der Macht orientierten Gruppe ausstattet. Das also ist meine persönliche «Utopie»; ich spreche nicht gern davon, und Sie waren der erste, der mich gezwungen hat, sie zu erläutern. Ich hoffe, daß auch das unbestimmt Wenige, was ich hier gesagt habe, meinen Gedanken bestätigt, daß eine wirklich grundlegende und perspektivische Veränderung zum Besseren im Systembereich nicht ohne eine bestimmte, bedeutsame Bewegung in der Sphäre des Bewußtseins auskommen wird und daß sie also nicht durch einen bloßen «organisatorischen Trick» sichergestellt werden kann: ich kann mir nur schwer vorstellen, daß ein solches System, wie ich es hier kurz zu beschreiben versucht habe, entstehen könnte, ohne daß das geschieht, was ich die «Besinnung des Menschen» nenne. Das wird wahrlich kein Revolutionär oder Reformator einführen – das kann nur die natürliche Äußerung eines allgemeinen Zustands des Denkens sein. Nämlich eines solchen Zustands, in dem der Mensch weiter sieht als bis zu seiner eigenen Nasenspitze und imstande ist – angesichts der Ewigkeit – Verantwortung auch für das zu übernehmen, was ihn unmittelbar nicht betrifft, und etwas von seinem partikulären Interesse dem allgemeinen Interesse zu opfern. Ohne diese Mentalität wird auch das scharfsinnigste Systemprojekt unnütz sein.

Glauben Sie, daß irgendeine grundsätzliche Änderung in der Wahrnehmung, im Denken, in der Hierarchie der Werte usw. überhaupt möglich ist ohne kriegerische, ökologische oder andere Katastrophen?

Ich glaube nicht, daß Zivilisationskatastrophen unumgängliche Voraussetzung jeder Änderung zum Besseren im menschlichen Denken sind, und ich glaube auch nicht, daß sie derartige Veränderungen automatisch hervorrufen.

Zu Anfang haben Sie angemerkt, daß Ihr Vater mit dem Schriftsteller Eduard Bass, dem Journalisten Ferdinand Peroutka, dem Philosophen J. L. Fischer u. a. befreundet war. Welche Erinnerungen haben Sie an diese Leute?

Für das Wichtigste halte ich, daß ich seit früher Kindheit die Bücher dieser Autoren zur Verfügung hatte. Schon als Zehnjähriger las ich Peroutkas *Heute,* las ich Čapek und Masaryk. Das alles hatten wir zu Hause, es war für mich etwas Selbstverständliches, eine Art natürlicher geistiger Hintergrund. In meiner Jugend habe ich freilich viele dieser Leute nicht mehr getroffen, entweder waren sie gestorben oder in der Emigration. Als sehr junger Mensch habe ich noch intensiven Kontakt mit J. L. Fischer gehabt, einem eigenwilligen Philosophen, dem Schöpfer der «Kompositionsphilosophie», einer Art strukturalistischen Variante des demokratischen Sozialismus, die versuchte, dem Marxismus ein offeneres, dynamischeres, demokratischeres System entgegenzustellen. An J. L. Fischer habe ich nette Erinnerungen, als erster hat er mich vor einige philosophische Fragen gestellt und auf wichtige philosophische Bücher aufmerksam gemacht. Wenn ich aber von tschechischen Philosophen sprechen soll, die mich beeinflußt haben, müßte ich an erster Stelle Josef Šafařík erwähnen, den vereinsamten Brünner Philosophen, den ich dank meines Großvaters seit meiner Kindheit kenne und dessen Buch ‹Sieben Briefe an Melin› schon in früher Jugend meine philosophische Bibel war. Mit Šafařík bin ich bis heute befreundet, unlängst bekam ich von ihm das Manuskript seines Hauptwerks ‹Auf dem Wege zu den letzten Dingen›. Von denjenigen, nach denen Sie gefragt haben, war ich schon als kleiner Junge mit Edvard Valenta befreundet, bei dem ich zum erstenmal persönlich mit Václav Černý, Olga Scheinpflugová, Pavel Eisner zusammengetroffen bin. Mit vielen wichtigen Persönlichkeiten der Vorkriegs-Tschechoslowakei und der unmittelbaren Nachkriegszeit bin ich freilich erst nach vielen Jahren in Amerika oder Westeuropa zusammengetroffen. Im Jahre 1968 bin ich nämlich viel gereist und habe viele Exulanten besucht; das Phänomen des Exils hat mich sehr interessiert. Ich habe sogar ein ‹Buch über das Exil› geplant: ich habe damals etwa dreißig bedeutende Persönlichkeiten des 48er-Exils aufgesucht, von Zenkl, Lettrich, Slávik, Majer und weiteren Politikern über Peroutka, Ducháček und Tigrid bis zu Voskovec (bei dem habe ich übrigens in New York einige Wochen gewohnt), und allen habe ich dieselbe Frage gestellt: unter welchen Umständen und Bedingungen sie bereit wären, in die Tschechoslowakei zurückzukehren; damals klang das bei weitem nicht so absurd wie heute. Die meisten von ihnen antworteten mir mit Betrachtungen, die ich dann mit meinen eigenen Eindrücken, Beobachtungen, Erlebnissen und Reflexionen zum Thema Exil kombinierte. Es sollte in der *Literaturzeitung* (Literární noviny) auf der letzten Seite erscheinen, wo verschiedene längere Reportagen und Betrachtungen in Fortsetzungen erschienen, dazu ist es aber nicht mehr gekommen: mein Buch wurde von der sowjetischen Okkupation überholt. Später habe ich in einem kritischen Moment das gesamte Faszikel vernichtet, so daß es heute nur noch im Archiv des Innenministeriums existiert, das es immerhin geschafft hat, wie ich dann feststellen konnte, das Ganze heimlich abzufotografieren. Vielleicht sollte ich hinzufügen, daß ich zum Exil schon in den sechziger Jahren eine andere Beziehung hatte als die meisten anderen öffentlich tätigen Leute. Die Reformkommunisten spürten in den 48er-Emigranten immer noch ihre ehemaligen politischen Gegner und hätten es darüber hinaus damals für äußerst untaktisch gehalten (weil von der Macht sofort zu mißbrauchen), sich mit dem Exil zu beschäftigen; deshalb war es für sie tabu. Tabu war es allerdings auch für Nichtkommunisten, die meist von der Überlegung ausgingen, wenn sich etwas die Kommunisten nicht erlauben können, dann um so weniger sie. Jeglicher Kontakt mit dem Exil wurde damals also von allen als etwas sehr Gefährliches aufgefaßt, etwas, das nicht zu verteidigen war, sogar als selbstmörderisch; deshalb gab es keine offeneren Kontakte zwischen dem Milieu zu Hause und dem Exil. Sicherlich: die Zeitschrift *Svědectví* publizierte schon länger auch Texte aus der Tschechoslowakei, Tigrid hatte hier seine Mitarbeiter, doch das war geheim und mußte es auch sein. Ich erinnere mich in diesem Zusammenhang an den Prozeß aus dem Jahre 1967 mit dem Schriftsteller Jan Beneš, der zu Gefängnis verurteilt wurde, weil er Tigrid irgendwelche Texte zugeschickt hatte. Etwas weiß ich darüber, einerseits bin ich in der Sache auch verhört worden, andererseits habe ich dann auf dem Boden des Schriftstellerverbandes versucht, Beneš irgendwie zu helfen. Und ich erinnere mich, wie schwer es war, wie niemand sich die Finger verbrennen wollte, erst am Vorabend des bekannten vierten Schriftstellerkongresses geschah überhaupt etwas: auf der Plenarsitzung der Parteigruppe des Kongresses las Jan Procházka meinen Appell in der Sache Beneš vor. Mir hat diese Vogel-Strauß-

29

Beziehung zum Exil nicht gefallen, und besonders absurd kam sie mir im Jahre 1968 vor, in dem bei uns angeblich die Demokratie mit dem Sozialismus kombiniert werden und genau das geschehen sollte, wonach zwanzig Jahre zuvor die Vertreter der bürgerlichen Parteien in der Nationalen Front gestrebt hatten. Deshalb wollte ich damals das Thema Exil anschneiden. Ich merke aber, daß ich ziemlich von Ihrer ursprünglichen Frage abgewichen bin –

Kommen wir also auf sie zurück. Sie sind mit Ferdinand Peroutka zusammengetroffen. Welchen Eindruck hat auf sie dieser eigenwilligste tschechische Journalist der Zwischenkriegszeit gemacht?

Mit Peroutka bin ich in Amerika mehrmals zusammengetroffen, ich war sein Gast in seinem Sommerhaus in Lost Lake, ich habe ein mehrstündiges Gespräch mit ihm aufgenommen, Gott weiß, in welchem Keller des Tschechoslowakischen Rundfunks es gelandet ist. Das waren für mich begreiflicherweise außerordentlich wertvolle und interessante Gespräche. Peroutka hat sehr überlegt, sachlich und mit überraschendem Verständnis die damalige Situation bei uns (wir schrieben das Jahr 1968) analysiert, und mir ist davon vor allem ein Gedanke im Gedächtnis haftengeblieben, den ich erst im Abstand der Zeit richtig einschätzen kann. Er hat damals gesagt, wie immer das auch bei uns ausgehen mag – in der Sache war er allerdings eher skeptisch –, das wichtigste wird es sein, aus dem Prager Frühling eine weniger auffällige, aber von einem perspektivischen Gesichtspunkt her äußerst bedeutsame Sache zu erhalten: die Pluralität des gesellschaftlichen Zusammenschlusses «von unten» – auch auf der niedrigsten und am wenigsten politischen Ebene – als eine bestimmte insti-

tutionelle Fixierung der Unterschiedlichkeit der Interessen, Ansichten, Schicksale, Betrachtungsweisen, des Lebens, Fühlens und damit auch als politischen Ausdruck
der tatsächlichen Intentionen des Lebens und als Instrument seiner Verteidigung gegen die totalitären Ansprüche
des Systems. Das ausdauernde Trotzen dieser verschieden-
artigen kleinen sozialen Zellen hielt Peroutka vom Gesichtspunkt der Zukunft aus für wichtiger als Gott weiß
wie sensationelle politische Enthüllungen. Heute sehe ich,
wie weitsichtig das war: weil doch gerade der Erneue-
rungsprozeß nicht genug Zeit geboten hat, um dieses Feld
in der unübersichtlichen und daher nicht zu manipulieren-
den Buntheit herauszubilden, die dem realen Potential der
Gesellschaft entsprochen hätte, konnte dann alles so
schnell und drastisch unterdrückt werden! Und eigentlich
erst jetzt, nach vielen Jahren, beginnt die Gesellschaft —
unter unverhältnismäßig schwierigeren Bedingungen — in
verschiedenen Brennpunkten und Zellen relativ unabhängigen Lebens wieder aufzuleben! Auf der anderen Seite
gab es natürlich Dinge, in denen ich mich mit Peroutka
nicht verstand. Er gehörte einfach eher zum Mitteleuropa
der zwanziger und dreißiger Jahre als in das Amerika der
sechziger Jahre. Dort fühlte er sich nicht wohl, Amerika
verstand er nicht, und wie er selbst zugab, hatte er es nicht
sehr gern. Was die amerikanischen Dinge betraf, hatte er
nach meinem Geschmack allzu rechtsgerichtete und kon-
servative Ansichten. Bis zuletzt zum Beispiel glaubte er der
Warren-Kommission in puncto des Todes von Kennedy.
Die Hippie-Bewegung verstand er absolut nicht, wie überhaupt die gesamte aufgeregte Ära der sechziger Jahre mit
ihren Protestaktionen, mit ihrer Musik, der bildenden
Kunst und allem übrigen, mit dem sich das «dritte Gewissen Amerikas» beziehungsweise seine «Grünen» zu Wort

meldeten. Mir schien, daß er all das sachlich zu analysieren nicht mehr fähig ist, er hielt das für irgendeine unbegreifliche Anomalie. Und als er sah, wie die Jungen und Mädchen mit Ketten um den Hals und barfuß wie irgendwelche Urchristen durch New York gingen, hielt er das nur für einen traurigen Ausdruck sittlicher Degenerierung, die offenbar irgendwie unterdrückt werden sollte. Das hing sicher auch mit seinem Alter zusammen: er war damals schon weit über siebzig, während ich zur Generation der Beatles gehörte —

Jetzt würde ich gern wieder ein wenig zurückgehen, zu Ihrer Biographie —

Im Jahre 1948 wurde unserer Familie der Besitz genommen, und wir wurden Objekte des Klassenkampfes. Mein Vater, das muß gesagt werden, war in der Lucerna so beliebt, daß er dort trotz allem auch nach der Vergesellschaftung als Berater des volkseigenen Verwalters und Planers angestellt bleiben konnte. Jahrelang aßen wir dort immer sonntags zu Mittag, und der Verwalter saß bei uns am Tisch, er hatte zu unserer Familie eine fast intim-verschwörerische Beziehung. Die ehemaligen Angestellten steckten uns allerlei zu, blinzelten uns an und brachten uns riesige Protektionsportionen. Im Rahmen der Firma war das also die reinste Klassenversöhnung. Vater durfte vielleicht auch deshalb dort arbeiten, weil er vor dem Kriege den Großen Saal des Lucerna-Palastes der Kommunistischen Partei für Parteitage zur Verfügung gestellt hatte und irgendein untypisch sentimentaler Funktionär sich daran erinnerte. Ansonsten freilich blieb uns nichts erspart, wir wurden zum Beispiel Opfer der «Aktion B», was die Aussiedlung der Bourgeoisie aus Prag bedeutete. Man teilte uns irgendeinem Dorf im Grenzgebiet zu, wo es weder die Möglichkeit angemessener Beschäftigung noch Wohnung gab. Es sollte eigentlich eine Vertreibung sein, aber durch irgendwelche verwickelten amtlichen Machinationen gelang es schließlich zu erreichen, daß wir nicht ausziehen mußten; mit dem kleinen Finger hielten wir uns mit typisch bürgerlicher Unverwüstlichkeit in zwei Zimmerchen, sogar in der Wohnung, in der wir bisher gewohnt hatten. Die «Aktion B» verwehte nachher irgendwie, wir begannen uns in der Wohnung unauffällig auszubreiten – und unsere Familie wohnt bis heute darin. Für meinen Bruder Ivan und für mich bedeutete der Klassenkampf allerdings vor allem, daß wir nicht studieren konnten. Und so beendete ich im Jahre 1951 die Grundschule und ging arbeiten; in meiner Stellung auf das Gymnasium zu kommen war absolut unmöglich. Ich wurde als Zimmermannslehrling zugeteilt, doch die Eltern hatten Angst: ich litt unter Schwindelanfällen, und sie fürchteten, wohl insgesamt zu Recht, ich würde vom Dach fallen. Mit verschiedenartiger Protektion trieben sie für mich die Stelle eines Laboranten auf, was ich nach Jahren ein wenig bedaure: hätte ich Zimmermann gelernt, würde ich wenigstens etwas Konkretes können; Laborant zu sein ist für den normalen Bürger doch eine nicht allzugut verwendbare Fertigkeit, wenn es überhaupt eine Fertigkeit ist. Als Laborant arbeitete ich fünf Jahre. Nichtsdestoweniger, dank der Tatsache, daß damals noch bei weitem nicht alles gut organisiert war, konnte geschehen, was zwei Jahre später nicht mehr hätte geschehen können: unmittelbar nach dem Beschäftigungsantritt trat ich ins Abendgymnasium ein, lernte dort und machte schließlich Abitur. Zur Erläuterung: diese Institution war für die Arbeiterdirektoren eingerichtet worden, die dort ihre Bildung mehren sollten, und nicht für Bürgersöhnchen, die nicht auf die Tagesschule gehen durften. Das Niveau der Ausbildung war allerdings sehr niedrig. Aber die zeitliche Beanspruchung war groß. Heute begreife ich absolut nicht, wie ich damals all das schaffen konnte, was ich geschafft habe: ich war acht Stunden beschäftigt, fuhr durch ganz Prag zur Arbeit, ich hatte Nachtschichten, jeden Abend vier Stunden in der Schule, von der Arbeit und der Schule war ich müde – und dabei schaffte ich es noch, alle möglichen Tanzkurse, Fortsetzungskurse und Bälle zu absolvieren, eine Menge Bücher zu lesen, in Antiquariaten zu wühlen, verschiedene Schriftsteller zu besuchen, mit den Freunden unendliche Debatten zu führen und meine eigenen Texte zu schreiben!

Wenn ich richtig rechne, haben Sie im Jahre 1952 zu schreiben begonnen, ein Jahr nach Beendigung der Grundschule –

Früher. Eigentlich habe ich geschrieben, seit man mir die Buchstaben beigebracht hat. Ich habe Gedichte geschrieben, Serien, mit dreizehn habe ich sogar ein philosophisches Buch geschrieben. Als ich Laborant wurde, ließ es mir keine Ruhe, und ich schrieb eine populäre Broschüre über den Aufbau der Atome und konstruierte ein bis dahin nicht existierendes räumliches Modell des Periodensystems der Elemente. Mit fünfzehn schrieb ich schon systematisch Poesie und begann immer deutlicher innere Neigung zu den humanistischen Fächern zu zeigen. Damals befand ich mich auch in einem bestimmten geistigen Kreis, vielleicht habe ich ihn sogar mitbegründet, der aus Freunden aus unterschiedlichem Milieu zusammengesetzt war, aus dem Abendgymnasium, von der Mittelschule und der Grundschule. Diese Gruppe hieß Sechsunddreißiger:

alle waren wir im Jahre 1936 geboren. Sie bestand vom Jahre 1951 bis etwa 1953. Wir gaben eine maschinengeschriebene Zeitschrift heraus, veranstalteten Symposien, ja, wir hatten sogar Kongresse. Die Sechsunddreißiger waren in Sektionen aufgeteilt (ich erinnere mich an eine politisch-ökonomische und eine literarische) und führten darin ihre ersten jungenhaften Debatten. Wenn ich heute daran denke, stehen mir vor Schreck ein wenig die Haare zu Berge: wären wir fünf Jahre älter gewesen, wären wir mit Sicherheit irgendwo in Mírov gelandet, für solche Dinge konnte man ohne weiteres zwanzig Jahre bekommen. Poesie habe ich bis zur Militärzeit geschrieben, ich schrieb einige Gedichtsammlungen, die zum Glück niemals erschienen sind. Obwohl ich damals eigentlich schon betroffen bzw. verfolgt war, denke ich gern an die Zeit zurück, es war die Zeit der ersten aufregenden Suche und des Entdeckens verborgener Werte und seiner selbst. Auf den Straßen waren damals dieselben Aufschriften wie auch heute, in den Bibliotheken gab es überall nur Bücher von Pujmanová, Fučík u. ä., nirgendwo war zu sehen, daß auch noch eine andere Kultur existiert als die sozialistisch-realistische, die sich damals einer so machtvollen offiziellen Unterstützung erfreute. Um so abenteuerlicher war es für junge Eiferer, nach der damaligen «zweiten Kultur» zu forschen. Um aber konkreter zu sein: ein gewisser Freund meines Vaters vereinbarte für mich eine Audienz bei Jaroslav Seifert. Ich brachte ihm meine ersten dichterischen Versuche mit, ich habe bis heute irgendwo den schönen Brief aufbewahrt, den er mir später darüber geschrieben hat. Ich weiß nicht mehr, ob ich zum erstenmal allein bei ihm war oder mit meinen Freunden Jiří Kuběna und Miloš Forman, später habe ich ihn aber sicher ein paarmal in dieser Zusammensetzung besucht (in der wir auch einen

Besuch bei Nezval absolvierten, das war ziemlich lustig, er empfing uns zwischen zwei Friedensdelegationen, aber er war lieb). Damals verfolgte ich innerlich eine andere Richtung als die zu Seifert (jede dichterische Generation nach dem Devětsil mußte in der Jugend einen Aufstand gegen Seifert durchmachen), und so habe ich ihm einmal gesagt, daß ich Vladimír Holan liebe, und er sagte gleich, ich solle aber auf jeden Fall zu ihm gehen, er würde sich freuen. Ich war ein wenig entsetzt von der Vorstellung, daß irgendwo in Prag als mir physisch zugängliche Person dieser große poetische Zauberer lebt. Seifert schickte mich auf die Kampa, und seit der Zeit bin ich regelmäßig etwa einmal im Monat zu Holan gegangen, selbstverständlich immer mit einer Flasche Wein. Irgendwann im Jahre 1956 habe ich wohl aufgehört, ihn zu besuchen, unter anderem, weil mich seine antisemitischen Reden störten. Menschlich war er wahrscheinlich kein Antisemit, doch offenbar schien es ihm notwendig, seine Konversion zum Katholizismus mit solchen Reden irgendwie bestätigen zu müssen. (Mein Freund Zdeněk Urbánek wird ohne Zweifel einwenden, daß es nur einen Antisemitismus gibt und man ihn nicht aufteilen kann in einen «menschlichen» und «ideologischen».) Holan war eine eigenartige, fast dämonische Persönlichkeit; trotzdem kann ich wohl sagen, daß ich in einem gewissen Maße mit ihm befreundet war; wir haben sogar zusammen in Všenory seinen fünfzigsten Geburtstag gefeiert und uns gemeinsam mit dem Wein betrunken, den ihm – offenbar unter dem Druck des schlechten Gewissens – der Schriftstellerverband geschickt hatte. Bei einem Besuch auf der Kampa, vielleicht sogar gleich beim ersten, den ich mit größter Wahrscheinlichkeit wieder mit Kuběna und Forman unternommen habe (allein hätte ich mich zum erstenmal wohl gefürchtet), trafen wir den Dichter Jan Zábrana, der dann für lange Jahre zu meinem vertrauten Freund geworden ist. Als Älterer und Erfahrenerer informierte er uns über weitere Werte, von denen wir bisher nichts wußten und auch nicht gut wissen konnten, über die Gruppe 42, über Jiří Kolář und viele andere Autoren, die nicht publizierten. Selbstverständlich haben wir uns sofort auf irgendwelchen komplizierten Wegen die entsprechenden Bücher und alten Zeitschriften besorgt, und selbstverständlich haben wir uns sofort darin verliebt. Die Gruppe 42 wurde für uns zur letzten lebendigen Tat der tschechischen Poesie und überhaupt der tschechischen Kunst. Wir bezogen uns vollständig auf sie und die ersten Sammlungen von Kainar und Kolář, die Essays von Chalupecký und ähnliches hatten für uns die Autorität eines Kompasses. Natürlich sehnten wir uns bald danach, unsere neuen Idole persönlich kennenzulernen — und so wiederholte sich aufs neue die erregende Suche nach zum Schweigen gebrachten Schöpfern. Der Gedanke, daß diese Leute irgendwo unter uns leben, daß wir sie vielleicht treffen, war faszinierend; ich erinnere mich zum Beispiel, welch ein Erlebnis es für mich war, als ich irgendwann gegen Ende der fünfziger Jahre zum erstenmal den lebendigen Patočka sah, dessen Texte ich zuvor in der Universitätsbibliothek verschlungen hatte (sie durften nicht ausgeliehen werden, aber irgendein Beamter hat ein Auge zugedrückt). Mein erster Besuch bei Jiří Kolář ist es wert, festgehalten zu werden: ich hatte damals mit einigen Freunden die Angewohnheit, jeden Samstagmittag im Café Slavia zu sitzen. Einmal entschloß ich mich dann, zusammen mit Viola Fischerová (u. a. die Tochter von J. L. Fischer), Kolář zu besuchen, wir suchten seine Telefonnummer heraus und Viola — als der mutigere Teil des Paares — rief ihn an. Er sagte: «Na, kommen Sie am Samstag um drei.» Wir saßen im Café Slavia, warteten ungeduldig, bis es halb drei wurde, verabschiedeten uns dann von den Freunden und machten uns auf nach Vršovice zu Kolář. Und was geschah? Es öffnete uns der Herr, der bis vor zwei Stunden am Nebentisch im Café Slavia gesessen hatte und den wir vom Sehen her gut kannten (er pflegte dort nämlich regelmäßig mit seinen Freunden Kamil Lhoták, Zdeněk Urbánek, Vladimír Fuka, Jan Rychlík, Josef Hiršal und anderen zu sitzen). Der Herr, den wir als Stammgäste schon lange grüßten, das also war Kolář! Er zeigte uns dann Bücher mit Zyklagen, Konfrontagen u. ä., die er damals mit Zdeněk Urbánek machte und die später in seine Ära der bildenden Kunst mündeten. Seit dieser Zeit, ich weiß nicht mehr, ob es im Jahre 1952 oder 1953 war, saßen wir dann mit verschiedenen Freunden meines Alters mit Kolář an seinem bekannten Tisch im Café Slavia, später haben wir an manchen Dingen sogar zusammengearbeitet: wir veranstalteten zum Beispiel verschiedene halboffizielle Auftritte im «Haus der Künstlergesellschaft», über denen Kolář seine schützende Hand hielt, wir partizipierten am damaligen Samizdat. Meine nächsten literarischen Kameraden und Freunde waren damals Jiří Kuběna, Věra Linhartova, Josef Topol, Jan Zábrana und weitere Autoren in ungefähr meinem Alter, die nicht publizierten und als ihre «natürliche Welt» die damalige «zweite Kultur» empfanden. Mit jugendlichem Vorwitz zählten wir auch einige ältere und schon reife Schriftsteller, die jedoch bisher auch nichts publiziert hatten, wie Škvorecký und Hrabal, ein wenig zu uns. Die Teilnahme an Kolářs Kreis eröffnete mir bisher unbekannte Horizonte der modernen Kunst, hauptsächlich jedoch war es für mich die hohe Schule der schriftstellerischen Moral, wenn ich das so erhaben ausdrücken darf. Kolář war nämlich ein eigenwilliger Prediger mit großem Verständnis für junge Autoren und überhaupt alles Neue und mit dem spontanen Willen, auf seine liebenswürdig autoritäre Weise allem Neuen auf die Welt zu verhelfen (auf Grund dessen hatten seine Ratschläge oftmals die Struktur von Anordnungen). An die sittliche und noetische Dimension der Literatur hatte er seine hochgespannten Ansprüche; man kann sich davon zum Beispiel in seinem ‹Mistr Sun› überzeugen, dieser umfangreichen Sammlung von Imperativen, mit denen die Poesie den Dichter einhüllt. Wenn ich auch später etwas völlig anderes zu schreiben begann, als Kolář von mir erwartet hatte, und das unabhängig von seinem literarischen Einfluß, so kann ich mir heute mein späteres Handeln, sei es literarisch oder staatsbürgerlich oder kulturpolitisch, ohne diese Anfangslektionen der schriftstellerischen Verantwortung nicht vorstellen. Die fünfziger Jahre waren für mich also eine eigenartige Zeit, in der ich irgendwie von selbst und ganz natürlich in die Gesellschaft derjenigen geriet, die damals am Rande des Erlaubten, ja, häufiger sogar jenseits seiner Grenzen wirkten. Ich war unter ihnen zu Hause, lange bevor ich selbst aus der öffentlichen Kultur entfernt wurde, und sogar weit eher, als ich in sie hineingelangte. Heute sehe ich in meiner Umgebung viele junge Autoren, die erst beginnen und also keine auf diese oder jene Art gezeichnete literarische oder politische Vergangenheit hinter sich haben, sie sind daher auf keinem Index verbotener Autoren, und theoretisch stünde also nichts dem entgegen, daß sie sich um den Weg auf den Parnaß bewerben, ihre Werke an die existierenden literarischen Zeitschriften schickten, sich zu publizieren bemühten, und die trotzdem ganz selbstverständlich lieber den Samizdat wählen. Ihr Lebensgefühl, ihre Welterfahrung, von der sie ausgehen, und ihre Poetik gehen in einem derartigen Maße an allem Offiziellen vorbei, daß sie Veröffentlichungen in offiziellen Zeitschriften und Verlagen fast als einen Verrat an sich selbst begreifen würden. Ich verstehe sie sehr gut, weil es mir in ihrem Alter genauso erging: die Welt der offiziellen Literatur war mir fremd, interessierte mich nicht, ich verlachte sie, und hundertmal wichtiger als zu publizieren war es für mich, teilzuhaben an dem Geschehen, dessen Symbol Kolářs Tisch im Café Slavia war. Aus Neugier bin ich zwei- oder dreimal in den Schriftstellerklub gegangen – dort gab es hin und wieder Diskussionen oder literarische Matineen für die Öffentlichkeit –, und ich muß sagen, daß ich mich in dieser Umgebung sehr unwohl fühlte. Dieses Gefühl ist mir seltsamerweise geblieben und hat alle nachfolgenden Ereignisse überdauert: ich war schon lange Mitglied des Schriftstellerverbandes, nahm schon lange an Sitzungen seiner unterschiedlichen Organe teil und mußte schon lange den Klub aus Arbeitsgründen besuchen – und trotzdem fühlte ich mich dort immer sehr unbehaglich. Das galt natürlich auch für das Schriftstellerschloß in Dobříš.

Na sehen Sie – und gerade dort haben Sie zum erstenmal auf sich aufmerksam gemacht! Ich denke an das Aktiv junger Schriftsteller, das im Herbst 1956 auf Dobříš stattfand –

Ja, aber diese Sache erfordert wiederum eine kleinere autobiographische Einführung: im Jahre 1956 war ich nicht mehr Laborant, sondern Student. Nach dem Abitur auf dem Abendgymnasium im Jahre 1954 versuchte ich mich auf verschiedenen Hochschulen humanistischer Richtung anzumelden, Kunstgeschichte, Philosophie, auf der Filmfakultät der Akademie der musischen Künste (dort war

damals mein «Agent» in der Aufnahmekommission und
derjenige, der mich durchgesetzt hat, Milan Kundera, was
ich schon allein deswegen gern anmerke, weil auf Grund
unseres späteren öffentlichen Streites mancher von mir
denkt, ich sei mein ganzes Leben lang sein professioneller
Widersacher oder persönlicher Feind gewesen, was natürlich Unsinn ist). Ich bin jedoch nirgendwo aufgenommen
worden: auf Grund der großen Anzahl von Bewerbern
spielten in diesen Fächern die Kadervoraussetzungen eine
besonders bedeutsame Rolle. Ein Jahr später, im Jahre
1955, drohte mir nach wiederum erfolglosen Versuchen
zum Studium zugelassen zu werden, das Militär, wohin
ich selbstverständlich nicht wollte. Und so habe ich mich
aus Verzweiflung (kombiniert mit Ungeschicklichkeit) bei
der ökonomischen Fakultät der Technischen Hochschule
angemeldet, wo sie jeden nahmen und in der Tat sogar ich
im Fach Verkehrswirtschaft aufgenommen wurde. Ich redete mir ein, daß ich über die Ökonomie mich doch irgendwie den Gesellschaftswissenschaften näherte. Das
war ein Irrtum, das Studium machte mir keinen Spaß, wir
hatten Fächer wie Schotter oder Straßenbau, und ich entschloß mich nach zwei Jahren, auf die AMU überzuwech-
seln, ich weiß nicht mehr, ob auf die Film- oder Theaterfakultät, eher wohl die Filmfakultät. (Moment: bei der
Filmfakultät habe ich mich nur einmal beworben, wenn
das jetzt war, dann bezieht sich Kunderas «Agententum»
auf diese Zeit.) Ich wurde nicht genommen, zur Technik
konnte ich nicht mehr zurück und wollte es auch eigentlich nicht, so daß ich schließlich doch beim Militär
landete, das ich in den Jahren 1957 bis 1959 abgedient
habe. Wir sind aber im Jahre 1956. Damals begann sich
schon einiges im gesellschaftlichen Klima zu ändern. Es
war die Zeit nach dem historischen 20. Parteitag der

KPdSU, nach dem berühmten 2. Kongreß der tschechoslowakischen Schriftsteller, auf dem Seifert und Hrubín ihre
tapferen Reden gehalten hatten, es war die Zeit der Stu-
dentenfeste, der ersten schüchternen Kritikversuche an
den Prozessen der fünfziger Jahre und ähnliches. Es
schien, als ob die scharfe Grenze zwischen der offiziellen
und unabhängigen Kultur sich zu verwischen beginne, es
gab die Hoffnung, daß Bücher zu erscheinen beginnen, die
bisher nicht herauskommen konnten, auf dem Kongreß
war von Schriftstellern die Rede, die aus der Literatur ausgeschlossen waren, auch von Inhaftierten. Wenn ich mich
nicht irre, ist gerade auf Beschluß des 2. Schriftstellerkongresses die Zeitschrift *Květen* als Zeitschrift für die junge
literarische Generation gegründet worden. Für mich war
diese Zeitschrift einerseits zwar Bestandteil der offiziellen
Literatur (die meisten seiner Autoren waren Kommunisten, sie war von der offiziellen Ideologie abhängig), auf
der anderen Seite fühlte ich aber, daß ihre Autoren sich
doch irgendwie bemühten, die strengen Schemata des sozialistischen Realismus zu verlassen und sich dem Leben
anzunähern. Dort wurde die Idee der «Poesie des Alltags»
geboren, die der Poesie die gewöhnlichen Alltäglichkeiten
öffnen sollten, die Alltäglichkeiten, die sich — wie die Autoren des *Květen* unklar fühlten — irgendwie schicksalhaft
dem offiziellen Bild der Welt und des Lebens entzogen. Die
Kombination dieser ihrer Intentionen mit ihrer Gebundenheit an die offizielle Ideologie bewirkte, daß der gesamte *Květen* irgendwie seltsam halbherzig, inkonse-
quent, ja sogar verlegen oder ratlos wirkte; für meinen
damaligen Geschmack war in ihm etwas hoffnungslos
Verschwommenes, Schwerfälliges, Ungeschicktes; er war
einfach voller innerer Widersprüche. Die Zeit allerdings
war schon eine andere, diese Leute haben sich immerhin

doch schon um etwas bemüht und verdienen nicht bloßes Verlachen, es schien, man könne mit ihnen einen Dialog anknüpfen. Und so habe ich einen Brief an die Redaktion geschrieben, in dem ich meine vielgestaltigen Verlegenheiten schilderte, auf die inneren Widersprüche dieser Zeitschrift und ihres Programms aufmerksam machte, fragte, wie es möglich sei, daß sie das Vermächtnis der Gruppe 42 nicht reflektieren, sich nicht darauf beziehen, es vielleicht nicht einmal kennen — war es doch gerade die Gruppe 42, die die Poesie so hervorragend der modernen Stadt und den Widersprüchen des modernen Lebens geöffnet hat! Mein Brief wurde zu meiner Überraschung in *Květen* abgedruckt. Von der Gruppe 42, deren Stern eigentlich noch vor einigen wenigen Jahren öffentlich gestrahlt hatte, wußten diese Absolventen des Literaturstudiums der Karls-Universität offenbar nichts, sie waren jedoch bis zu einem gewissen Maße zum Dialog bereit und entschlossen, mit mäßiger Verspätung das zu entdecken, was ihnen in der Schule vorenthalten worden war. Mein Brief rief auf den Seiten des *Květen* eine Art Diskussion hervor, und ich befand mich offensichtlich auf Grund dessen auf irgendeiner Liste beginnender Autoren, weswegen ich dann offiziell auf eine Konferenz (oder ein Aktiv?) junger und beginnender Autoren nach Dobříš eingeladen wurde. Ich bin für drei Tage mit reichlich gemischten Gefühlen dorthin gefahren: einerseits empfand ich gegen das gesamte Milieu dort einen leichten Widerwillen und stellte mir die Frage, was ich hier eigentlich zu suchen habe, andererseits aber fühlte ich als völlig unbekannte Person, von der niemand etwas weiß und von der niemand etwas gelesen hat, doch so etwas wie eine bestimmte Scheu, als ich mich auf einmal zwischen so berühmten Leuten befand wie es die Majerová, Pujmanová, Drda, Kohout und ähnliche waren, von denen es dort nur so wimmelte. Meine etwas irrationale Achtung vor berühmten Leuten verband sich also in mir seltsam mit dem Widerwillen ihnen gegenüber. Ich sagte mir, wenn sie mich schon einladen und mich dort drei Tage ernähren, dann muß ich die Gelegenheit auch nutzen und ihnen alles, was ich gegen sie habe, ordentlich erklären; eine Einladung anzunehmen und zu schweigen kam mir schändlich vor. Und so bereitete ich einen umfangreichen Beitrag vor, in dem ich alles, was ich schüchtern in dem Brief an *Květen* angedeutet hatte, vollständig formulierte und entsprechend ausführte (ich wußte, daß meine Rede keinerlei Zensur unterliegen würde). Ich machte auf die zweideutige Beziehung aufmerksam, die die gesamte offizielle Literatur zur unterdrückten Literatur hat; ich wies ihnen Heuchelei nach, wenn sie sich zu Reformern erklären, die «alte Fehler revidieren» wollen, «Übergriffe wiedergutmachen», der Wahrheit die Fenster öffnen, und zugleich zögern, das wirklich und konsequent durchzuführen und von vielem, was sie logischerweise tun sollten, nicht einmal hören wollen. Die Konferenz hatte von Anfang an einen eigenartigen und ein wenig nervösen Verlauf, weil sie zufälligerweise genau an den Tagen stattfand, als die Rote Armee begann, den Budapester Aufstand niederzuschlagen. Darüber hinaus war sie offenbar in keiner Weise vorbereitet: es gab kein Einleitungsreferat, kein Programm, irgend jemand aus dem Präsidium eröffnete sie einfach und fragte, ob jemand etwas habe. Niemand meldete sich, niemand hatte offenbar etwas vorbereitet, es herrschte Grabesstille. Und so meldete ich mich. Durch meinen Auftritt habe ich mehr oder weniger den Gesamtverlauf der Konferenz vorgezeichnet; die meisten Diskussionen im Konferenzsaal und in den Couloirs betrafen auf diese oder jene Weise die Themen, über die ich gesprochen hatte. Es war eine ziemlich groteske Situation: obwohl dort viele renommierte Autoren mit vielen publizierten Büchern saßen, viele Redakteure und Publizisten, alle natürlich Partei- und Verbandsmitglieder, die Richtung ihrer Verhandlung hatte eine völlig unbekannte Person angegeben, ein Student der Verkehrswirtschaft, der von wer weiß wo herangeweht war. Die Reaktion auf meinen Beitrag war – wie könnte es anders sein – widersprüchlich: man polemisierte mit mir, manches wurde mir vorgeworfen, man verteidigte sich auf unterschiedliche Weise – zugleich aber bewertete man meine Rede als «mutig kritisch», «mutig», also als eine jener Stimmen, die man mit aller Ernsthaftigkeit in dieser Zeit anhören sollte. Diese Verlegenheit spiegelte etwas von der gesamten Verlegenheit der Zeit wider: Stalin war gefallen, in Ungarn blutete die Revolution, in Polen bestieg der fast aus dem Gefängnis herbeigebrachte Gomulka den Thron, es war nicht klar, wohin das alles noch führen wird, was gilt und was nicht, was man von alldem denken soll; es war vielleicht sogar nicht einmal klar, ob nicht Slánský rehabilitiert wird, dessen Hinrichtung manche der Anwesenden vor nicht vielen Jahren öffentlich und pathetisch gefordert hatten. Ich erinnere mich, wie Frau Pujmanová von der Tribüne ihre Verwunderung herabsang, daß ich hier über irgendwelche vergessenen Dichter spreche, während in Budapest für die Rettung des Sozialismus gekämpft wird. Ich antwortete ihr aus dem Plenum darauf, daß ich nicht begreife, warum hier eine kostspielige Konferenz über die Poesie veranstaltet wird, wenn auf ihr nicht über tschechische Dichter gesprochen werden darf. Jiří Hájek hielt schließlich eine lange und dialektisch geschwätzige Rede, in der er ein wenig begrüßte, daß sich durch mein Verdienst eine lebhafte Diskussion entwickelt habe, und mich zugleich in meine Schranken wies, indem er betonte, daß sich unsere Literatur ihre Parteilichkeit niemals nehmen lasse. Er beschloß das etwa in dem Sinne, daß wir alle noch viel lernen müssen, und das Wichtigste sei das Schaffen. Mein Eintritt in die Literatur hatte also, wie zu sehen ist, den Beigeschmack der Rebellion, und das ist mir irgendwie geblieben: bis heute bin ich für manche eine kontroverse Person. Nicht etwa, weil ich das wollte: ich bin überhaupt nicht der Typ des Rebells, Revolutionärs oder «widerständlerischen Bohems» (das Wort stammt von Jindřich Chalupecký); bloß daß die Logik der Dinge es einfach immer wieder so einrichtet, daß ich mich unwillkürlich in einer solchen Stellung befinden muß. Nur des Interesses halber: manche von denen, die damals, vor dreißig Jahren, nach der Sitzung erregte nächtliche Debatten mit mir führten, in denen sie sich – als sie sich allmählich betranken – abwechselnd Asche aufs Haupt streuten und mich des Verrats am Sozialismus bezichtigten, sind schon lange meine Freunde und sitzen mit mir gemeinsam in dem Boot unter der Flagge «Samizdat». Ich muß sagen, daß der Entwicklungsbogen, den sie beschrieben haben, mir Respekt abverlangt. Ich war es von Anfang an gewohnt, etwas außerhalb zu stehen (soweit ich in gewissen Zeiten öffentlich anerkannt, gelobt und belohnt wurde, habe ich das eher als Ausnahme und Irrtum angesehen), so daß mich die Ausstoßung zu Anfang der siebziger Jahre so schwer nicht treffen konnte. Diese Leute jedoch waren von ihren ersten Versen an von der Macht verwöhnt worden, sie wurden vom Präsidenten empfangen, mit zwanzig Jahren wurden ihnen Staatspreise für Literatur umgehängt, sie waren wirklich auf der Sonnenseite – schon deshalb mußte der Fall in den Abgrund für sie unverhältnismäßig viel schwe-

46

rer sein. Allmählich jedoch begriffen sie, daß das in Wirklichkeit kein Fall aus der Höhe in die Tiefe ist, sondern im Gegenteil, ein Aufstieg – wenn auch teuer bezahlt – zu innerer Freiheit, zu der Freiheit, die sie damals auf Dobříš noch bei weitem nicht hatten.

Wie sind Sie eigentlich dem Theater begegnet, was hat Sie zu der Entscheidung bewogen, sich ihm zu widmen? Stimmt es, daß Sie sich Ihrer Frau wegen dafür zu interessieren begannen? Was die Anstellung betrifft, haben Sie, soweit ich weiß, als Kulissenschieber im Theater ABC begonnen –

Wie ich schon gesagt habe, bis zum Jahre 1957 habe ich auf der TH studiert, dann ging ich zum Militär, wo ich zwei Jahre lang blieb. Ich diente in Böhmisch Budweis bei den Pionieren. Die Militärzeit war ziemlich hart; der Dienst bei den Pionieren hing wohl immer noch mit meiner Herkunft zusammen: unsere Armee hat nämlich von den Sowjets die Tradition übernommen, daß zu den Pionieren die weniger wertvollen Bestandteile der Bevölkerung geschickt werden, weil im Krieg die Pioniere, die vor der Armee marschieren, größere Verluste haben. Dort waren Jungen, die schon Gefängnis hinter sich hatten, auch studierte Leute, die irgend etwas auf dem Kerbholz hatten. Beim Militär kam ich zum erstenmal aktiv mit dem Theater in Berührung, und das unter ziemlich kuriosen Umständen. Damals wurde in der Armee noch sehr stark kulturelle Tätigkeit unterstützt; die Formationen und Divisionen legitimierten sich damit nach oben hin und wurden danach bewertet. Mit meinem Freund und Mitsoldaten Karel Brynda, heute Chef des Staatlichen Schauspiels in Ostrava, gründete ich eine Theatergruppe. Im ersten

Jahr spielten wir das bekannte Stück von Kohout ‹Septembernächte›, ich spielte darin die negative Figur des Oberleutnants Škrovánek. Wir hatten selbstverständlich großen Spaß daran, Theater spielten wir vor allem und hauptsächlich, weil es gewisse Erleichterungen bei den Übungen zur Folge hatte. Ich habe einige komische Erinnerungen daran; so erinnere ich mich zum Beispiel, wie mein Kompaniechef mich, nachdem er die Vorstellung gesehen hatte, in sein Quartier rief und mir mitteilte, ich hätte den negativen Škrovánek so überzeugend gespielt, daß ich so eigentlich klargemacht hätte, wer ich in Wirklichkeit bin. Vergeblich versuchte ich ihm zu erklären, daß der Oberleutnant Škrovánek ein ehrgeiziger Offizier ist, der unbedingt Kompaniechef werden will, daß ich aber derartige Ambitionen nicht habe, denn mein einziges Sehnen bestehe darin, die Militärzeit in Ruhe zu überstehen. Er bestrafte mich auf eine Weise, die mir willkommen war: er enthob mich der Funktion des Panzerfaustschützen, die er für ehrenvoll hielt, und befreite mich so von der Pflicht, auf allen Marschübungen außer allem übrigen auch noch die Panzerfaust mitzuschleppen und sie jeden Samstag zu reinigen. Im zweiten Militärjahr entschloß ich mich zusammen mit Brynda zu einem Husarenstück, nämlich selbst ein Stück zu schreiben. Wir rechneten damit, daß unser Ensemble sich größerer Aufmerksamkeit und Unterstützung erfreuen würde, wenn unser Bataillon und so auch die Division sich mit einem eigenen Stück aus dem Milieu des Militärs ausweisen kann. Absolut kaltblütig schrieben wir also ein «sozialistisch-realistisches» und zugleich «wagemutig-kritisches» Stück. Es war ein Stück mit vielen Personen, damit viele Kameraden mitspielen konnten. Im Unterschied zu den ‹Septembernächten› spielte unser Stück nicht unter Offizieren, sondern unmittelbar unter den einfachen Soldaten, so daß wir sogar noch einen Schritt weiter gingen, nämlich näher zum Volk. Unser Stück hieß ‹Vor uns das Leben›, und wir hatten in den Vorausscheidungen große Erfolge. Als wir dann aber zum Gesamtarmeewettbewerb nach Marienbad fahren sollten und die Gefahr drohte, wir könnten ihn gewinnen, überprüfte man in der Politischen Hauptverwaltung der tschechoslowakischen Armee unser Kadermaterial und kam dort zu der berechtigten Ansicht, daß wir uns über sie lustig machen. Die fünfzehnte Motorschützendivision stellte sich zwar mit soldatischer Tapferkeit hinter uns, doch das nützte nichts mehr: nach Marienbad sind wir zwar gefahren, eine Vorstellung haben wir im dortigen Theater außerhalb des Wettbewerbs gespielt, aber nur, damit wir gebührend enthüllt werden konnten: am Tag darauf wurde eine Art großes Tribunal abgehalten, auf dem unser Stück als armeefeindlich verurteilt wurde. Die Zweckanalyse, die von einem Oberst vorgetragen wurde, mit dem ich in späteren Jahren Freundschaft schloß (er wurde zum Reformkommunisten und hat sich ständig für den Vorfall entschuldigt), stützte sich auf solche Argumente, wie etwa, daß unser Stück die Rolle der Organisation der Formation der Partei nicht genügend hervorhebt oder daß es undenkbar sei, daß ein tschechoslowakischer Soldat auf Wache einschläft. Auch daran hatten wir natürlich Spaß, wir waren froh, eine Woche lang in Marienbad zu sein und uns dort vor dem Militär drücken zu können. So bin ich also zum erstenmal dem Theater begegnet. Ich glaube nicht, daß ich mich später meiner Frau wegen ernsthaft dafür zu interessieren begann. Es stimmt aber, daß sie, lange bevor ich mit dem Theater irgend etwas zu tun hatte, bei Laienspielen mitmachte, daß sie von Jugend auf intensiv ins Theater ging und vom Theater entschieden mehr

wußte als ich. Ziemlich lange war sie, kurz gesagt, der
«theaternähere Bestandteil» unserer Familie. Ich begann
mich ernsthafter für das Theater erst nach der Rückkehr
vom Militär zu interessieren, als ich bei Werich arbeitete.
Damals hörte ich auch endgültig auf, Gedichte zu schreiben (wenn ich meine spätere Sammlung typographischer
Poesie nicht rechne) und fing an, Schauspiele zu schreiben.
Aber wie bin ich eigentlich zu Werich gekommen: ich
kehrte vom Militär zurück, ohne irgend etwas zu sein und
ohne irgendeine Perspektive vor mir zu haben; ich wußte
einfach nicht, was ich tun werde. Auf Schulen geisteswis-
senschaftlicher Richtung wurde ich nicht zugelassen (zuletzt war ich erst ganz kürzlich von der Theaterfakultät
der AMU vertrieben worden, auf der ich mich vor Beendigung der Militärzeit angemeldet hatte), der Versuch, Technik zu studieren, war gescheitert. Ich wußte nicht, ob ich
in die Fabrik gehen sollte oder eine Beschäftigung suchen,
die meinen Interessen näher lag. Und wieder haben Fami-
lienbekanntschaften geholfen: mein Vater war ein langjähriger Freund von Jan Werich, und so nahm mich Werich als Kulissenschieber in das Theater ABC auf.

Was hat Ihnen diese Erfahrung gegeben?

Ich bin tatsächlich überzeugt davon, daß die Saison, in der
ich im Theater ABC beschäftigt war, endgültig entschieden hat, daß ich zum Theater ging. Es war nämlich zufälligerweise eine recht wichtige Saison: die letzte Saison We-
richs im Theater überhaupt. Das ABC war unter Werich so
etwas wie ein fernes Echo des «Befreiten Theaters», und
ich hatte damals das Glück – wirklich fünf Minuten vor
zwölf –, noch etwas von seiner Atmosphäre einatmen zu
können. Dort begriff ich und konnte täglich «von innen»

beobachten, daß Theater nicht nur ein Unternehmen zur Vorführung von Schauspielen sein muß bzw. eine mechanische Summe von Stücken, Regisseuren, Schauspielern, Kartenverkäufern, eines Saals und eines Publikums, sondern daß es auch etwas mehr sein kann: ein lebendiger geistiger Brennpunkt, ein Ort gesellschaftlichen Bewußtwerdens, ein Schnittpunkt von Kraftlinien der Zeit und ihr Seismograph, ein Raum der Freiheit und Instrument der Befreiung des Menschen; daß jede Vorstellung ein lebendiges und unwiederholbares soziales Ereignis sein kann, das in seiner Bedeutung bei weitem über das hinausragt, was es auf den ersten Blick zu sein scheint. Ich erinnere mich zum Beispiel daran, daß wir jedesmal wieder der berühmten «Vorbühne» – das heißt den Dialogen zwischen Werich und Horníček vor dem Vorhang während der Umbauten – zugeschaut haben und immer wieder darüber gelacht haben, obwohl wir sie fast auswendig kannten, sogar die Spieler vom Orchester Vlach, ziemlich große Ignoranten, verfolgten die Vorbühne aus dem Orchestergraben heraus, obwohl sie im Requisitenraum hätten sitzen und trinken können. Was war es, was diese Dialoge ausstrahlten und was jeden von uns immer wieder mitriß? Etwas schwer zu Beschreibendes, ja sogar Geheimnisvolles, und doch etwas wesenhaft Theatermäßiges, etwas, das mich überzeugte, daß das Theater Sinn hat. Eine elektrisierende Atmosphäre des geistigen und gefühlsmäßigen Einverständnisses zwischen Zuschauerraum und Bühne, dieses eigenartige Magnetfeld, das um die Bühne herum entsteht – das waren Dinge, die ich bisher nicht gekannt hatte und die mich faszinierten. Damals habe ich auch angefangen, wie schon gesagt, ernsthaft Theaterstücke zu schreiben (ich sage «ernsthaft», weil das erwähnte ‹Vor uns das Leben› de facto nur ein Spaß war), verständlicherweise nur für mich selbst. Das erste Stück war ein ziemlich ionesco-hafter Einakter ‹Familienabend›, dann schrieb ich die erste Version der ‹Benachrichtigung›. Zugleich begann ich – mit der Frechheit der Jugend – theoretische Artikel für die Revue *Theater* (Divadlo) zu schreiben. (Ich erinnere mich, wie mich einmal zwischen zwei seiner Auftritte Werich hinter den Kulissen ansprach und sagte: «Junger Mann, Sie schreiben auch über das Theater?» Ich nickte. Werich: «Der Artikel über mich und Horníček war ausgezeichnet, ich hab ihn nach Amerika geschickt, an Voskovec.» Und ging auf die Bühne. Ich platzte beinah vor Stolz und lebte eine Woche lang von dem Lob.) Wie suggestiv die Atmosphäre im ABC auch war, innerlich zog es mich anderswohin: zu den entstehenden kleinen Theatern, vor allem zum Theater am Geländer. Dort wirkten Leute, die mir generationsmäßig doch näher waren, dort wurde nicht nur etwas Vergangenes wiederbelebt, sondern eine neue Poetik gesucht. Und dort, fühlte ich, könnte ich größere Chancen haben, auch etwas anderes zu tun als nur Kulissen schieben.

Hätten Sie Lust sich zu erinnern, wie die Theatersituation gegen Ende der fünfziger Jahre war, also zu der Zeit, als in Prag die ersten kleinen Theater entstanden?

In den fünfziger Jahren gab es in der Tschechoslowakei nur die großen offiziellen – die sogenannten steinernen – Theater. Wenn dort außer den Klassikern oder hin und wieder einer mehr oder weniger interessanten Vorstellung etwas erschien, was wirklich Publikum aller Art anzog, dann war das die Satire. Also die mehr oder weniger oberflächliche Kritik von Mißständen, Mängeln, menschlicher Schwäche (oder «Überresten der Vergangenheit»), des Bürokratismus, der Korruption, so, wie es in der Tradition der sowjetischen Dramatik existiert. Das seinerzeit populärste Ereignis dieser Art war zum Beispiel Jelíneks ‹Skandal in der Bildergalerie› im Theater E. F. Burian, damals noch Theater D. Die natürliche Voraussetzung und der Ausgangspunkt dieser Satire war, daß Mißstände derjenige und nur derjenige kritisieren darf, der sich «mit allem Positiven, mit dem die Gesellschaft lebt», identifiziert, und wer die Ideale teilt, auf die sie angeblich gerichtet ist. Die Autoren dieser Satire waren also Kommunisten, Menschen, die sich aufrichtig mit der Regierungsideologie identifizierten und die – angesichts der Widersprüche zwischen ihren Idealen und der gesellschaftlichen Praxis – Übelstände schärfstens kritisierten. Kleine Theater und Kabaretts hatten zwar bei uns eine gute Tradition (denken wir nur an Theater wie Dada, das Befreite Theater, die Rote Sieben und ähnliche), nach dem Jahre 1948 jedoch sind sie aus unserer Kultur verschwunden. Das einzige Fädchen, das ihre Welt mit der Ära ihrer Wiedergeburt gegen Ende der fünfziger und zu Anfang der sechziger Jahre verband, war eben das Theater ABC, das in einer gewissen Zeit eine wirkliche Oase von etwas war, was auf den ersten Blick an den vielfältigen zeitgebundenen ideologischen und ästhetischen Ansprüchen vorbeiging, also auch an der Satire, wie sie damals verstanden wurde, und das als einziges die Tradition freien Humors, der poetischen Verkürzung, der Improvisation, der Clowniaden und ähnliches aufrechterhielt. Die Wiedergeburt der kleinen Theater hat ihre Uranfänge irgendwann um die Jahreswende 1956 und 1957, als in der Reduta der Akkord-Klub zu spielen begann. Das war eigentlich die erste – oder die erste bekanntere – Rockgruppe in der Tschechoslowakei, und sie war zu dieser Zeit eine riesig interessante und wichtige Erscheinung. Leiter der Gruppe war Viktor Sodoma, der Vater des bekannten Pop-Sängers, dort sang auch seine Frau, und den Baß spielte Jiří Suchý. In der Reduta hatten sie Nachtkonzerte, sie spielten die berühmten Rock 'n' Rolls, sangen eigene Texte dazu, spielten sogar auch ihre eigenen Kompositionen. Suchý spielte dort zum Beispiel den ‹LPG-Blues›, ‹Blues für dich› und überhaupt seine ältesten Lieder. In dem Sälchen für sechzig Leute drängte sich – wenn ich mich so ausdrücken darf – ganz Prag, es war eine Sensation eigener Art. Ich hatte das Glück, auch dort früh aufzutauchen und war unter denjenigen, die sich damals dort drängten. Ich spürte sofort, daß hier etwas Wichtiges geschieht. Von Musik verstand ich zwar nicht viel, aber zu begreifen, daß das, was hier gespielt und gesungen wird, etwas wesenhaft anderes ist als ‹Christina› oder ‹Prag ist ein goldenes Schiff›, offizielle Schlager der Zeit, erforderte wahrhaftig kein besonderes Fachwissen. Das Neue war nicht nur in der Musik, in dem damals bei uns neuen Rock 'n' Roll-Rhythmus, sondern vor allem in den Texten. Die Lieder Suchýs erinnerten an alles mögliche, von Voskovec und Werich bis hin zu Morgenstern, nur an etwas erinnerten sie überhaupt nicht: an den banalen Lyrismus der damaligen Schlager. Es war einfach eine andere Art der Phantasie, ein anderer Humor, ein anderes Lebensgefühl, ein anderes Denken, eine andere Sprache. Die Atmosphäre der Reduta war sagenhaft, es entstand dort genau die besondere verschworene Gemeinschaft, die für mich persönlich das Theater erst zum Theater macht. Dort hat das alles angefangen. Das Theater am Geländer ist im Jahre 1958 gegründet worden, als ich beim Militär war. An seiner Wiege stand die Regisseurin Helena Philippová, die es sich de facto ausgedacht hat, sie trieb einen Saal auf und brachte Suchý dazu, etwas zu schreiben, was sich auf der Bühne realisieren ließ und die

Atmosphäre der Reduta ins Theater übertrug. Suchý tat sich mit Ivan Vyskočil zusammen, einer sehr bedeutenden Persönlichkeit dieser ganzen Ära, und zusammen schrieben sie ein Leporello ‹Wenn tausend Klarinetten…›, genauer gesagt, geschrieben hat es Suchý, und er hat Texte von Vyskočil hineinkomponiert. Mit diesem Stück hat das Theater am Geländer also angefangen. Niemand, der dort spielte, tat dies professionell. Ich sah die Vorstellung bei einem meiner Urlaube vom Militär; wie es mir damals gefallen hat, weiß ich nicht mehr; ich weiß aber, daß ich fasziniert war von der Atmosphäre dieses Theaters. Es sah damals anders aus als heute; in der Ecke des Zuschauerraums stand ein riesiger alter Kohleofen, an den Wänden blinkte die erste Generation der «Kondeliken» (so nannten wir eine bestimmte Art von Lampen), viele Zuschauer standen auf dem Pawlatsch und verfolgten die Vorstellung durch die Fenster (als dort meine Frau später Platzanweiserin war, hatte sie mit diesem Phänomen ständige Sorgen), ein wenig erinnerte es an altes Kabarett. (Unter anderem: ich weiß nicht genau warum, und werde darüber wohl einmal nachdenken müssen, doch zu dem Typ Theater, zu dem ich mein ganzes Leben lang neige, gehört als nicht wegzudenkender Bestandteil ein Schimmer von Obskurität, Abgesunkenheit, Frivolität oder wie man das nennen soll; das Theater soll, so denke ich, leicht verdächtig sein.) Wie auch immer die Vorstellung als solche gewesen sein mag, eines war sicher: es war darin Freude am Spiel, Freiheit, ein reiner Humor, Intelligenz, es nahm sich nicht allzu ernst, und die Leute waren begeistert. Es kam hier etwas Neues auf die Welt, etwas, zu dem es damals nichts Vergleichbares gab.

*Wie kam es, daß Sie nach der Saison im Theater ABC tat-
sächlich im Theater am Geländer aufgetaucht sind?*

Das weiß ich genau. Die Zeitschrift *Kultura 60* hatte mich
aufgefordert, etwas über die kleinen Prager Theater zu
schreiben. Ich habe einen Artikel geschrieben, aus dem ich
hier etwas zitiere, weil mir scheint, daß ich mich nicht einmal heute – nach 26 Jahren – seiner schämen muß. Ich
schrieb: «Die jungen Prager Theater, d. h. das Theater am
Geländer, Semafor und Rokoko, beginnen in den Augen
der Theaterkritik langsam über die Bedeutung als bloße
Mittelpunkte intelligenten Spaßes hinauszuwachsen und
als eine ernste Erscheinungsform des Theaters begriffen zu
werden. Fügen wir hinzu, daß sie eine symptomatische Erscheinung sind. Das Bedürfnis nach solchen Theatern und
ihre Beliebtheit verraten nämlich gewisse tiefere Verschiebungen im Theatergefühl der Zeit. (...) Ihr Gesicht formt
vor allem der Humor. Es ist dies der Humor eines bestimmten konkreten Typs, der zwar in der modernen
Kunst eine ganze Reihe von Vorgängern hat, doch in der
heutigen Situation neu ist, genauer gesagt, ungewohnt. Er
arbeitet mit der Verkürzung und dem Zeichen und stellt
daher größere Anforderungen an den Zuschauer, so daß
hier sogar von intellektuellem Humor gesprochen wird.
Soweit es um sein Prinzip geht, kann man ihn als absurden
Humor definieren, was heißt, daß er im Unterschied zum
satirischen Humor, der aus der bloßen Deformation des
realen Sujets erwächst, sozusagen vom Auf-den-Kopf-
Stellen des realen Sujets ausgeht. (...) Das frei ausgeführte
zentrale Sujet dieser Komödien ist begreiflicherweise nicht
durch die Dimensionen realer Wahrscheinlichkeit gebunden. Es ist in der Regel ein hyperbolischer oder allegori-
scher Einfall, der irgendeinem elementaren, gesellschaft-

lich oder ethisch kritischen Gedanken dient. Und was die Theatermittel angeht, wechseln hier Karikatur mit Gesang, dadaistischer Gag mit ausgefeilter szenischer Verkürzung, ein Feuerwerk etymologischen Humors mit der Kultivierung einer Art des lapidaren Poetischen ab.»

Wenn wir das mit dem vergleichen, wie etwa zur gleichen Zeit die Literaturzeitung *das Semafor bespuckt hat, so ist dies ein markanter Unterschied.*

Ich erinnere mich nicht mehr, was damals über diese Theater geschrieben worden ist, aber daß es notwendig war, sie zu verteidigen, das weiß ich. Mir fiel das leicht: ich war nicht durch die Überreste irgendwelcher ideologischen Ansprüche an die Kunst beschwert, und mit meiner ganzen inneren Beschaffenheit war ich eindeutig auf der Seite dieser Theater. Warum aber spreche ich von meinem damaligen Artikel: nach seiner Veröffentlichung veranstaltete die Redaktion eine Diskussion, zu der sie Vertreter dieser Theater einlud, Suchý, Vyskočil und andere. Und so lernte ich sie kennen. Mit Ivan Vyskočil, dem damaligen Schauspielleiter des Theaters am Geländer, vereinbarte ich ein Treffen (Suchý hatte inzwischen das Theater am Geländer verlassen und das Semafor gegründet), ich lieh ihm meinen ‹Familienabend› aus, und er bot mir schließlich eine Stelle am Theater am Geländer an – ich sollte dort selbstverständlich wieder als Kulissenschieber anfangen, jedoch mit einer realen Perspektive als Autor und schöpferischer Teilnahme an der Arbeit des Theaters. Selbstverständlich nahm ich an. Werich habe ich einen schönen Brief geschrieben, in dem ich ihm meinen Weggang erklärte und ihm für alles dankte, und im Sommer des Jahres 1960 fing ich im Theater am Geländer an.

*Und mit diesem Augenblick beginnt schon eine völlig an-
dere Ära Ihres Lebens –*

Ja, es war für mich eine sehr wichtige Zeit, nicht nur weil
die acht Jahre im Theater am Geländer eigentlich die einzige Zeit waren, in der ich mich vollständig dem Theater
widmen konnte, sondern auch, weil diese Zeit mich als
Theaterautor geformt hat. Meiner Arbeit habe ich mich
mit fast törichter Begeisterung hingegeben, ich war von
morgens bis abends im Theater, in der Nacht habe ich (mit
Hilfe meiner Frau) Dekorationen angefertigt, es war eine
Art freudiger Rausch. Mit der Zeit beruhigte ich mich
selbstverständlich und wurde sachlicher, trotzdem habe
ich bis zum Jahre 1968, als ich das Theater verließ, mit
ihm gelebt, sein Profil mitgeschaffen, mich völlig mit ihm
identifiziert. Formell habe ich dort die unterschiedlichsten
Funktionen gehabt, vom Kulissenschieber über Beleuchter, Sekretär, Lektor bis hin zum Dramaturgen. Welche
Funktion ich aber in welchem Augenblick gerade hatte,
war nicht entscheidend, häufig vertrat ich sie alle auf einmal: nachmittags vereinbarte ich Tourneen, abends be-
leuchtete ich eine Vorstellung, in der Nacht schrieb ich ein
Stück um.

*Wenn Sie die Aufgabe hätten, gründlicher die Geschichte
des Theaters am Geländer zu beschreiben und die Rolle zu
präzisieren, die es damals in Prag gespielt hat, was würden
Sie sagen, zu welchen Schlüssen würden Sie kommen?*

Die Zeit, die ich dort gewirkt habe, läßt sich in zwei Etap-
pen unterteilen. Die erste ist mit Ivan Vyskočil verbunden,
einer Persönlichkeit, die aus der gesamten Ära der kleinen
Theater der sechziger Jahre nicht wegzudenken ist. Er war

einer der Paten der ganzen Bewegung. Er ist ein sehr eigenwilliger Mensch, ja sogar wunderlich, ein wenig egozentrisch, die Zusammenarbeit mit ihm ist schwierig, weil er nur schwer einen schöpferischeren Mitarbeiter neben sich ertragen kann (mit den meisten seiner wichtigeren Mitarbeiter geriet er früher oder später in Streit, und sie trennten sich). Trotzdem spielte er eine Rolle, die vielleicht bis heute nicht richtig eingeschätzt ist. Er brachte einige wesentliche Elemente ins Theater ein. Zum ersten das, was man intellektuellen Humor nennt. Zum zweiten originelle Phantasie. Zum dritten Bildung (er hat Philosophie und Psychologie studiert). Zum vierten Sinn für das Absurde. Zum fünften unkonventionelle theaterästhetische Impulse. Das Spielerische verband sich bei ihm mit der Besessenheit, die Philosophie mit dem Humor. Sein Bedürfnis, den spielerischen Einfall ad absurdum zu führen und immerzu etwas Neues zu probieren, war ansteckend. Er hatte eigene Theorien des Antitheaters, des Untheaters, der Leugnung des Theaters, er war geradezu gepeinigt von der Sehnsucht, das Theater im Augenblick der Geburt zu erfassen. Einmal bemühte er sich auszuforschen, bis wohin sich die Zuschauer in die Vorstellung mit hineinziehen lassen, ein anderes Mal versuchte er, nur für sich selbst zu spielen. Er befaßte sich mit dem Psychodrama. Er ist einfach ein großer Sucher, Unruhestifter und Besessener. Sein Einfluß war vielseitig, er war es zum Beispiel, der die Textappeals ausgedacht hat (die allerersten, im Theater am Geländer in der Nacht, nach der Vorstellung, waren hervorragend). Als praktischer Theatermann war er allerdings ziemlich unmöglich. Andauernd versprach er Stücke und brachte niemals etwas (es machte ihm mehr Spaß zu reden als zu schreiben). Organisatorische Dinge interessierten ihn nicht. Manchmal benahm er sich völlig ver-

59

rückt: er sagte etwa «morgen werden wir proben, was uns gerade einfällt», doch zu der Probe erschien er nicht, obwohl er die einzige schöpferische Persönlichkeit im Ensemble war. Niemals nahm er den leidvollen Umstand wahr, daß das Theater unter anderem auch eine Institution ist, die jeden Abend spielen muß, und darüber hinaus für Publikum, besonders wenn sie finanziell auf sich selbst angewiesen ist. Schauspieler engagierte er ganz zufällig, ohne daß er sie vorher anschauen ging oder ein Gespräch mit ihnen führte, meist wählte er solche aus, die für diese Art Theater überhaupt keinen Sinn hatten und sich ständig gegen etwas empörten. Wenn er sich nur dem gewidmet hätte, was ihm Spaß machte und die anderen Dinge anderen überlassen hätte, wäre alles in Ordnung gewesen. Aber das wollte er nicht. Es konnte nicht gut enden. Dankbar, weil er mich ans Theater am Geländer gebracht hatte, bemühte ich mich, bis zum letzten Moment loyal ihm gegenüber zu bleiben, was wahrhaftig schwierig war, so daß wir schließlich leider nicht im Guten auseinandergingen. (Nach meiner Rückkehr aus dem Gefängnis im Jahre 1983 habe ich eine seiner Vorstellungen besucht, ich habe ihn das erste Mal nach Jahrzehnten gesehen, er war ausgezeichnet und benahm sich mir gegenüber hervorragend; vielleicht hat also die Zeit das uralte Zerwürfnis ins Reich des Vergessens geweht.) Nach einer gewissen Periode des Chaos wurde – wohl in der Saison 1961/62 – Jan Grossman als Schauspielchef engagiert, womit die zweite Ära meines Wirkens im Theater am Geländer begann. Grossman kannte ich schon lange und achtete ihn sehr. Er war ein durchdringender Theoretiker und Kritiker, erfahrener Dramaturg, ein Mensch mit intensiver Beziehung zum Theater, der imstande war, die unterschiedlichsten geistigen und kulturellen Zusammenhänge des Theaters wahrzunehmen und der schließlich auch zu einem guten Regisseur wurde; heute ist er übrigens nur noch als Regisseur bekannt. Grossman hat mich zu dem gemacht, was Vyskočil zu tun versprochen hatte, nämlich zu seinem nächsten künstlerischen Mitarbeiter. Wir haben de facto alles zusammen gemacht, Schauspieler ausgewählt, Stücke, Regisseure, den gesamten täglichen Betrieb des Theaters. Wenn Ivan Vyskočil das Schauspiel des Theaters am Geländer begründet und seinen Charakter vorherbestimmt hat, dann hat Grossman diesen Einsatz zu dem entwickelt, was man Theaterära nennt. Ich hatte das Glück dabeizusein, ich nahm daran teil und habe die Ära mitgeschaffen. Ihre wesentlichen Inszenierungen waren ‹König Ubu› von Jarry, Becketts ‹Warten auf Godot›, die klassischen Einakter von Ionesco, die Dramatisierung von Kafkas ‹Prozeß› – und ebenfalls meine Stücke ‹Das Gartenfest›, ‹Die Benachrichtigung› und ‹Erschwerte Möglichkeit der Konzentration›. Diese Ära endete im Jahre 1968. Die Umstände brachten es mit sich, daß wir beide – zuerst ich und dann Grossman – aus anderen als politischen Gründen das Theater verließen, doch es ist offensichtlich, wenn wir nicht von selbst gegangen wären, wären wir früher oder später vertrieben worden; mit dem, was wir gemacht hatten, ließ sich in der neuen Situation nicht mehr weitermachen, und die Abrechnung für die Vergangenheit hätte nicht lange auf sich warten lassen, besonders in meinem Falle nicht (wegen vieler «außertheaterlicher Tätigkeiten»). Neben Fialkas Pantomime, die im Theater am Geländer von seinen Anfängen bis heute wirkt, gibt es auch bis heute ein Schauspiel dort. Einige der Vorstellungen aus der letzten Zeit habe ich gesehen, und ich muß sagen, sie waren ausgezeichnet. Und trotzdem – den Sinn, den dieses Theater in den sechziger Jahren hatte, mit jenem scharfen Einschnitt in das Bewußtsein und Gewissen der Zeit, hat es schon lange nicht mehr.

Und die anderen Theater?

Was die allgemeine Popularität und soziale Resonanz betrifft, stand selbstverständlich das Semafor an erster Stelle. Die Arbeit von Suchý und Šlitr schuf wirklich die Atmosphäre der Zeit, das war etwas, was wohl unsere gesamte Generation auf immer gezeichnet hat. Ich erinnere mich, daß ich bei einer Art Festival der kleinen Theater in Karlsbad, woran ich mit dem Theater am Geländer teilnahm, und auch das Semafor, eine Aufführung einer der «Susannen» des Semafor gesehen habe (ich weiß nicht mehr, welche es war), und daß mich begeisterte, wie total außerhalb alles Ideologischen sie war. Es war, als ob die verschiedenen damaligen sehr lebendigen und vielleicht auch in vielem wichtigen Diskussionen (zum Beispiel zwischen Dogmatikern und Antidogmatikern), wie sie auf den Seiten der *Literaturzeitung* und anderer Zeitschriften stattfanden, mit einemmal ihrer Lächerlichkeit überführt wären. Nicht etwa dadurch, daß man mit ihnen polemisiert hätte oder sie parodiert worden wären. Sondern dadurch, wie das, was hier geschah, vollständig an ihnen und all ihren Themen vorbeiging. Die Aufführung handelte von gar nichts, ein Lied folgte dem anderen, es waren ebenfalls Lieder über gar nichts, aber die Freude am Spiel, am Rhythmus, am bloßen Spaß, das machte, daß all die gelehrten ideologischen Debatten einer grundlegenden Unangemessenheit überführt wurden, dessen, daß sie mit dem wirklichen Leben nicht viel gemein haben. Es war eine durch nichts zensierte Manifestation des Lebens, das allen Ideologien eins hustet, der ganzen erhabenen «Welt des Gewächs»; eines Lebens, das sich wesenhaft gegen jede Vergewaltigung auflehnt, gegen jede Erläuterung, gegen jede Richtlinie. Gegenüber der Welt des Scheins und der Interpretation stand hier plötzlich die Wahrheit – die Wahrheit junger Menschen, denen das alles gestohlen bleiben kann, die auf ihre Weise leben wollen, tanzen, wie sie wollen, einfach in Übereinstimmung mit ihrer Natürlichkeit sein wollen. Unsere Generation war die erste, die außerhalb der Konfrontationen der fünfziger Jahre aufgewachsen war, unter uns gab es weder begeisterte Jugendverbändler noch ihre programmatischen politischen Widersacher, die darauf warteten, daß «es zusammenbricht» – und das Semafor erschien mir als eine solche elementare und spontane Manifestation des Lebensgefühls dieser ersten nicht ideologischen Generation. Einer solchen allgemeinen Popularität wie das Semafor erfreute sich das Theater am Geländer wohl nicht. Wir hatten zwar, auch das ist richtig, jeden Abend einen überfüllten Saal, vor allem junge Leute, es war aber doch wohl ein etwas intellektuelleres, vor allem studentisches Publikum. In einer anderen Richtung allerdings war das Theater am Geländer wohl wichtiger als das Semafor: es versuchte einige grundlegende Themen der Zeit tiefer zu erfassen und wirklich zu artikulieren, es war nicht nur ein Aufschrei der Authentizität, sondern der Versuch einer Analyse. Das Paravan, geleitet von J. R. Pick, war ein literarisches Kabarett, das Rokoko unter der Leitung von Dárek Vostřel stand der Satire und Show näher, und obwohl es einige wirklich lebendige und professionelle Vorstellungen hatte, lag es doch etwas außerhalb dieser ganzen Strömung, es stand dem näher, was bis zu dieser Zeit auf verschiedenen Podien zu sehen war. Und dann gab es natürlich noch den breiten Hintergrund der Amateurtheater, vom Ypsilon in Reichenberg [Liberec] (sehr früh, wenn ich mich nicht irre, professionalisiert) über das Brünner Iks bis hin zum Kladivadlo (der Vorgänger des heutigen Schauspielstudios in Aussig [Ústí n. L.]). Diese kleinen Theater kannte ich verhältnismäßig gut, weil ich ihre regelmäßigen Auftritte im Theater am Geländer organisierte. Sozusagen in zweiter Folge, also etwas später als diese ersten Theater, gingen über Prag zwei weitere Theatersterne dieser Art auf, nämlich Krejčas Theater hinter dem Tor und der von Jaroslav Vostrý geleitete Schauspielklub. Mit Betrachtungen darüber würde ich schon zu sehr das gegebene Thema überschreiten. Eher möchte ich gern etwas anderes anmerken: ohne in irgendeiner Weise die zeitgemäße gesellschaftliche Bedeutung der kleinen Theater verkleinern zu wollen, betrachte ich diese Bewegung als integralen Bestandteil einer weitaus breiteren Bewegung. Sie geschah parallel zu dem, was zum Beispiel im Film geschah — es war die Zeit der «Neuen Welle», Němec, Chytilová, Forman, Juráček und andere —, wir selbst haben schon damals diese Parallelität und den gegenseitigen Einfluß sehr wohl gefühlt. Sie war parallel mit dem Geschehen in der bildenden Kunst: Medek, Koblasa, die Šmidrs und andere jüngere bildende Künstler begannen auszustellen, die schon ganz unabhängig von den ideologisch-ästhetischen Konfrontationen der offiziellen Kunst dieser Zeit ihre Ausprägung gefunden hatten. In der ernsten Musik wirkte die Gruppe «Neue Musik» (Kopelent, Komorous, Kotík); in der «leichten Musik» trat die Welle des tschechischen Big Beat an, die dann gegen Ende der sechziger Jahre ihren Höhepunkt fand; Knížák und andere organisierten Happenings; Hiršal und Grögrová unternahmen ihre Forschungen im Bereich der konkreten Poesie; es erschienen Linhartová,

Hrabal, Škvorecký und Páral; im Nationaltheater wurden Stücke von Josef Topol gespielt; eine neue Dichtergeneration um die Zeitschriften *Tvář* und später *Sešity* meldete sich zu Wort usw. usw. Dieser ganze Einfall der «nicht ideologischen Kunst» geschah auf dem günstigen Hintergrund der sich beschleunigenden Emanzipation auf dem Boden der Gesellschaftswissenschaften und er inspirierte und beschleunigte diese Emanzipation zugleich; Philosophie, Historiographie und andere Wissenschaftsdisziplinen entledigten sich der starren dogmatischen Fesseln. Und noch etwas: das Theater ist immer ein sehr empfindlicher Seismograph der Zeit, vielleicht der empfindlichste; es ist eine Art Schwamm, der sehr schnell verschiedene wichtige Ingredienzen der ihn umgebenden Atmosphäre aufsaugt. Und so muß auch die Bewegung im Theater, von der ich spreche, auf dem noch breiteren Hintergrund des gesamten Zeitklimas gesehen werden: Prag lebte anders als jetzt. Heute begegnen Sie am Samstagabend auf der Nationalstraße fünf Polizisten, fünf Geldwechslern und drei Betrunkenen, damals aber waren die Straßen voll, die Menschen waren imstande, sich spontan zu vergnügen, sie saßen nicht zu Hause vor dem Fernsehapparat, sondern gingen aus, in verschiedenen Kneipen und Weinstuben fand man Schauspieler, Maler, Schriftsteller, wohin auch immer man kam, man fand irgendwelche Bekannte, die Atmosphäre war irgendwie lockerer, freier, überall gab es mehr Humor, Geradheit, Hoffnung, die Menschen setzten sich für etwas ein, gingen etwas nach, litten für etwas, Prag schien noch nicht von der Lava der allgemeinen Gleichgültigkeit überschüttet und unter ihrer Schwere leichenhaft erstarrt zu sein. Damals hatte es – paradoxerweise – Sinn, sich mit der Absurdität des Seins zu befassen, weil noch nicht alles gleichgültig war. Dies alles spiegelten auf ihre Weise die kleinen Theater wider, drückten sie aus, schufen sie mit. Sie waren einfach eine der signifikanten Äußerungen und zugleich Vermittler dieses geistigen Prozesses, den ich die «Selbstbewußtwerdung und Selbstbefreiung der Gesellschaft» nenne und der später gesetzmäßig in die bekannten politischen Veränderungen des Jahres 68 ausmündete.

Worin sehen Sie die grundlegenden Unterschiede der Ästhetik der damaligen kleinen Theater und des traditionellen Theaters?

Über einen dieser Unterschiede habe ich schon gesprochen: es war dieses Außerhalbsein, dieses Nichtideologische. In die Erklärung der Welt haben wir uns nicht eingemischt, Thesen haben uns nicht interessiert, belehren wollten wir nicht. All das war eher nur ein Spiel – nur daß dieses Spiel irgendwie rätselhaft die tiefsten Nerven der Zeit berührte, der menschlichen Existenz, des gesellschaftlichen Lebens. Man sagte von diesem Humor, er sei rein, *l'art pour l'art*, dadaistisch, Selbstzweck, nur daß er, scheinbar so ohne Zusammenhang mit dem «brennenden Geschehen», wie es die Konvention begriff, seltsamerweise ausdrückte – wenn auch eigenartig, auf Umwegen – das, was am meisten «brannte»: was der Mensch eigentlich ist. Und ohne ein Intellektueller sein zu müssen, spürte der aufnahmebereite Zuschauer heraus, daß auch die noch so groteske Eskapade in der Art Vyskočils etwas Wesentliches in ihm berührt, das wesentlich Dramatische und die wirkliche Unerforschlichkeit des Lebens, so grundlegende Dinge, wie es Verzweiflung, leere Hoffnung, Pech, Schicksal, Unglück, grundlose Freude sind. Ein weiterer wichtiger Zug dieser Theater war das Antiillusionäre: das

Theater hörte auf vorzutäuschen, ein «Abbild des Lebens» zu sein. Von der Bühne verschwanden die psychologisch ausgemalten Typen, die sich danach sehnten, dort in dem gegenseitigen Verhältnis vertreten zu sein, wie sie im Leben vertreten sind. Die kleinen Theater wollten einfach etwas zeigen, und so zeigten sie es; sie zeigten es auf alle nur möglichen Arten, wie es ihnen einfiel, sozusagen vom Hölzchen aufs Stöckchen, nach dem Gesetz des Einfalls. Die Menschen standen für sich selbst auf der Bühne, spielten miteinander und für die Zuschauer, führten keine Ereignisse vor, sondern stellten Fragen oder eröffneten Themen. Und was ich für das Wichtigste halte: es wurde die Erfahrung der Absurdität vergegenwärtigt.

Was ist das eigentlich, absurdes Theater? Viele Leute kennen heute vielleicht das Wort nicht mehr. Wie würden Sie es definieren?

Persönlich bin ich der Ansicht, daß es die bedeutendste Erscheinung in der Theaterkultur des zwanzigsten Jahrhunderts ist, weil es das gegenwärtige Menschentum sozusagen in seiner «Krisenhaftigkeit» demonstriert. Es zeigt nämlich das Menschsein des Menschen, der die grundlegende metaphysische Gewißheit verloren hat, das Erlebnis des Absoluten, die Beziehung zur Ewigkeit, das Gefühl des Sinnes. Oder: den festen Boden unter den Füßen. Es ist dies ein Mensch, für den alles zusammenbricht, dessen Welt auseinanderfällt, der ahnt, daß er etwas unwiederbringlich verloren hat, der jedoch nicht fähig ist, sich seine Situation einzugestehen und sich also vor ihr versteckt. Er wartet, ohne begreifen zu können, daß er vergeblich wartet. ‹Warten auf Godot›. Er ist gepeinigt von dem Bedürfnis, die Hauptsache mitzuteilen, doch hat er nichts mitzuteilen. Ionescos ‹*Stühle*›. Er sucht seinen festen Punkt in der Erinnerung und weiß nicht, daß es nichts gibt, woran er sich erinnern könnte. ‹*Glückliche Tage*›. Er belügt sich und seine Umgebung mit der Illusion, er komme irgendwohin und werde etwas finden, was ihm seine Identität wiedergibt. Pinters ‹*Hausmeister*›. Er glaubt, sich und seine Nächsten zu kennen, und es zeigt sich, er kennt niemanden. Pinters ‹*Heimkehr*›. Offenbar Modellsituationen des fallenden Menschen. Die Stücke sind häufig von ganz trivialen Alltagssituationen inspiriert, wie etwa der Besuch von Bekannten (‹*Die kahle Sängerin*›), pädagogische Tyrannei (‹*Die Unterrichtsstunde*›), eine Dame gräbt sich am Strand in den Sand ein (‹*Glückliche Tage*›). Trotzdem sind es keine Szenen aus dem Leben, sondern szenische Bilder der grundlegenden Modalitäten des zusammenbrechenden Menschseins. In diesen Stücken wird nicht philosophiert wie etwa bei Sartre, im Gegenteil werden darin Banalitäten ausgesprochen. In ihrem Sinn jedoch sind es Philosophemata. Sie können nicht wörtlich genommen werden, sie illustrieren nichts. Sie machen nur auf die letzten Horizonte unseres gemeinsamen, allgemeinen Themas aufmerksam. Sie sind weder emphatisch, pathetisch noch didaktisch. Eher ein wenig abgesunken scherzhaft. Sie kennen das Phänomen der unendlichen Peinlichkeit. Oft wird in ihnen geschwiegen und oft stupide geschwätzt. Wer will, kann sie als bloße Komödien auffassen. Diese Stücke sind nicht – und das ist wichtig – nihilistisch. Sie warnen nur. In erschütternder Weise stellen sie uns vor die Frage des Sinnes, in dem sie seine Abwesenheit vergegenwärtigen. Das absurde Theater bietet uns weder Trost noch Hoffnung. Es erinnert uns nur daran, wie wir leben: ohne Hoffnung. Darin besteht das Warnende seiner Botschaft. Ich glaube, das absurde

Theater thematisiert in seiner eigenartigen (und im ganzen leicht zu beschreibenden) Art und Weise die grundlegenden Fragen des modernen Menschseins. Das absurde Theater meint nicht, es sei dazu da, den Zuschauern zu erklären, wie das alles ist. Diesen Hochmut hat es nicht, und die Belehrung überläßt es Brecht. Der absurde Dramatiker hat zu nichts einen Schlüssel. Er hält sich nicht für informierter oder bewußter als seinen Zuschauer. Seine Aufgabe sieht er in der plastischen Formulierung dessen, womit sich alle quälen, und in der suggestiven Vergegenwärtigung des Geheimnisses, vor dem wir alle gleich ratlos stehen. Ich habe schon an manchen Stellen über das absurde Theater geschrieben, ich werde mich also nicht wiederholen. In diesem Zusammenhang möchte ich wohl noch sagen, daß das absurde Theater als solches, nämlich als eine bestimmte Richtung in der dramatischen Literatur, das unmittelbare künstlerische Programm keines der kleinen Theater der sechziger Jahre war, nicht einmal des Theaters am Geländer, das ihm wahrscheinlich am nächsten stand. Die Erfahrung der Absurdität jedoch war wohl irgendwo im Inneren aller dieser Theater vorhanden. Nicht nur vermittelt durch konkrete künstlerische Einflüsse, sondern vor allem als etwas, das einfach «in der Luft lag». Im übrigen schätze ich am absurden Theater am meisten, daß es imstande war, das zu erfassen, was «in der Luft» lag. Ich kann mir auch das etwas provokative Bonmot nicht verkneifen: ich habe das Gefühl, hätte das absurde Theater nicht vor mir existiert, ich hätte es mir ausdenken können.

Wenn Sie die kleinen Theater der sechziger Jahre mit dem vergleichen, was in der Tschechoslowakei der achtziger Jahre zu sehen ist, zu welchen Schlüssen würden Sie gelangen?

Das Theater am Faden, das Hanakische Theater, das Theater am Rande, das Schauspielstudio und einige Amateurtheater, die in der letzten Zeit aufgetaucht sind, das alles halte ich für unermeßlich wichtige Erscheinungen und in vielerlei Hinsicht dem verwandt, was in den sechziger Jahren existierte. Wiederum die ungeplante Bewegung von unten, wieder dieses Außerhalb und das Nichtideologische, wieder das lebendige Verständnis mit dem Publikum, wieder die Anzeichen einer Art weiteren gesellschaftlichen Aufwachens, eines bestimmten Geschehens unter der Oberfläche, dessen erstes Signal immer und gesetzmäßig das Theater ist. Ich verfolge diese Theater und habe Freude an ihnen, manchmal bin ich ihnen gegenüber sogar weniger kritisch als ihr junges Publikum, was selbstverständlich besser ist, als wenn es umgekehrt wäre. Wenn ich sagen sollte, worin sich diese heutige Bewegung von dem unterscheidet, woran ich einst teilhatte, dann würde ich an erster Stelle ein gewisses Übergewicht des «wie» über das «was» nennen. Die schauspielerische Kultur, die bühnenbildnerische und Regie-Phantasie, die sogenannten «Theatermittel» kommen mir bei diesen heutigen Theatern unverhältnismäßig viel ausgefeilter vor als zu unseren Zeiten; von diesem Gesichtspunkt aus würden unsere damaligen Vorstellungen heute ziemlich unbeholfen erscheinen. Auf der anderen Seite scheint mir, daß zu unserer Zeit das Theater mehr gesagt hat, tiefer in das Bewußtsein der Zeit getaucht ist, analytischer war, direkter, durchsichtiger und nachdrücklicher in der Mitteilung. Das hat mehrere Ursachen. Der Hauptgrund besteht wahrscheinlich darin, daß man heute unverhältnismäßig viel weniger darf, die Zensoren und Bürokraten sind weitaus wachsamer als sie zu unserer Zeit waren, zum Kern der Sache vorzudringen ist also unverhältnismäßig viel schwieriger. Das bringt die heutigen Theater auf immer raffiniertere Chiffren, Andeutungen, indirekte Verweise, unbestimmte Parallelen; manchmal ist das so raffiniert und so verwickelt, daß auch ein Mensch, der für dies alles sehr offen ist, wie ich es bin, nichts begreift. Die zweite Ursache liegt tiefer und hängt offenbar mit einer unauffälligen und die Grenzen der Tschechoslowakei überschreitenden Verschiebung innerhalb der menschlichen Sensibilität zusammen. Die achtziger Jahre sind einfach anders als die insgesamt harmlosen und durchsichtigen sechziger Jahre. Das heutige hiesige kleine Theater ist weit mehr ein Theater der Situationen, Aktionen, Bewegungen, Metaphern, Andeutungen, Assoziationen, Gefühle als gedankliches Theater. Die Schauspiele dieser Theater sind poetische Collagen, semantisch vieldeutige Bühnenphantasien, die versuchen, die Nerven zu erregen und Gefühle zu evozieren, weniger an den Intellekt zu appellieren. Der Einfluß der feinen Verschiebungen in der kulturellen Atmosphäre (oder vielleicht Stratosphäre?) der ganzen Welt wird hier kombiniert mit der Nowendigkeit, den barbarischen Beschränkungen der gegenwärtigen Kulturpolitik entgegenzutreten. Die Hypertrophie der äußerlichen Bestandteile des Theaterausdrucks ist hin und wieder begleitet von einem Mangel an Selbstironie, einer gewissen Ernsthaftigkeit, einer Emphase, ja sogar einer gewissen Düsternis der Art und Weise, in der uns die vielfach weniger bedeutenden Dinge mitgeteilt werden, als es die waren, die wir einst eigentlich nach außen hin sehr leichtgewichtig mitteilten. Ich habe einen Satz von Grossman sehr gern. Er pflegte zu sagen: Theater muß man ordentlich machen, aber man darf es nicht zu ernst nehmen. Das Hauptproblem des tschechischen Theaters besteht darin, daß es sich wahnsinnig ernst nimmt, aber dabei nicht ordentlich gemacht wird. Ich glaube nicht, daß die heutigen kleinen Theater nicht ordentlich gemacht werden, im Gegenteil: ihre Vorstellungen sind manchmal fast kalligraphisch ziseliert. Für meinen Geschmack nehmen sie sich jedoch zeitweilig zu ernst. Es genügt, etwa die Programme zu ihren Vorstellungen zu lesen oder verschiedene theoretische Äußerungen ihrer Schöpfer: hin und wieder schwindelt einen vor dieser (freilich vielfach mehr nachgemachten als wirklichen) Gelehrsamkeit. Und man hat das unwiderstehliche Gefühl der Lächerlichkeit. Wer sich allzu ernst nimmt, setzt sich immer der Gefahr aus, lächerlich zu wirken. Wer ständig über sich selbst lachen kann, riskiert die Lächerlichkeit nicht. Ich habe das Gefühl, daß wir uns so ernst nicht genommen haben, wir haben bei weitem nicht so viel über unsere Arbeit theoretisiert und philosophiert. Vielleicht lag das daran, daß wir tiefer in das Erlebnis der Absurdität getaucht waren. Und das hat uns irgendwie gerettet. Die Reflexe unserer generellen Lächerlichkeit in der Welt, unserer Unangemessenheit, unserer Ärmlichkeit, unserer Einsamkeit, des Bizarren unserer Illusionen – das alles waren offenbar Instrumente der Selbstkontrolle, die es einem unmöglich machten, unabsichtlich lächerlich zu werden. Die Brutalität, Aggressivität, das Ekstatische und ähnliche Dinge, mit denen einige Schöpfer der heutigen kleinen Theater den *circulus vitiosus* der entfremdeten menschlichen Existenz zu durchbrechen trachten und etwas Authentisches berühren wollen, können sie leicht an die Schwelle des Lächerlichen bringen, einfach weil sie Folge eines «Kurzschlusses» sind. Mir scheint, daß man keine Phase überspringen kann und daß der moderne Mensch die Spirale der eigenen Absurdität bis zu ihrem tiefsten Punkt abschreiten muß, um hinter sie schauen zu können; sie umgehen, überspringen oder ihr einfach ausweichen ist offenbar nicht möglich. Zum Schluß allerdings möchte ich zwei Dinge betonen: zum ersten: diese meine Ausführungen können sehr gut nur ein Beleg dafür sein, daß ich selbst so fest in meiner eigenen Ästhetik und Welterfahrung verwurzelt bin, daß es mir dann doch unmöglich ist, wirklich unvoreingenommen für irgend etwas anderes und Neues aufgeschlossen zu sein; das aber riskiert jeder, der eine Ansicht hat und etwas tut. Zum zweiten: an meiner grundsätzlichen Sympathie für das heutige Geschehen in den kleinen Theatern ändern diese meine Eindrücke nichts, sie betreffen übrigens nicht alles, was dort geschieht, sondern nur einige zeitweilige Tendenzen.

Ende der sechziger Jahre haben Sie das Fernstudium an der Theaterfakultät der AMU beendet, wo Sie das Fach Dramaturgie belegt hatten. Was hat Ihnen dieses Studium gegeben und welchen Eindruck hatten Sie von dieser Fakultät?

Wie ich schon erwähnt habe, an der Theaterfakultät habe ich mich gegen Ende meiner Militärzeit angemeldet, die Aufnahmeprüfungen legte ich also in Uniform ab. Ich erinnere mich, daß ich damals das Stück von Nazim Hikmet ‹Ein komischer Mensch› analysieren sollte, welcher Aufgabe ich mich vollendet marxistisch entledigte: ich wies unter anderem nach, wie in dem Stück alle vier grundlegenden Gesetze der Dialektik zur Geltung kommen. Die Kommission starrte überrascht darauf, und Nazim Hikmet hätte das wohl auch getan. Sogar der berühmte Nestor der tschechischen Dramaturgie, František Götz, der damals den Vorsitz der Kommission innehatte, rief mich nach der Prüfung zu Hause an und gratulierte

73

mir. Bei der Prüfung habe ich also exzelliert, doch geholfen hat das nicht: ich wurde nicht zugelassen. An der Fakultät waren jedoch einige Leute, die sich weiter um meine Aufnahme bemühten und auf meinen Fall aufmerksam machten. Als ich dann im Theater am Geländer war und mich ihm vollständig widmete, hörte ich selbstverständlich auf, mich für die Theaterfakultät zu interessieren, und als ich schon Dramaturg war, verging mir die Lust, Dramaturgie zu studieren, vollständig: ich hatte genügend andere Sorgen. Und gerade in dem Moment wurde ich dort – ganz von selbst – zum Fernstudium zugelassen. Annehmen mußte ich das, einmal, um die nicht zu verraten, die mich dort jahrelang durchzusetzen versucht hatten, zum anderen mit Rücksicht auf meine Mutter, die immer wollte, daß mein Bruder Ivan und ich eine Hochschulausbildung haben sollten. Das Studium habe ich ohne jede Anstrengung (für die ich auch gar keine Zeit hatte) geschafft, sogar mit einem sogenannten Roten Diplom, also mit ausgezeichnetem Erfolg. Daß es mir jedoch – bis auf einige interessante Vorlesungen (Vostrý, Stříbrný, Hornát) – etwas gegeben hätte, kann ich nicht sagen.

Wieviel Stücke haben Sie eigentlich schon geschrieben? Könnten Sie mal eine bibliographische Übersicht versuchen?

Wenn ich das schon erwähnte ‹Vor uns das Leben› rechne, war mein erstes – allerdings noch völlig juveniles – Theaterstück der Einakter ‹Familienabend› aus dem Jahre 1959. Nachdem ich im Theater am Geländer angefangen hatte, arbeitete ich zusammen mit Ivan Vyskočil an dem Stück ‹Autostop›, das im Jahre 1961 aufgeführt wurde, und mit Miloš Macourek schrieb ich das Kabarett ‹Die

74

besten Rocks der Frau Herman›, aufgeführt, wenn ich mich nicht irre, im Jahre 1962. Für die poetische Szenenfolge ‹Verrückte Turteltaube› habe ich einige Auftritte geschrieben. Mein erstes selbständiges abendfüllendes Stück war das ‹Gartenfest›, das im Theater am Geländer im Jahre 1963 Premiere hatte. Im Jahre 1965 wurde die ‹Benachrichtigung› aufgeführt, die ich allerdings schon im Jahre 1960 zu schreiben begonnen und dann mehrfach umgearbeitet habe. Im Jahre 1968 führte das Theater am Geländer ein weiteres Stück von mir auf, die ‹Erschwerte Möglichkeit der Konzentration›. In den sechziger Jahren habe ich noch ein kleineres Hörspiel geschrieben, es hieß ‹Schutzengel› und wurde im Jahre 1968 vom Rundfunk mit Josef Kemr und Rudolf Hrušínský aufgeführt (ich habe es nie gehört). Und auch ein Fernsehspiel, ‹Fledermaus auf der Antenne›, für das ich vom Tschechoslowakischen Fernsehen sogar irgendeinen Preis bekommen habe und dessen Inszenierung es vorbereitete, doch auf Grund der Verhältnisse nach der sowjetischen Invasion nie verwirklicht hat. Später ist es vom westdeutschen Fernsehen aufgeführt worden. Das ‹Gartenfest› und die ‹Benachrichtigung› sind einmal in Mladá fronta erschienen (zusammen mit zwei meiner Essays und einer Sammlung typographischer Poesie) unter dem Titel ‹Protokolle›; das ‹Gartenfest› kam vorher selbständig im Verlag Orbis heraus, wo später auch die ‹Erschwerte Möglichkeit der Konzentration› erschien. All diese drei Stücke kamen daneben als Beilage der Zeitschrift Divadlo und kürzlich erneut in Buchform unter dem zusammenfassenden Titel ‹Ztížené možnosti› in der Edition Rozmluvy in London heraus. Wenn meine Übersicht vollständig sein soll, muß ich noch das zum Glück nicht realisierte Drehbuch des ‹Gartenfest› nennen (ich sage zum Glück, weil es in Barrandov ein Regisseur machen sollte, von dem ich bezweifelte, daß er meiner Poetik nahestand), ein weiteres nicht realisiertes Drehbuch ‹Heart Beat› (mit Jan Němec), eine Toncollage ‹Schönes Böhmen, mein Böhmen›, hergestellt im Tschechoslowakischen Rundfunk, aber nie gesendet (zum Glück für die Redakteure, die es bestellt hatten) und ‹Tür zum Dachboden›, eine Bühnenrevue aus Texten von Ivan Sviták, ursprünglich für das Theater am Geländer vorbereitet, und später angeblich (ich weiß das nicht sicher) in der Viola aufgeführt. In den siebziger Jahren, also schon in der Zeit, in der ich verboten war, habe ich zuerst das Stück ‹Die Retter› geschrieben (1971), das mir jedoch, glaube ich, nicht besonders gelungen ist, dann die ‹Gauneroper› (1972) und im Jahre 1975 zwei Einakter ‹Audienz› und ‹Vernissage›, zu denen im Jahre 1978 ein dritter hinzukam, ‹Protest›, mit derselben Hauptperson Vaněk. Im Jahre 1976 habe ich noch das Schauspiel ‹Berghotel› geschrieben. Außer dem ‹Protest› sind alle diese Stücke aus der «verbotenen Zeit» im Verlag 68 Publishers in Toronto unter dem zusammenfassenden Titel ‹Stücke› erschienen. (Die ‹Retter› hatten dabei Pech, sie kamen irrtümlich in einer Arbeitsversion heraus, noch weit schlechter als die definitive.) Nach der Rückkehr aus dem Gefängnis schrieb ich dann im Jahre 1983 das Ministück ‹Der Fehler› (abgedruckt in Svědectví) und dann im Jahre 1984 das abendfüllende Stück ‹Largo desolato› und im Jahre 1985 das Stück ‹Versuchung›, beide sind im Münchner Verlag Poezie mimo domov erschienen, ‹Largo desolato› zuvor ebenfalls in der Zeitschrift Svědectví. Wenn ich bedenke, daß ich eigentlich schon sechsundzwanzig Jahre lang Stücke schreibe, wird mir klar, daß es eigentlich nicht allzu viele sind. Der Ordnung halber sollte ich vielleicht noch hinzufügen, daß alle meine Stücke – einige in großem

Maße, andere in geringerem – von verschiedenen Theatern in verschiedenen Ländern der Welt aufgeführt worden sind und werden und auch in fremden Sprachen publiziert worden sind.

Erinnern Sie sich, wie Sie den Einfall für die ‹Benachrichtigung› bekommen haben und wie Sie auf das Wort Ptydepe gekommen sind, das dann so allgemein angenommen wurde?

Ungern muß ich eingestehen, daß der Gedanke einer künstlichen Sprache mit dem Namen Ptydepe nicht meiner war: er ist mir von meinem Bruder Ivan, der Mathematiker ist, unterschoben worden. Das Stück habe ich mir selbstverständlich selbst ausgedacht und auf meine Weise geschrieben, meinen Bruder habe ich nur wegen der fachlichen Passagen über die Redundanz konsultiert.

Und wie sind Sie auf das Sujet des Gartenfestes gekommen?

In diesem Falle kam der Urimpuls zur Abwechslung einmal von Ivan Vyskočil. Er hatte die Angewohnheit, immer nach der Vorstellung, wenn wir in irgendeiner Weinstube saßen, seine vielfältigen Einfälle und Sujets für Theaterstücke zu erklären. Keinen der Einfälle hat er – in dieser Zeit jedenfalls – je in ein Theaterstück verwandelt, er hatte jedoch eine unübersehbare Menge davon, auf jede nur mögliche Weise und jedesmal anders hat er sie entwickelt, indem er darüber sprach, hat er sie eigentlich ausgedacht. Einmal hat er etwas erzählt von irgendwelchen Konnektionen, Bekanntschaften, Protektion, Karriere, ich erinnere mich überhaupt nicht, was das war, ich weiß nur, daß er mich aufforderte, ich sollte mich an dieses Sujet heranmachen. Ich machte mich daran, doch das Stück, das daraus schließlich entstanden ist, hat damit wahrscheinlich überhaupt nichts mehr zu tun.

Vor zehn Jahren, als Sie auf die vierzig zugingen, haben Sie in einem Gespräch mit Jiří Lederer davon gesprochen, daß im Leben eines Schriftstellers gewöhnlich früher oder später der Moment kommt, in dem die Welterfahrung, von der er ausgegangen ist und unter deren Druck er zu schreiben begonnen hat, erschöpft ist: und dieser Moment ist für ihn ein wichtiger Scheideweg, auf dem er sich entscheiden muß, ob er weiterhin nur sich selbst wiederholen wird oder ob er versuchen wird, einen «zweiten Atem» zu fassen; und daß Sie selbst schon längere Zeit an diesem Scheidewege stehen und Ihren «zweiten Atem» suchen. Wie erscheint Ihnen das heute, mit fast fünfzig Jahren?

Daß sich ein Schriftsteller irgendwann um das Alter von fünfunddreißig herum auf einer gewissen Kreuzung befindet – das glaube ich immer noch; für mich selbst jedenfalls fühle ich das so: der erste Schwung des Schreibens schöpft notwendigerweise aus dem, was man in seiner Jugend gesehen, gefühlt und begriffen hat; dieser Schwung läßt jedoch einmal nach oder verklingt, und man steht vor der Frage, wie es weitergehen soll. Und will man nicht nur mechanisch das vermehren, was man einmal entdeckt hat, dann muß man einen grundsätzlicheren Schritt unternehmen. Das jedoch ist ziemlich schwer: man fühlt sich schließlich doch schon ein wenig gebunden von dem, was man bis zu diesem Moment begriffen und getan hat, sozusagen seiner eigenen «Literaturgeschichte» verpflichtet, aus der man sich nicht so ohne weiteres verabschieden und

wieder «auf der grünen Wiese» anfangen kann; darüber
hinaus ist man schon etwas bescheidener geworden, hat
gelernt, ist sozusagen seiner literarischen Jungfernschaft
entledigt worden mit ihrer schönen Frechheit, dem Selbst-
vertrauen und der noch nicht abgestumpften Aufnahme-
fähigkeit. Hinter all dem stehe ich, irgendwie erscheint
mir das so. Und was mich persönlich betrifft? Offen gesagt, bis heute bin ich mir nicht sicher, ob ich so etwas wie
den «zweiten Atem» gefunden habe. Nach meinen ersten
Stücken, die in die glückliche Periode des ersten Auf-
schwungs gehören und meine «Welterfahrung, von der ich
ausgegangen bin», widerspiegeln, habe ich zwar schon
einige weitere geschrieben, von denen ich einige ganz gern
habe, trotzdem aber bin ich immer noch nicht sicher, ob
ich mich wirklich «neu gefunden» habe. So, wie ich in
meiner Jugend geschrieben habe, kann ich nicht mehr
schreiben: ich bin ein anderer, die Zeit ist eine andere,
andere Dinge interessieren mich. Aber daß ich – zum Beispiel, was die Ästhetik angeht – schon auf einem neuen
Wege wäre, das wage ich nicht zu behaupten. Es ist immerzu nur eine Suche – Suche dieses «zweiten Atems».
Wer weiß, ob ich ihn überhaupt je finden werde; wer weiß,
ob er überhaupt gefunden werden kann: ob nämlich nicht
alles, was man noch schreibt, nicht auf Dauer in seinem
Fühlen nur das Suchen der verlorenen Gewißheit der Jugend bleiben soll –

*Sie haben, in unwahrscheinlich kurzer Zeit, nach ‹Largo
desolato› Ihre ‹Versuchung› geschrieben. Kündigt dieser
neue Start nicht doch eine neue Spur an? Welche Beziehung haben Sie eigentlich zu Ihren beiden letzten Stücken?*

Schauspiele habe ich immer lang und mühsam geschrieben; ein neues hatte ich gewöhnlich erst zwei bis drei Jahre nach dem vorhergehenden; jedes hatte mehrere Versionen; immer habe ich sie mehrfach umgeschrieben, umgebaut, mich sehr damit gequält und bin ständig in Hoffnungslosigkeit verfallen; ich bin also entschieden nicht der Typ des spontanen Autors. Und auf einmal ist etwas Eigenartiges geschehen: im Juli 1984 habe ich in vier Tagen ‹Largo desolato› geschrieben und im Oktober 1985 innerhalb von zehn Tagen ‹Versuchung›. Offenbar hat sich wirklich etwas geändert, ist tatsächlich etwas mit mir geschehen. Doch ich will das nicht überbewerten, und entschieden möchte ich nur ungern aus der bloßen Änderung des Arbeitsrhythmus gleich Gott weiß was für weitreichende Schlüsse ziehen; an und für sich muß das doch nichts bedeuten, geschweige denn garantieren. Bislang neige ich der Ansicht zu, daß hier eher äußerliche Dinge eine Rolle spielten. Zum Beispiel: nach der Rückkehr aus dem Gefängnis war ich nervlich lange Zeit in keinem guten Zustand. Ich hatte ständig irgendwelche Depressionen, ständig quälte ich mich mit etwas, nichts konnte mich trösten, an nichts konnte ich mich freuen, alles wurde mir zur Pflicht, wobei ich meine Pflichten, die tatsächlichen und die eingebildeten, mit einer unwirsch grimmigen Entschlossenheit erfüllte. Irgendein österreichischer Kritiker hat einmal über eines meiner Stücke geschrieben, es sei am tiefsten Grunde meiner Verzweiflung entstanden und sei mein Versuch, mich zu retten. Ich lachte damals über seine Vorstellung vom Stückeschreiben, jetzt sollte ich mich aber bei ihm entschuldigen: vielleicht war dieses mein schnelles Schreiben nach der Rückkehr aus dem Gefängnis tatsächlich ein Akt der Selbsterhaltung, Flucht aus der Verzweiflung oder ein Ventil, mit dem ich mich von mir

80

selbst erleichterte. Oder eine andere Sache, äußerlicher, aber vielleicht um so wichtiger: zu den verschiedenen Äußerungen der Zwangsneurose, durch die sich mein Zustand nach der Rückkehr aus dem Gefängnis auszeichnete (oder auszeichnet), gehört auch eine, die wohl jeder Dissident kennt: die Angst um das Manuskript. Solange der Text, in den er etwas von sich hineingelegt hat oder an dem ihm liegt, nicht irgendwo in Sicherheit oder in mehreren Kopien unter den Leuten verstreut ist, lebt man in ständiger Spannung und Ungewißheit, wobei man sich mit den Jahren an die ständige Bedrohung der Manuskripte seltsamerweise nicht gewöhnt, sondern umgekehrt: die Angst wächst sich zu einer wirklich krankhaften Obsession aus. Und wenn man ursprünglich nur Hausdurchsuchungen oder Leibesvisitationen gefürchtet und das angefangene Manuskript immer gegen Morgen, bevor die Hausdurchsuchungen beginnen, irgendwo bei Nachbarn versteckt hat, wird mit der Zeit die Angst immer umfassender und allgemeiner: man fürchtet, morgen eingesperrt zu werden, zu sterben oder krank zu werden, kurz ein unbestimmtes Ereignis (je unbestimmter die befürchtete Bedrohung ist, desto fortgeschrittener ist das Stadium dieses Leidens), das es unmöglich machen wird, daß das Werk das Licht der Welt erblickt. Und je mehr sich das Werk der Vollendung nähert, desto mehr wächst begreiflicherweise die Spannung: man fürchtet, daß einem jemand kurz vor dem Ziel ein Bein stellt. Wie man sich da auf den Moment freut, in dem man nichts Angefangenes liegen hat! Das Gefängnis vertieft die Ängste dieser Art nur noch weiter. Mir scheint, das hat auch in meinem Fall eine bedeutende Rolle gespielt: beide Stücke habe ich mit wachsender Ungeduld geschrieben und in fieberhafter Eile, eigentlich ein wenig in Trance. Das bedeutet nicht, daß sie nicht fertig

81

sind; niemals würde ich etwas aus der Hand geben, das ich nicht für fertig halte. Das heißt bloß, daß sich in mir ein Dämon eingenistet hat, der mich einfach nötigt, schnell fertig zu sein. Wenn das Stück fertig und in Sicherheit ist, dann kann jeder mit mir machen, was er will; ich bin glücklich und habe das Gefühl, wieder einmal über die Welt gesiegt zu haben. Solange es auf meinem Tisch ausgebreitet liegt im schwer lesbaren handschriftlichen Original, zittere ich vor Angst – nicht nur um das Stück, sondern um mich selbst, nämlich um das Stück meiner Identität, das mir mit der Wegnahme des Manuskripts unwiederbringlich entrissen würde. Soviel allgemein am Rande zu den beiden letzten Stücken. Zum ‹Largo desolato›: nicht nur einmal ist es mir geschehen, daß ich irgendein Motiv aus meiner unmittelbaren Umgebung gebraucht oder «mißbraucht» habe und mir damit stille oder auch laute Vorwürfe derjenigen einhandelte, die sich – ob nun zu Recht oder Unrecht – betroffen fühlten. Immer ist mir das begreiflicherweise unangenehm gewesen, doch ist mir nie eingefallen, ein solches Motiv auszulassen oder mich beim nächstenmal vor so etwas zu hüten. Ich weiß nämlich, daß ich dazu kein Recht habe: wenn das Drama etwas will, muß ich sein Recht achten und darf es nicht zensieren; damit würde ich mich gegen das Wesen meines Berufes versündigen: Aufgabe des Schriftstellers ist es nicht, das Sein bloß nach den eigenen Überlegungen zu arrangieren, sondern ihm zugleich als Medium zu dienen, offen für sein vielfach unerforschliches Diktat. Nur so kann das Werk über seinen Schöpfer hinausragen und in seiner Bedeutung weiter strahlen, als er selbst zu sehen imstande ist. Und so habe ich – obwohl ungern – hin und wieder jemanden verwundet oder jemandem weh getan. Im ‹Largo desolato› können alle Betroffenen mit Recht ein

Instrument von Gottes Gerechtigkeit sehen, die sich an ihrer Statt an mir gerächt hat: mit diesem Stück habe ich zur Abwechslung mir selbst geschadet: so mancher, einschließlich ausländischer Kritiker, sucht in seiner Hauptperson, dem zerrütteten Doktor Kopřiva, mich selbst, so mancher bedauert, daß es mir so schlecht geht. Doch das Gebot, Themen und Motive nicht zu zensieren, die mich verfolgen und inspirieren, kann ich doch nicht nur respektieren, wenn es um andere geht, und mich ihm entgegenstellen, wenn es um mich geht! Oder: ich wußte vorher, was ich mir antue, aber ich hatte nicht das Recht, es mir nicht anzutun. Das Stück ist wirklich von meinen eigenen Erfahrungen unmittelbarer inspiriert als andere, was nicht nur für seine einzelnen konkreten Motive gilt, sondern auch für sein Grundthema: in Kopřivas Zerrüttung habe ich wirklich ein Stück meiner eigenen Zerrüttetheit eingebracht, in gewissem Sinne ist das wirklich ein karikiertes Bild von etwas von mir und meiner Verzweiflung nach dem Gefängnisaufenthalt. Trotzdem ist es kein autobiographisches Stück in dem Sinne, daß es von mir handelte und nur von mir als solchem. Es will vor allem ein allgemeinmenschliches Gleichnis sein, es handelt sozusagen vom «Menschen als solchen». Wie sehr es von meinen persönlichen Erfahrungen inspiriert war, ist dabei nicht wichtig; wichtig ist einzig, ob es den Menschen etwas über ihre eigenen menschlichen Möglichkeiten sagt. Übrigens, wenn ich so schlecht daran wäre wie Kopřiva, dann könnte ich nichts schreiben, noch dazu mit ironischem Überblick, so daß eigentlich schon die Existenz des Schauspiels selbst den Verdacht widerlegt, es sei autobiographisch. Zur ‹*Versuchung*›: darin hat mich, soweit ich weiß, niemand gesucht. Dabei ist dieses Schauspiel ebenfalls von meiner persönlichen Erfahrung inspiriert, sogar einer wesentlich tieferen und schmerzlicheren als ‹Largo desolato› (Ivan Jirous hat das in seinem Essay über diese beiden Stücke genau herausgefühlt). Aber um die Sache ein wenig systematischer anzugehen: meine Stücke aus den sechziger Jahren versuchen allgemeine gesellschaftliche Mechanismen zu erfassen und die allgemeine Situation des von diesen Mechanismen zerriebenen Menschen, sie handelten also – wie man heute sagt – von den «Strukturen» und den Menschen darin; das Thema des aus der Struktur entfernten und ihr zugleich entgegentretenden Menschen, als das Thema des dissidenten Trotzes, trat in ihnen nicht auf. Das ist verständlich: ob wir wollen oder nicht, immer stoßen wir uns – ohne Rücksicht darauf, wohin wir eigentlich fliegen wollen – von dem Boden ab, den wir kennen. Und ich war damals schließlich auch «innerhalb der Strukturen» (daß meine Ansicht von außen diese Strukturen in dieser oder jener Weise verfremdete, ist eine andere Sache). «Dissidentenerfahrung» – zumindest in dem Sinne, wie ich sie in den siebziger Jahren gewann – hatte und kannte ich damals nicht. Als ich dann aus der Struktur «geworfen» wurde und mich in jener Dissidentenstellung befand, begann ich sie selbstverständlich zu erforschen und betrachten (unter anderem mit derselben «Ansicht von außen»!). Oder: der Boden, von dem ich mich abstieß, hatte sich geändert. Daraus entstand die Serie der «Vaněk»-Einakter, die schließlich in ‹Largo desolato› mündete, das erforschte, was geschieht, wenn eine Personifikation des Trotzens am Ende ist. Nach dem ‹Largo desolato› konnte man, so schien es mir, in dieser Richtung nicht mehr weitergehen. Und so wollte ich auf einmal ganz woanders beginnen, etwas völlig anderes machen, das ganze Terrain der «Dissidentenerfahrung» (im übrigen – wenn auch in gewissem Sinne zu Unrecht – einer zu starken Exklusivität verdächtigt) hinter mir lassen; ich wollte mich kurz gesagt nicht wieder so durchsichtig auf so offensichtlich persönliche Erfahrungen stützen und nicht wieder hören, daß Dissidenten nur über sich selbst schreiben können. Ich entschloß mich also, wieder über «Strukturen» zu schreiben, als ob ich mich in ihnen befände. Absichtlich wollte ich ein wenig in die Atmosphäre meiner alten Stücke zurückkehren, ich war neugierig, was daraus heute hervorgehen würde – nach allem, was in der Zwischenzeit geschehen war und angesichts der heutigen Zeit. So definierte ich mir den Raum. Das, was ihn ausfüllen sollte, hat allerdings seine eigenen und tieferen Wurzeln: schon im Jahre 1977, als ich zum erstenmal im Gefängnis war, kam mir sehr unbestimmt das Faustthema in den Sinn, es kreiste sozusagen um mich herum. Das damalige Eingesperrtsein, wenn es auch verhältnismäßig kurz war, ertrug ich nämlich aus verschiedenen Gründen ziemlich schwer. Ich wußte nicht, was draußen geschah, ich verfolgte nur in den Zeitungen die wütende Hetzjagd gegen die Charta. Ich wurde von meinen verhörenden Beamten und sogar von meinem Verteidiger getäuscht. Ich war geschüttelt von seltsamen, ein wenig psychotischen Zuständen und Gefühlen. Ich hatte den Eindruck, daß ich als einer der Initiatoren der Charta vielen Menschen Schaden zugefügt und sie in schreckliches Unglück gestürzt hatte. Ich nahm eine unangemessene Verantwortung auf mich, als ob die übrigen nicht gewußt hätten, was sie tun, als ob ich für das alles könnte. In dieser sehr unguten psychischen Verfassung begann ich gegen Ende meines Gefängnisaufenthaltes zu begreifen, daß man mir eine Falle zu stellen beginnt: eine bestimmte, verhältnismäßig unschuldige – zumindest ich reflektierte sie damals als unschuldige – Äußerung in einem meiner Entlassungsgesuche sollte in gefälschter Form publiziert werden, und ich sollte auf diese Weise geschmäht werden. Ich wußte nicht, wie ich das verhindern, wie ich mich dagegen wehren sollte. Ich machte sehr dunkle Momente durch, und es trafen mich sehr eigenartige Zufälle. Wenn ich mich recht erinnere, bekam ich auf einmal – an Stelle der üblichen Lektüre des Typs ‹Fern von Moskau› – Goethes ‹Faust› in die Zelle und gleich darauf den ‹Doktor Faustus› von Thomas Mann. Ich hatte seltsame Träume und seltsame Einfälle verfolgten mich. Ich fühlte mich – sehr physisch! – vom Teufel versucht. Ich fühlte mich in seinen Klauen. Ich begriff, daß ich mich mit ihm eingelassen hatte. Die Erfahrung, daß etwas, was ich tatsächlich geschrieben hatte, was ich wirklich dachte und was wahr war, derart mißbraucht werden kann, machte mir mit neuer Dringlichkeit klar, daß die Wahrheit nicht nur das ist, was sich der Mensch denkt, sondern auch, unter welchen Umständen, wem, warum und wie er es sagt. Was eines der Themen der ‹Versuchung› ist. (Ausführlich habe ich diese Erfahrung nach Jahren in meinen Briefen aus dem Gefängnis Nr. 138 und 139 analysiert.) Damals eigentlich wurde der Gedanke geboren, auf meine Weise den Fauststoff zu bearbeiten. Einige Male bin ich im Laufe der Zeit darauf zurückgekommen, doch alles, was ich geschrieben habe, habe ich immer in den Papierkorb geworfen, weil es mir nicht gefiel. Bis zum Schluß eigentlich habe ich nicht gewußt, wie ich mich diesem vieldeutigen und im Grunde archetypischen Thema nähern sollte. Im vorigen Jahr im Oktober hatte ich einen bestimmten Einfall, ich begann damit zu spielen und, wie es meine Gewohnheit ist, zuerst graphische Darstellungen der Auftritte, Bilder und Szenen zu zeichnen und schließlich zu schreiben, und in der Tat habe ich es dann in zehn Tagen fertig gehabt. So also ist die ‹Versuchung› entstanden. Vielleicht habe ich mit diesem Stück einen neuen Ausgangspunkt gefunden, mich selbst neu gefunden und vielleicht ist es wirklich der Anfang einer neuen Etappe meines Schreibens (viele Leute sagen mir, es sei mein bestes Stück, was ich wirklich nicht imstande bin zu beurteilen) – und vielleicht ist es im Gegenteil nur die Rekapitulation von etwas, was ich schon erkannt habe, eine Art persönliches Revival in der Gestalt eines Resümees dessen, was war. Ich weiß es nicht, ich bin nicht fähig, das zu beurteilen, und es bleibt mir deshalb nichts anderes übrig als hinter dem zu stehen, was ich Ihnen zum Thema dieser ewigen Suche nach dem «zweiten Atem» schon gesagt habe.

Sie sagen, das Faustthema habe sie schon lange umkreist, sie hätten sich nicht herangewagt oder sich keinen Rat damit gewußt. Gibt es noch andere ähnliche Themen, die sich um Sie herumbewegen, die sich in Ihrer unmittelbaren Umgebung bewegen und an die Sie sich bisher nicht heranwagen? Ich muß gestehen, ich könnte mir nach dem Faust gut einen von Ihnen umgearbeiteten, uminterpretierten Don Quichotte vorstellen –

So stark hat mich nichts bedrängt. Hin und wieder habe ich mich mit dem Gedanken befaßt, mit anderen Personen zu spielen, mit Don Juan, Oblomov und ähnlichen, ich habe sogar darüber nachgedacht, mehrere dieser Personen in einem Stück zusammenzubringen und sie miteinander zu konfrontieren. Fürs erste habe ich aber solche Pläne aufgegeben. Ich denke jetzt an etwas anderes –

Für wen schreiben Sie heute – Sie haben kein Theater mehr, keinen Regisseur oder Dramaturgen, und kennen nicht einmal Ihr Publikum? Wie sind sie mit dieser Situation fertig geworden?

Es ist eine sehr mühselige Situation, schlimmer, als wenn ein Dichter oder Romanautor in seinem Land nicht publizieren kann. Das Schauspiel ist nämlich ein Genre, das weit mehr mit dem «Hier und Jetzt» verbunden ist, es entsteht immer aus einem bestimmten konkreten sozialen und geistigen Klima heraus und ist dahin zurück gerichtet; es braucht einfach sein Zuhause und wird erst dann es selbst, wenn es in diesem Zuhause im Theater zu sehen ist – als Text ist es nur ein Halbprodukt. Mir sind diese Grundbedingungen schon siebzehn Jahre genommen, und es ist begreiflich, daß mir dies das Schreiben nicht erleichtert. Ich gehe dagegen an, indem ich mir die Situation einfach nicht bewußtmache und so schreibe, als ob meine Stücke immer noch im Theater am Geländer aufgeführt werden könnten und als ob sie dort meine heutigen Zeitgenossen sehen könnten. Übrigens: kürzlich ist mir klargeworden, daß meine Stücke bis heute den Dimensionen der Bühne treu geblieben sind, auf der sie einst gespielt wurden, und den Dimensionen des Ensembles, das sie gespielt hat. Ich könnte also sagen, ich schreibe immer noch eigentlich für die hiesigen Schauspieler und das hiesige Publikum.

Verfolgen Sie eigentlich die heimische offizielle dramatische Literatur? Kennen Sie etwa die Stücke von Karel Steigerwald?

Karel Steigerwald kenne ich, ich kenne auch seine Stücke und kenne auch weitere Autoren, die nach meiner Meinung sehr interessant sind, die nicht in unser «Dissidentengetto» gefallen oder gejagt worden sind (hauptsächlich, weil sie auf Grund ihres Alters es früher nicht geschafft haben, sich auf etwas einzulassen) und also formal erlaubt sind, auch wenn sie dauernde Schwierigkeiten haben und eher hin und wieder toleriert werden als systematisch unterstützt. Wenn ich sie nicht nennen und nicht konkret über ihre Arbeit sprechen will, dann aus Gründen ganz äußerlicher Natur: ich will ihnen nicht schaden.

Sie sind in der Situation eines langjährig Verfolgten, die nicht selten zu einer Art «Selbstvergötterung» führt. Wie kämpfen Sie gegen diese Gefahr, die in einer ähnlichen Situation wohl jedem drohen würde? Bedroht sie nicht Ihr Schaffen?

Ich habe nicht den Eindruck, daß mir diese Gefahr drohen würde. Das hängt mit meinem Charakter zusammen, meinen Anlagen, mit meinem Gesamttyp als Mensch und als Autor. Ich bin eher derjenige, der dauernd und ewig an sich selbst zweifelt, der jede kritische Stimme weitaus lebendiger wahrnimmt und mit größerer Aufmerksamkeit als eine lobende. Ich treffe auf vielfältige Äußerungen von Sympathie, Solidarität, Achtung, Bewunderung, ja Hoffnung, die in mich gesetzt wird; es rufen mich zum Beispiel unbekannte Leute an und sprechen mir ihren Dank aus für alles, was ich tue. Solche Stimmen machen mir selbstverständlich Freude, sie trösten mich, bestätigen mir, daß unser Bemühen eine Resonanz hat, daß es wirklich nicht nur bloßes Rufen in der Wüste ist. Zugleich aber bringen sie mich immer in Verlegenheit, und immer wieder stelle ich mir die Frage, ob ich eine solche Aufmerksamkeit verdiene und ob ich fähig bin, die Erwartungen nicht zu enttäuschen und all diesen Ansprüchen gerecht zu werden. Was habe ich denn eigentlich schon getan? Ich habe ein paar Stücke, ein paar Aufsätze geschrieben, eine Weile war ich im Gefängnis. Solche Fragen stelle ich mir also, und solche Gefühle habe ich, und vielleicht wird daraus klar, daß die Gefahr der Selbstvergötterung, von der Sie sprechen, mein Problem wohl nicht ist. Aber vielleicht irre ich mich, so etwas müßte wohl eher meine Umgebung beurteilen –

Wenn Sie so voller Befürchtungen, Hemmungen und Fragen sind, haben Sie auch manchmal Angst vor dem Alter und dem Tod?

Sie werden sich wundern, aber die habe ich nicht. Vom Alter träume ich als von der Zeit des Ausruhens, wenn von mir nichts mehr erwartet wird, und am Tod stört mich hauptsächlich, daß er es mir offenbar unmöglich machen wird zu sehen, wie das alles weitergeht und ausgeht –

Was braucht man Ihrer Meinung nach, um Schriftsteller zu werden? Was könnten Sie meinem fünfzehnjährigen Sohn Ondřej antworten, wenn er Sie fragen würde?

Je älter und erfahrener ich bin, desto weniger fühle ich mich imstande, auf solche Fragen zu antworten. Es hat Zeiten gegeben, da war ich mit der Souveränität der Jugend bereit, jederzeit in aller Breite darauf zu antworten; diese Zeiten sind leider vorbei, ich bin bescheiden geworden und habe erkannt, wie trügerisch es ist, irgend etwas in dieser Richtung zu erklären, und wie leicht eine solche Erklärung durch ein Gegenbeispiel der Ungültigkeit überführt werden kann. Was braucht man, um Schriftsteller zu werden? Vor allem sollte man wohl ein wenig seine Sprache kennen und sie achten – aber nicht einmal das stimmt immer: Vlasta Třešňák hatte in jedem zweiten Satz einen Fehler und war doch ein besserer Autor als viele, die das Tschechische kennen wie Pavel Eisner. Wenn manchmal junge Autoren zu mir kommen und mir ihre Texte bringen, betone ich gewöhnlich die Bedeutung des Fleißes und der Arbeitsamkeit. Das ist freilich nur ein situationsbedingter Rat, der von der Feststellung ausgeht, daß sich junge Autoren die Sache oft sehr einfach vorstellen: sie sind so von ihrem Gefühl in Anspruch genommen, das ihnen unermeßlich wichtig und ungewöhnlich vorkommt, und sie glauben, es reiche aus, es einfach niederzuschreiben. Ich erinnere mich an einen Ausspruch von Zdeněk Urbánek: ich fragte ihn, wie es käme, daß die Gedichte von Ivan Jirous aus Valdice allen gefallen, vom langhaarigen Untergrund bis hin zu soliden älteren Herren. Er sagte, das komme wahrscheinlich daher, daß Jirous zwar die existentielle Erfahrung des «Underground» ausdrücke, aber er tue dies ordentlich, nicht mit der Schlampigkeit, Angenähertheit und Nachlässigkeit, mit der das andere tun. Ich kann mir nicht helfen: eine gewisse Hartnäckigkeit ist dazu offenbar notwendig, und man muß dafür bezahlen. Es ist nicht ein Beruf unter Berufen, Tätigkeit unter Tätigkeiten. Ihrem Sohn könnte ich so aus dem Stegreif nichts antworten. Ich müßte seine ersten Texte lesen, dann wäre ich wohl imstande, einen Aspekt zu akzentuieren, auf den er achten sollte.

Im Westen sagt man oft: die Unruhe des gegenwärtigen Künstlers hat ihre Quelle in dem Gefühl, daß ihn die moderne Gesellschaft nicht benötigt. Hatten Sie als tschechi-

scher Schriftsteller dieses Gefühl der Nutzlosigkeit? Oder haben Sie einmal darüber nachgedacht, wie sich die tschechische Variante der «Nutzlosigkeit» von der westlichen unterscheidet?

Ich würde sagen, bei uns liegt das Problem genau umgekehrt, hier nämlich fühlt sich der Schriftsteller von so vielen Ansprüchen beschwert, daß es ihm zur Last wird. Vom Schriftsteller wird nämlich in unserem Milieu schon traditionell etwas mehr verlangt als nur das Schreiben von Büchern, die sich lesen lassen. Der Gedanke, der Schriftsteller sei das Gewissen der Nation, hat hier seine Logik und Tradition; die Schriftsteller haben hier schließlich über Jahre hinweg die Rolle der Politiker ersetzt, sie waren die Erneuerer der nationalen Gemeinschaft, Erhalter der nationalen Sprache, Erwecker des nationalen Selbstbewußtseins, Dolmetscher des nationalen Willens. Diese Tradition geht unter den totalitären Regimes weiter und erhält noch ihre besondere Färbung: als ob das geschriebene Wort hier eine Art erhöhter Radioaktivität hätte — sonst würde man uns dafür doch nicht einsperren! Ich glaube, daß mancher westliche Kollege uns um das große Maß an Aufmerksamkeit und sozialer Resonanz beneiden könnte. Es ist allerdings eine etwas zweischneidige Angelegenheit: sie kann einen binden, einschnüren, beschränken — als ob man plötzlich von seiner gesellschaftlichen Sendung blockiert sei, als ob in Achtung vor der Rolle, die einem zugemessen wurde, die Stimme ein wenig stockte vor der Ungewißheit, ihr gerecht zu werden; als ob man einfach nicht mehr so frei wäre, wie man eigentlich sein sollte. Ich gestehe, daß ich manchmal Lust habe auszurufen: ich will nicht die Rolle des Erweckers spielen, ich will nur das tun, was jeder Schriftsteller tun soll, nämlich die Wahrheit sagen! Oder: Hoffnung kann man nicht nur immer von ihren professionellen Lieferanten erwarten, sondern es muß sie vor allem jeder in sich selbst finden! Oder: riskiert selbst etwas, ich bin doch nicht euer Erlöser! Immer aber halte ich im letzten Moment ein, rufe es nicht aus, schlucke es wieder hinunter und denke an das, was Patočka einmal gesagt hat: die wirkliche Prüfung des Menschen ist nicht, wie er die Rolle ausfüllt, die er sich selbst ausgedacht hat, sondern wie er die ausfüllt, die ihm vom Schicksal zugemessen wurde. Im übrigen ist es strittig, was wir uns selbst angerichtet haben und was nicht. In einem gewissen Sinne haben wir uns alles selbst zu verdanken: wir haben einen kleinen Schritt getan, aber dieser Schritt hat logisch irgendwelche anderen Geschehnisse hervorgerufen, die zwar schon außerhalb von uns verlaufen sind, die aber möglicherweise ohne unseren ersten Schritt gar nicht eingetreten wären. Haben wir wirklich ein Recht, uns zu beschweren?

Gern würde ich ein wenig zurückgehen: im Jahre 1965 wurden Sie Mitglied des Redaktionsrates der Zeitschrift Tvář, einer kulturellen Monatsschrift für junge Literatur, die später unter dramatischen Umständen eingestellt wurde. Wie war das damals eigentlich, und haben Sie persönlich in diesem Zusammenhang etwas auf dem Boden des Schriftstellerverbandes unternommen?

Ich habe schon den eigenartigen Widerwillen erwähnt, den ich seit den fünfziger Jahren gegen den Schriftstellerverband hatte und der auch in den liberaleren sechziger Jahren nie völlig verschwand. Deshalb habe ich mich auch in einer Zeit, in der meine Stücke schon gespielt wurden und ich in den Verband hätte aufgenommen werden können, nie darum bemüht, um so mehr, als ich mit dem Theater völlig ausgelastet war. Ich fühlte kurz und gut keine Notwendigkeit, mit der Schriftstellerorganisation etwas zu tun zu haben und mich an ihrem Leben zu beteiligen. Wenn ich mich nicht irre, forderte Gruša auf dem 3. Schriftstellerkongreß im Jahre 1963 eine Zeitschrift für junge Schriftsteller, und diese Zeitschrift wurde dann wirklich auf Beschluß des Kongresses gegründet – es war *Tvář*. Ähnlich wie nach dem 2. Kongreß *Květen* gegründet worden war. *Tvář* wurde von Gruša, Pištora, Vinant und anderen jungen Literaten geleitet; ich kannte niemanden von ihnen, und, um die Wahrheit zu sagen, fühlte ich zu der ganzen Gruppe oder Generation eine bestimmte innere Distanz: während ich Laborant war, beim Militär Pontonbrücken baute, als Kulissenschieber angestellt war, zu keinem Studium zugelassen wurde und mich schon jahrelang der damaligen Untergrundkultur zugehörig fühlte, hatten diese Jungen (die zwar nur um wenige Jahre jünger waren, doch sie gehörten schon in eine andere Zeit und hatten daher auch eine andere Biographie) ordentlich das Gymnasium absolviert, nach dem Abitur gingen sie an die philosophische Fakultät, studierten Literatur und wurden dann gleich in verschiedenen Verlagen und Redaktionen angestellt, bald publizierten sie, waren früh Mitglieder des Schriftstellerverbandes, saßen im Schriftstellerklub, sie hatten alles kurz und gut ein wenig leichter. Sie hatten eine ordentliche Ausbildung, worum ich sie wahrscheinlich unterbewußt beneidete, zudem kamen sie mir – auf Grund dessen, wie sie gleich in diesem unsympathischen Schriftstellerverband heimisch wurden – ziemlich bald ziemlich offiziell vor. Ich tat ihnen unrecht, das weiß ich jetzt, aber damals fühlte ich das so. Die Redaktion von *Tvář* besuchte ich nur einmal, eher aus Neugier, ich brachte dort einige typographische Gedichte hin, die ich damals schrieb. Sie empfingen mich freundlich, meine Gedichtchen druckten sie ab, dann sogar einen Artikel; weitere Kontakte hatte ich mit ihnen jedoch nicht. Nach etwa einem Jahr der Existenz von *Tvář* gab es in der Redaktion eine Art Revolution; Einzelheiten kannte ich nicht und interessierte mich nicht dafür, um so mehr, als ich wußte, daß derartige Kontroversen zum literarischen Leben und den literarischen Gruppierungen gehören und immer gehört haben. Meine *Tvář*-Ära begann erst, als mich der neue Redaktionsrat (angeblich auf Vorschlag von Jan Lopatka) aufforderte, Mitglied zu werden. Diese Aufforderung war nicht ganz frei von sachlicher Berechnung: *Tvář* war eine Zeitschrift des Verbandes, aber kein Mitglied des neuen Redaktionsrates war Verbandsmitglied, was der Zeitschrift nicht nur ständig von den Verbandsorganen vorgeworfen wurde, sondern auch unpraktisch war: niemand konnte in den unterschiedlichen Verbandsgremien verfolgen, was geschieht, und sich im Falle von Schwierigkeiten vor die Zeitschrift stellen. Bei mir war klar, daß man mich in den Schriftstellerverband aufnehmen würde, und so wurde ich in den Redaktionsrat ein wenig mit der Bedingung aufgenommen, daß ich in den Schriftstellerverband eintrete und dort für *Tvář* kämpfen werde; de facto war also die Einladung in den Redaktionsrat auch eine Einladung in den Schriftstellerverband. Ich wußte das alles, die Zweckaspekte meiner Hinzuziehung sind in keiner Weise vor mir verborgen worden, trotzdem bin ich darauf eingegangen und wurde Mitglied des Redaktionsrates von *Tvář* und Mitglied des Schriftstellerverbandes. Ich habe das getan, weil mir – wie ich schon nach einigen vorläufigen Treffen erkennen konnte – das Bemühen des neuen Redaktionsrates allseitig sympathisch und nahe war, es

95

war etwas auf dem Boden des Schriftstellerverbandes völlig Neues, und es war die einzige Gruppierung auf diesem Boden, in der ich mich ohne innere Hemmungen und Verlegenheiten engagieren oder mit der ich mich identifizieren konnte. In meinem Leben hatte dieser Schritt aber größere Bedeutung, als es auf den ersten Blick scheinen könnte: mit ihm begann nicht nur der mehrere Jahre dauernde Zeitraum des Kampfes um *Tvář*, nicht nur mehrjährige Zeitraum meines «rebellischen» Engagements im Schriftstellerverband, sondern zugleich damit oder dadurch begann etwas Tieferes: meine kulturell-politische und staatsbürgerliche Engagiertheit überhaupt, also das, was schließlich in mein «Dissidententum» mündete. Ursprünglich war ich nur so ein «Fachidiot» des Theaters am Geländer, der nur für seine Arbeit in diesem Theater lebte und alles andere nur als ein neugieriger Beobachter betrachtete; dank *Tvář* überschritt ich den bisherigen Umkreis und habe damals wahrhaftig nicht geahnt, bis wohin mich die innere Logik dieses Überschreitens einmal führen wird. Aber damit sage ich nicht, daß ich das bedaure, im Gegenteil: wenn *Tvář* nicht gewesen wäre, hätte ich das wahrscheinlich früher oder später anders tun müssen, ich kann mir nicht vorstellen, daß ich auf Dauer vom Horizont eines Theaters umschlossen geblieben wäre, das hätte meinem Charakter widersprochen und auch in keiner Weise meinem Schreiben geholfen – obwohl mancher das Gegenteil behauptet und mich überzeugen will, daß ich, wenn ich von Anfang an bloß beim Schreiben von Schauspielen geblieben wäre und mich nicht in andere Sachen eingemischt hätte, besser getan hätte und unverhältnismäßig viel mehr Schauspiele hätte schreiben können. Ich glaube das nicht, und das Schicksal nicht nur eines meiner Kollegen bestätigt mir, daß dieses Bemühen, «nur Literatur» zu machen, eine sehr trügerische Sache ist, und daß paradoxerweise häufig gerade die Literatur darunter zu leiden hat. Mit dem Eintreten in den Redaktionsrat von *Tvář* begann also für mich der Zeitraum des Kampfes um diese Zeitschrift. Es war eine Zeit Tausender unendlicher Debatten, Versammlungen, Streitereien, es war meine private Schule der Politik. Ich will versuchen, kurz und schematisch die damalige Situation zu beschreiben: im Zentralkomitee des Schriftstellerverbandes, in den Redaktionen, Editions- und Redaktionsräten, kurz, im gesamten institutionellen Unterbau der Literatur hatten damals, in der Mitte der sechziger Jahre, begreiflicherweise die Kommunisten das entscheidende Wort, jedoch Reform- oder revisionistische Kommunisten, damals nannte man sie «Antidogmatiker», einfach die, deren Bemühen – oft verbunden mit sehr beschwerlichen Scherereien mit der Novotný-Bürokratie – schließlich in den Prager Frühling mündete. Sie bildeten so etwas wie das damalige kulturelle Establishment. Manches in ihrem Bemühen war uns – den Jüngeren und Nichtkommunisten – selbstverständlich nahe, sie waren natürlich eine bessere Alternative als die sklerotische Novotný-Bürokratie und die notorischen Dogmatiker, trotzdem hatten auch sie von unserem Gesichtspunkt aus ihre «Grenzen» (heute haben sie sie meist, das muß gesagt werden, nicht mehr). In ihrem Handeln fanden wir ziemlich viele problematische Elemente, vom Illusionismus über die Gebundenheit an alte ideologische Schemata, das ständige Bedürfnis zu taktieren, Inkonsequenz bis zu manchmal kindischem Verhalten, bis zum unwillkürlichen Sicheinleben in die «Establishment»-Stellung, die als selbstverständlich angesehen wurde: daß irgendwo auch irgend jemand anderer etwas zu sagen haben könnte, kam ihnen unbegreiflich vor. Sie hatten die

Neigung, die eigene Welterfahrung auf alle auszudehnen; immer zum Beispiel sprachen sie von sich selber als von einer Generation und nicht als von einem «Jugendverbands»-Teil von ihr. Als diese ganze Schicht von Intellektuellen nach der sowjetischen Okkupation hinweggefegt wurde, bezichtigte eine Reihe von verschiedenen Graphomanen, denen man ewig Unrecht getan hatte und die die historische Gelegenheit ergriffen und die freigewordenen Plätze einnahmen, sie elitären Verhaltens. Heute werde ich wohl nichts und niemandem schaden, wenn ich sage, daß im Handeln dieses «antidogmatischen Establishments» tatsächlich etwas Elitäres war, wenn auch in einem ganz anderen Sinne, als das die erwähnten Graphomanen gemeint haben. *Tvář* war der erste Fall, daß etwas institutionell Fixiertes nicht in den Händen dieses Establishments war. Es war, das ist richtig, nur ein unbedeutendes Inselchen, doch war es immerhin ein Inselchen von etwas anderem. Nicht etwa, daß *Tvář* ein programmatisch antimarxistisches oder antikommunistisches Unternehmen gewesen wäre, politisch und eigentlich nicht einmal geistig war *Tvář* nicht sehr scharf ausgeprägt, um so weniger bekannte es sich zu irgendeiner ideologischen Doktrin; ideologische Streitereien gingen einfach an ihm vorbei — etwa so, wie sie an den kleinen Theatern vorbeigingen, von denen ich gesprochen habe, oder an der Neuen Welle im Film und vielen anderen Phänomenen dieser Zeit, die mit dem Antritt der neuen Generation verbunden sind. *Tvář* druckte einfach das, was es für gut, interessant, tief, authentisch hielt — von Heidegger über Teilhard bis zu Trakl, Jan Hanč und Jiří Kuběna —, und es war ihm gleichgültig, in welche Schublade das wer einordnet. Aber auch diese Auswahl und der Geschmack verrieten eine andere Erfahrung und einen anderen Hintergrund; von keiner — und sei es auch der dünnsten – Nabelschnur an die früheren ideologischen Ansichten gebunden, mit ganz anderen Ausgangserlebnissen ausgestattet, hatten wir einfach auch einen anderen Geschmack: manches gefiel uns nicht, was den Antidogmatikern gefiel, und umgekehrt gefiel uns manches, was ihnen nicht gefiel. Ich würde also nicht sagen, *Tvář* sei eine Insel des «Nichtmarxismus» im Ozean des (Reform-)Marxismus gewesen, eher würde ich sagen, es war – oder war von unserem Gesichtspunkt aus – eine Insel der Freiheit im Ozean von etwas, was sich zwar für unermeßlich frei hielt, was jedoch innerlich völlig frei nicht war. Für das «antidogmatische Establishment», in dessen Händen der Schriftstellerverband war, war es begreiflicherweise schwer verdaulich, daß eine der Verbandszeitschriften derart abweichen sollte; sie hatten das Gefühl, sie könnten doch schließlich nicht etwas herausgeben, was ihnen so fern steht, und es noch – wie eigentlich? – vor der Bürokratie verteidigen; diese Unlust wurde natürlich nur verstärkt durch den Umstand, daß in fast jeder Nummer von *Tvář* irgendeiner der zeitgenössischen Bestseller völlig umbarmherzig verrissen wurde; die führenden Leute im Verband hatten das Gefühl, ihre eigenen Liquidatoren zu bezahlen. Vom ersten Moment an herrschte also in den Verbandsorganen eine Stimmung gegen *Tvář*, und deshalb mußte vom ersten Tag eigentlich um *Tvář* gekämpft werden.

Das konnte man doch auch den Polemiken in der Presse entnehmen. Jiří Šotola zum Beispiel greift am 4. 9. 1965 in der Literaturzeitung Ihren Artikel in Plamen Nr. 7 *«Von der Kunst (und überhaupt)» an, und seine Antwort wimmelt nur so von Ausdrücken wie «Bellen», «Ohrfeigen», «primitive Manieren», «Flegelei», «Exkommunikation*

*aus der Literatur», «Ausradieren» usw. Ein paar Wochen
später, am 16.10.1965, formuliert Jan Trefulka das in der
Literaturzeitung in dem Artikel «Angesichts Tvář» ganz
präzise: «Über Menschen und Zeitschriften, die sich nicht
für marxistisch im präzisen und definierten Wortsinn halten, sollte nicht die Drohung des Abschiebens und Einge-
stelltwerdens schweben, wenn sie ihre Ansichten klar und
deutlich aussprechen...»*

Sehen Sie, an dem Zitat kann ich gleich demonstrieren,
worin uns das antidogmatische Denken so unwahrscheinlich naiv vorkam: Trefulka wollte damit der Parteibüro-
kratie gegenüber ohne Zweifel andeuten (typisch für die
Antidogmatiker war, daß sie mit allem, was sie schrieben,
ihre Vorgesetzten irgendwie «erziehen» wollten), sie solle
uns in Ruhe lassen, und weil er wußte, daß das so leicht
nicht geht, schlug er einen Kompromiß vor: wir sollten
deutlich sagen, was wir sind. Doch so etwas kann nur ein
Mensch vorschlagen, der sich zu einer Ideologie bekennt
und denkt, wer sich nicht dazu bekennt, der bekennt sich
offensichtlich zu einer anderen, weil er sich nicht vorstellen kann, daß jemand sich zu keiner bekennt. Was hätten
wir denn sagen können, wenn wir «klar und deutlich»
hätten verraten sollen, wer wir sind? Ich kann mir das
wahrhaftig nicht vorstellen. Aber auch wenn wir fähig
und bereit gewesen wären (was uns prinzipiell gegen den
Strich ging), uns zu irgendeinem anderen -ismus zu bekennen, etwa dem Existentialismus, dann wäre das die beste
Art und Weise gewesen, sich augenblicklich das eigene
Grab zu schaufeln! Solange die Bürokratie nicht imstande
ist, etwas einzuordnen, kann sie es einige Zeit lang tolerie-
ren; sobald sie es eingeordnet hat (machen wir uns nur die
kultische Bedeutung der Begriffe im Kommunismus

klar!), macht sie kurzen Prozeß damit. Ich hoffe, daß mein Freund Trefulka mir nicht böse sein wird, aber ich muß das sagen: jeder, der sich nicht mit der herrschenden Ideologie identifiziert, weiß sehr gut, wie vorsichtig er sein muß, wenn er sich «klar und deutlich» deklariert und dabei nicht hinweggefegt werden will. Einen solchen Vorschlag, wie er ihn gemacht hat, kann nur der machen, der die Welt «von oben» sieht, nämlich vom Balkon der offiziellen Ideologie her, und die elementaren Erfahrungen derer von «unten» nicht kennt. Aber zurück zu *Tvář*. Ich erinnere mich gut an den Anfang meiner Kämpfe: im Jahre 1965 gab es eine Konferenz des Schriftstellerverbandes zum zwanzigsten Jahrestag der Befreiung. Über *Tvář* zogen sich schon die Wolken zusammen und mit den Freunden einigte ich mich darauf, daß die beste Verteidigung der Angriff sein wird. Und so schrieb ich eine eigensinnige Ansprache, in der ich viele Dinge an die Adresse des Schriftstellerverbandes aussprach, vor allem, daß er den Jahrestag der Befreiung der Republik am besten feiere, indem er sich kritisch selbst betrachte; ich wies auf seinen Bürokratismus hin, seine mangelnde Elastizität, darauf, wie viele hervorragende Autoren, die sinnlos aus der Literatur ausgeschlossen worden sind, er nicht imstande ist zu begnadigen, ich erklärte, warum *Tvář* ein Recht auf Leben hat. Meine Ansprache erntete großen Applaus, Gott weiß warum, war sie doch gegen die Mehrzahl derer gerichtet, die applaudierten. Es war mein erster Auftritt auf dem Boden der Schriftstellerorganisation seit dem Treffen auf Dobříš im Jahre 1956, und es war in seiner Wirkung ähnlich skandalös: die Konferenz hatte ich mehr oder weniger zerschlagen, doch auf eine Weise, mit der niemand so recht polemisieren konnte. Pavel Auersperg, der für die Partei dort anwesend war, sagte nach meiner Rede zu Jan Procházka: «Der Junge kann uns gefährlich werden.» Ohne daß es mein Ehrgeiz gewesen wäre, mich als professioneller Zerschlager von Konferenzen durchzusetzen, muß ich sagen, daß mir das geschmeichelt hat. Die Hauptsache aber war, daß unser Manöver Erfolg hatte: eine Zeitlang herrschte Ruhe um *Tvář*. Schließlich aber begann doch alles auf ein Verbot hinauszulaufen. Durchführen mußte es das Zentralkomitee des Verbandes sozusagen für sich selbst, in Wirklichkeit war es aber eine Parteianordnung vom Zentralkomitee der KPTsch. Von sich aus hätten uns die Antidogmatiker nicht verboten, doch einen Aufstand gegen die Partei waren wir ihnen nicht wert, also haben sie es schließlich doch getan. Selbstverständlich haben sie, und das auf traditionell antidogmatische Weise, erklärt: der Kampf um große Dinge – die Liberalisierung der gesamten Verhältnisse – erfordert kleinere Zugeständnisse in weniger wichtigen Dingen, es wäre untaktisch, einen Bruch mit dem Machtzentrum wegen *Tvář* zu riskieren, weil größere Dinge auf dem Spiel stehen. (Unter anderem: ich erinnere mich, daß auf genau diese Weise 1968 Smrkovský begründete, warum er im Jahre 1967 für die Auflösung der *Literaturzeitung* gestimmt hatte, und genau so begründete später Husák, warum Smrkovský von der politischen Szene verschwinden müsse. Es ist ein fast modellhaftes Beispiel selbstzerstörerischer Politik.) Unser Argument, der beste Weg zur Liberalisierung der gesamten Verhältnisse sei es, gerade in all diesen «kleinen» und «unwichtigen» Dingen, wie es die Publikation dieses oder jenes Buches oder das Erscheinen dieser oder jener Zeitschrift ist, keine Konzessionen zu machen, fand kein Gehör. Trotzdem blieb wohl doch eine Art Katzenjammer im antidogmatischen Milieu zurück. Und er begann rapide zu wachsen, als wir den Urteilsspruch nicht schweigend hinnahmen und damit auf die bisherigen Spielregeln nicht eingingen, sondern uns zu wehren begannen. Zuerst organisierten wir eine Petition der Schriftsteller, die gegen die Entscheidung des Zentralkomitees des Verbandes protestierte. Sie wurde von etwa, glaube ich, zweihundert Schriftstellern unterschrieben. Das war der erste Schlag für das antidogmatische Establishment. Ihnen, die sich als Fahnenträger des Fortschritts fühlten, wurde von der eigenen Mitgliedschaft Rückständigkeit nachgewiesen! Es folgte eine weitere Petition: für die Einberufung eines außerordentlichen Kongresses. Nach den Statuten genügte die Unterschrift von einem Drittel der Mitglieder, und der Kongreß mußte stattfinden. Den Verfassern der Statuten war natürlich im Traum nicht eingefallen, jemand könnte sie beim Wort nehmen, deshalb haben sie diese Klausel wohl dort belassen (und deshalb gibt es so viele ähnlich demokratische Klauseln in allen möglichen Gesetzen und Statuten, angefangen von der Verfassung: um den Schein zu wahren und zugleich im guten Glauben, daß es niemals jemand wagen wird, mit diesem Schein wie mit einer Wirklichkeit umzugehen). Wir begannen Unterschriften zu sammeln, und es drohte die Gefahr, daß wir das Drittel zusammenbringen. Was dann? Einen Kongreß veranstalten, weil ein paar Straßenjungen sich das in den Kopf gesetzt haben? Oder öffentlich auf die Statuten spucken? Für die Partei war das eine prekäre Situation, und sie wandte unwahrscheinliche Mühe auf, die Schriftsteller von der Unterschrift unter diese Petition abzubringen: in Gruppen wurden sie auf einen Kaffee in das ZK der KPTsch eingeladen, wo ihnen das Blaue vom Himmel versprochen wurde, und vor allem, daß alles mögliche von ihnen erscheinen wird. Mit mir verhandelte der schon erwähnte Auersperg, der damals Leiter der Kulturabteilung war; es war eine Art Gipfeltreffen zweier Gegenseiten; wenn ich die Aktion einstellte, erhielte ich eine eigene Zeitschrift (selbstverständlich ohne die Hauptredakteure von *Tvář* im Redaktionsrat, aber publizieren dürften sie dort). Ich konnte nichts stoppen, selbst wenn ich gewollt hätte. Die notwendige Menge von Unterschriften allerdings haben wir nicht erreicht, was beim gegebenen Stand der Dinge zu erwarten war. Trotzdem hatten diese unsere Unternehmungen meiner Meinung nach eine große Bedeutung, die bis heute nicht voll eingeschätzt wird. Wir haben ein neues Modell des Verhaltens vorgeführt: sich nicht auf verschwommene, global-ideologische Polemiken mit dem Zentrum einlassen, denen zahlreiche konkrete Dinge geopfert werden, sondern gerade «nur» für diese konkreten Dinge kämpfen, doch für sie bis zum Ende ohne Ausweichen zu kämpfen. Also sich nicht auf irgendwelches Kabinettsfeilschen einlassen, sondern mit offenen Karten spielen. Ich glaube, wir haben damit unseren antidogmatischen Kollegen eine ziemlich wichtige Lektion erteilt, ihr Kater vertiefte sich und mündete schließlich in einer Art seltsamen ergänzenden Widerrufs der eigenen vorhergehenden Entscheidung, ein Widerruf, der allerdings faktisch am Stand der Dinge nichts mehr ändern konnte. Etwas Wichtiges aber haben sie begriffen. Sie haben begriffen, daß manche ihrer bisherigen Methoden hoffnungslos veraltet waren, daß ein frischerer Wind weht, daß es Menschen gibt – und es deren offensichtlich immer mehr geben wird –, die sich nicht von dem Argument betäuben lassen, es müsse diese oder jene konkrete Schlechtigkeit unternommen werden im Namen irgendeines abstrakten gottgefälligen Ziels. Ich glaube kurz gesagt, daß *Tvář* sehr erzieherisch auf die Antidogmatiker in der Schriftstellergemeinde gewirkt hat. Es zeigte sich, daß die Partei auf einmal uns, ein paar Jungen, ernster nahm als ihre ganze «Front». Sie nahm uns einfach deshalb ernster, weil wir uns nicht so leicht überreden ließen. Ich sage das alles im Interesse der historischen Wahrheit, nicht etwa, weil ich mich mit irgendwelchen persönlichen Verdiensten brüsten möchte. Ich war in dem allem auch eher nur ausführendes Organ; die Strategie war das kollektive Werk von *Tvář*, und ich bin *Tvář* für diese ganze Erfahrung sehr dankbar. Aber zurück zu den Fakten: es nahte der reguläre Kongreß des Verbandes und die Partei fühlte die Hauptgefahr in *Tvář*, sie fürchtete, daß wir es sein würden, die den Kongreß «zerschlagen». Die Zeitschrift war zwar verboten, trotzdem begann das Werben: ich wurde als Mitglied der Vorbereitungskommission des Kongresses vorgeschlagen. Ich lehnte eine Ernennung mit dem Argument ab, ich würde nicht den Kongreß einer Institution vorbereiten helfen, die unsere Zeitschrift verboten hat. Angeblich soll die Zeitschrift erneuert werden, wenn der Kongreß gut ausgeht. Über solche Versicherungen hatte ich meine eigene Meinung. Der damalige Sekretär des Verbandes lud mich zu sich nach Hause ein, wollte mich betrunken machen und versuchte mir Informationen darüber zu entlocken, was wir «vorhaben». Ich mußte innerlich lächeln. Unsere Konzeption – konkrete Dinge fordern, Bücher, Zeitschriften, Demokratisierung des Verbandes usw. usw. und uns nicht in politische Diskussionen zu mischen, die immer schon eine Adaptation an die Macht voraussetzen, zumindest aber die Annahme einiger unbezweifelbarer Dogmen und einer bestimmten Sprache – war doch schließlich im Grunde konstruktiv, von daher drohte wahrhaftig kein Skandal! Und wirklich: schließlich kam alles ganz anders. Der 4. Schriftstellerkongreß führte wirklich zum Bruch mit der Partei – aber nicht durch unser Verdienst: den Kongreß «zerschlugen» – das heißt nutzten zum Aussprechen der Wahrheit – die Antidogmatiker, unsere Kollegen aus dem Umkreis der *Literaturzeitung*. Der Schlag kam also von unerwarteter Seite. Wieder hatte die Partei die Situation falsch eingeschätzt: sie hatte bemerkt, daß *Tvář* etwas in Bewegung gesetzt hatte und erwartete also den Angriff von dort. Nur daß *Tvář* diejenigen in Bewegung gesetzt hatte – im besten Sinne des Wortes –, die die Partei für leicht zu befrieden hielt, nämlich die progressiven Kommunisten. Manch einer wird mir wohl nicht zustimmen, doch ich bestehe darauf, daß ohne das, was *Tvář* getan hat, sich die progressiven Kommunisten nicht so radikalisiert hätten; ich behaupte, daß sie sich in gewisser Hinsicht auf Grund der Lektion, die *Tvář* ihnen gegeben hatte, aufgerafft haben. Selbstverständlich, Vaculík hat auf dem Kongreß so gesprochen, wie er gesprochen hat, weil er sich entschlossen hatte, die Wahrheit seines Denkens zu offenbaren, nicht um *Tvář* in Hinsicht auf den Mut «zu erreichen und zu überholen». So einfach laufen diese Dinge nicht. Es geht um bestimmte verborgene Verschiebungen im allgemeinen geistigen und sittlichen Fühlen und um unauffällige klimatische Veränderungen, die sich mancher gar nicht präzise klarmacht oder deren Ursachen ihm nicht bewußt sind, die jedoch trotzdem ihre Rolle spielen. Ich jedenfalls habe das Ganze so gesehen, erfahren und durchlebt. Die Antidogmatiker freilich führten ihren Angriff auf die ihnen eigene Weise, sie adaptierten sich nicht an die Strategie von *Tvář*. Das bedeutet, daß ihr Auftreten schließlich doch die globale politische Konfrontation war, der wir auswichen, wenn sie auch offener und prinzipieller war als alle bisherigen Anläufe, die immer hoffnungslos in Kompromissen untergegangen waren. Wir selbst wußten da-

Wer Bücher schenkt ...

... schenkt Wertpapiere, heißt es bei Stendhal. Denn: Bücher sind Geschenke ganz besonderer Art; sie verwelken nicht, sie zerbrechen nicht, sie veralten nicht, und sie gleichen dem Kuchen im Märchen, den man ißt, und der nicht kleiner wird.

Man könnte hinzufügen, etwas prosaischer: Und sie tragen Zinsen wie ein klug angelegtes Kapital.

Wer Bücher schenkt, schenkt Wertpapiere.

Pfandbrief und Kommunalobligation

Meistgekaufte deutsche Wertpapiere - hoher Zinsertrag - bei allen Banken und Sparkassen

Verbriefte  Sicherheit

mals nicht genau, was wir davon zu halten haben. Die Freude darüber, daß jemand die Wahrheit gesagt hat (oder sich ihr jedenfalls mit einem solchen Sprung angenähert hat), und die Freude darüber, daß nach einem solch tapferen und offenen Auftreten kein Weg mehr zurück führt zu irgendwelchen Kabinettsvereinbarungen darüber, was wieder geopfert werden muß, damit etwas bewahrt werden kann, diese Freude verband sich in uns mit den Zweifeln, ob eine derart direkte Konfrontation auf der allgemeinpolitischen Ebene zu etwas gut ist, und mit Befürchtungen, ob man damit dem Machtzentrum den Gegenangriff nicht erleichtert. Bis heute habe ich keine eindeutige Meinung dazu. Sicher ist, daß der 4. Kongreß – dadurch, daß er so verlief, wie er verlief – die Gesamtentwicklung beschleunigt hat und ein unmittelbares Vorspiel zum Prager Frühling war. Das könnte zu dem Schluß führen, daß das, was getan wurde, richtig war. Andererseits ist es fraglich, ob nicht bestimmte wesenhafte innere Widersprüche des Prager Frühlings, die schließlich seine Unterdrückung erleichterten, gerade auf diesem Kongreß eigentlich schon dadurch vorgezeichnet waren, daß zwar die Wahrheit ausgesprochen wurde, aber doch nicht die ganze: gerade der geringe Prozentsatz, der nicht ausgesprochen wurde und wohl auch nicht gut ausgesprochen werden konnte, war vielleicht der Keim jener schicksalhaften Schizophrenie des Jahres 68. Das würde wieder mehr zugunsten der Befürchtungen sprechen, die damals unsere Freude trübten. Ich wage es einfach nicht, diese Sache zu beurteilen, und die Entscheidung überlasse ich Berufeneren. Wenn ich hier so etwas wie die unterschätzte «kulturpolitische» Bedeutung von *Tvář* unterstrichen habe, dann bedeutet das nicht, daß *Tvář* als solches, als Zeitschrift, nicht interessant gewesen wäre. Achten Sie einmal darauf, daß es sich heute weitaus besser liest als die meisten Literaturzeitschriften dieser Zeit, einschließlich der *Literaturzeitung*. Und sogar den Unwillen, den sie bei einigen unserer kommunistischen Kollegen einst hervorgerufen hat, ruft sie nicht mehr hervor. Es ist paradox, aber offenbar mußte diese harte Zeit kommen, damit sich viele Intellektuelle von den letzten ideologischen Vorurteilen befreien; sosehr jeder von uns anders ist (und ich hoffe, auch sein wird), in einer Sache sind wir einander ungewöhnlich nahe gekommen: im Maße der Vorurteilslosigkeit und inneren Freiheit. In dieser Hinsicht hat das ehemalige Inselchen von *Tvář* de facto die zukünftige Entwicklung vorweggenommen; *Tvář* hat in eine gute Richtung gewiesen. Ich glaube aber, daß es an der Zeit ist, mit dem Lob von *Tvář* aufzuhören und über das zu reden, worin es schlecht war: von Anfang an war ein Element inneren Sektierertums vorhanden, das mit der Zeit bedenklich anwuchs. Auf den Seiten der Zeitschrift war das zum Glück nicht sehr zu sehen, doch hinter den Kulissen war es verteufelt gut zu spüren. Ich weiß nicht, inwieweit das der notwendige Preis für die gute Rolle war, die *Tvář* spielte und über die ich gesprochen habe, und inwieweit es überflüssig war; ich weiß also nicht, ob die Bedingungen schuld daran waren, unter denen *Tvář* wirkte und sich wehrte, oder ob es einfach sein individueller Mißstand war. Tatsache jedoch ist, daß es auch innerhalb von *Tvář* eine «Parteigruppe» gab (der engste Kreis um ihren geistigen Führer Emanuel Mandler), die über alles im voraus entschied und das Plenum des Redaktionsrates so manches Mal gottlos manipulierte; auch *Tvář* also hatte seine Prozesse, seine Häretiker, seine Disziplin, seine Dogmen usw. usw. Ich selbst habe mich von *Tvář* zweimal getrennt, nach dem ersten Bruch habe ich mich wieder versöhnt und bin sogar Vorsitzender des Redaktionsrates geworden, nach dem zweiten, im Jahre 1969, war die Trennung dann vollständig. Und vor und nach mir haben sich mehrere Freunde entfernt, keineswegs zufällig alle Belletristen, also eigenwilligere Leute, die sich ihre Unabhängigkeit bewahren (Urbánek, Linhartová, Topol, Dvořák und vielleicht noch andere, genau kann ich mich an all die Peripetien nicht erinnern). Die Ära der inneren Kontroversen begann ziemlich seltsam: einmal kamen wir auf eine Versammlung des Redaktionsrates, *Tvář* erschien zu dieser Zeit nicht, es gab jedoch *Sešity*, ursprünglich auf seinem Grab gegründet und daher von *Tvář* streng und mit Recht verurteilt, und auf einmal stellten wir fest, daß die Parteigruppe einen Prozeß mit Milan Nápravník vorbereitete, weil er *Sešity* einen seiner Texte versprochen hatte. Der Teil des Redaktionsrates, der im voraus nicht eingeweiht worden war und zu dem ich gehörte, spürte immerhin die Blödheit dieser Szene, seine improvisierten Versuche, den Prozeß zu unterbrechen, wurden aber von der gut vorbereiteten Parteigruppe brillant überspielt. Nápravník nahm das mit ruhiger Gelassenheit hin (vielleicht war er als ehemaliger Surrealist an solche Dinge gewöhnt), und während des Prozesses ging er sogar auf eine zufällig in unserem Sitzungsraum stehende Personenwaage, um sich zu wiegen, was dann als ein noch schwerwiegenderes (mittels der Waage begangenes) Vergehen bewertet wurde, welches eine die gesamte Veranstaltung unverzeihlich geringschätzende Haltung ausdrückte, als die ursprünglich zu verurteilende Absicht, einen Text an *Sešity* zu geben. Ich schlug die Tür von *Tvář* in dem Augenblick hinter mir zu, als ich feststellte, daß ein Prozeß mit mir beginnt, weil ich auf dem Gründungskongreß des tschechischen Schriftstellerverbandes (nach der Föderalisierung des Verbandes) angeblich in meinem Diskussionsbeitrag von der Linie abgewichen sei, die von *Tvář* aufgestellt und daher für alle verpflichtend sei. Es ist traurig, daß *Tvář* schließlich immer stärker den gleichen Manieren verfiel, gegen die es so tapfer aufgetreten war. Es erinnert an O'Neills Ausspruch: «So lange habe ich mit kleinen Dingen gekämpft, bis ich selbst klein geworden bin.»

Noch zu Ihrem Engagement im Schriftstellerverband: Sie haben dort doch später mehr Funktionen gehabt, die nichts mehr mit Tvář *zu tun hatten –*

Eine Sache, die im Schriftstellerverband sehr verbreitet war, konnte ich nicht ertragen: fast jeder schimpfte auf die Funktionen, fast jeder sagte, es sei wichtig zu schreiben und nicht, Versammlungen abzuhalten, alle manifestierten dort ihre Langeweile, bei den Versammlungen saßen sie ewig im Nebenraum an der Bar, rümpften über alles die Nase – doch alle blieben dort, nicht einem fiel es ein, seine Funktion abzugeben und schreiben zu gehen, und sie zitterten sehr darum, wiedergewählt zu werden. Verständlich: das Ausharren in den verschiedenen Funktionen hatte unmittelbaren Einfluß auf die Herausgabe ihrer Bücher, auf die Auflagen, auf die Erteilung von Preisen, auf die Teilnahme an Delegationen, auf Stipendien usw. usw. Von der Funktion hatte man eben etwas. Und mich ärgerte diese Zweideutigkeit: sie zittern um die Funktion, aber tun so, als ob sie darüber die Nase rümpfen. Es hätte mich nicht so geärgert, wenn es nicht geschadet hätte. Aber es schadete: hin und wieder wurden dort ziemlich wichtige Dinge verhandelt, zum Beispiel wer Mitglied des Verbandes wird und wer nicht (was in jener Zeit für manche eine existentielle Frage von grundsätzlicher Bedeutung war), und sie, anstatt an solchen Verhandlungen teilzunehmen und sich zu bemühen, jemandem zu helfen, etwas Gutes zu tun, gähnten an der Bar. Das kam mir unsittlich vor, war aber für das dortige Milieu ganz typisch. Ich glaubte, daß sie entweder keinen Spaß an der Funktion haben, und dann sollten sie sie niederlegen, oder sie wollen sie vertreten, und dann sollen sie sie ordentlich ausfüllen, zum allgemeinen Nutzen. Sie nur als eine Quelle von Vorteilen anzusehen und keineswegs als eine Verpflichtung zu nützlicher Arbeit – das konnte ich nicht gutheißen. Nun ja, und mein jahrelanges, ziemlich – wie sollte es anders sein – rebellisches Wirken im Schriftstellerverband war auf einem sehr eigenwilligen, ja vielleicht manchmal sogar etwas krampfhaften Bemühen begründet, es anders zu machen. Wenn ich also zu etwas hinzugezogen wurde, für eine Kommission benannt wurde oder etwas Ähnliches, dann habe ich mich dem voll gewidmet, in allem herumgewühlt, war immer vorbereitet, habe über alles diskutiert, immerzu irgendwelche Mißstände kritisiert und Vorschläge gemacht. Diese meine Agilität hatte nicht etwa zur Folge, daß man mich als einen allzu großen Unruhestifter von dort vertrieben hätte, sondern das genaue Gegenteil: um so mehr wurde ich beschäftigt. An meine Nörgelei hatten sie sich irgendwie gewöhnt, sie waren froh, daß da jemand nicht nur schläft und die Hand hebt, ich wurde unwillkürlich für sie zu so etwas wie einer Selbstkontrolle, und so kamen sie also zu dem Schluß, es sei besser, einen solchen Menschen mit einzubeziehen, als ihn irgendwo im Rücken zu haben und nicht zu wissen, wann und auf welchem Forum er sie angreifen wird. Zunächst habe ich dort, worüber wir schon gesprochen haben, für *Tvář* gekämpft, damit habe ich mir vielleicht einen gewissen – wenn auch ein wenig kontroversen – Respekt verschafft. Daraus freilich folgten dann unauffällig weitere Pflichten, die mit *Tvář* unmittelbar nichts mehr zu tun hatten. Aber wer A sagt, muß auch B sagen. Als ich sagte, der Schriftstellerverband sei eine schwerfällige bürokratische Organisation, ganz sinnlos nach dem Modell der Kommunistischen Partei aufgebaut, sagten sie mir, ich solle eine Reform vorschlagen. Hätte ich das abgelehnt, stünde ich wie ein Clown da. Also mußte ich einen neuen Statutenentwurf ausarbeiten. So und ähnlich war das. Vielleicht bin ich manchem als die etwas komische Figur eines ewigen Nörglers vorgekommen, den die Institution sich nur hält, damit es nicht langweilig wird. Das hat mich aber nicht gestört. Es hat mir sogar in einem gewissen Sinne Freude gemacht, diese Rolle zu spielen. Hauptsächlich aber schien es mir möglich, hier und da etwas Gutes durchzusetzen. Wieviel faktische Erfolge ich zu verzeichnen hatte, weiß ich nicht mehr, einige wohl doch, zumindest, daß einige Schriftsteller aufgenommen wurden, die sonst wahrscheinlich nicht aufgenommen worden wären. Im Jahre 1968, wie Sie sich sicher erinnern werden, begannen die Nichtkommunisten, die Nichtparteimitglieder aufzuwachen. Die freiere Atmosphäre ermöglichte ihnen, sich zu melden und ihre Gleichberechtigung zu fordern. Sie waren die Mehrheit des Volkes und waren dabei bisher Bürger zweiten Grades, in allen wichtigeren Funktionen waren Kommunisten, alles Wichtigere entschied hinter verschlossenen Türen die Partei. Das Programm der Reformkommunisten gab zum Problem der Nichtparteimitglieder keine eindeutige Antwort, es waren lauter dialektische Ausflüchte. Die Nichtparteimitglieder jedoch forderten Teilnahme am öffentlichen Leben, fühlten die Notwendigkeit eigener institutionalisierter Strukturen. Eine Erneuerung der bisherigen Parteien der Nationalen Front erwies sich als illusorisch. Und so entstand der KAN

(Klub engagierter Nichtparteimitglieder). Auf keine bestimmtere politische Tradition gestützt, mit keinerlei politischer Erfahrung ausgestattet, ohne führende Persönlichkeiten (wo sollten sie auch auf einmal herkommen?), definiert vor allem negativ, nämlich durch die Nichtmitgliedschaft seiner Mitglieder, erschien er mir persönlich als eine ziemlich problematische und ziemlich verlegene Organisation. Sie war jedoch Ausdruck eines sehr authentischen und logischen gesellschaftlichen Bedürfnisses, war ein Versuch, eines der größten gesellschaftlichen Probleme dieser Zeit zu lösen. Warum ich aber davon spreche: auch im Schriftstellerverband, dessen Organe alle bisher nur formale Appendices ihrer Parteigruppen waren, begannen manche bisher übersehenen und zu Unrecht beiseite geschobenen Schriftsteller das Bedürfnis einer bestimmten – und sei es nur zeitweiligen – Institutionalisierung zu fühlen, auf Grund deren sie wirksamer ihre Interessen schützen und ihre Forderungen erheben könnten, den Parteimitgliedern ein würdiger Partner sein könnten, nicht nur ihre irgendwo verstreuten ärmeren Verwandten. Aus diesem Bedürfnis heraus entstand der Kreis der unabhängigen Schriftsteller, zu dessen Vorsitzenden ich gewählt wurde. Das also war eine weitere Art meines Engagements im Schriftstellerverband. Noch davor war ich Vorsitzender des Aktivs junger Autoren, einer ein bißchen wilden Institution, die in der Zeit der Kämpfe um *Tvář* entstanden war, genauer gesagt, in einer Zeit, in der die Mehrheit der jungen Autoren, in welcher Beziehung sie auch immer zu *Tvář* standen, begriffen hatte, daß die Verteidigung von *Tvář* nicht nur die Verteidigung dieser konkreten Zeitschrift war, sondern de facto die Verteidigung der Freiheit, also auch ihrer Freiheit. Sie standen also auf unserer Seite, es waren viele, und es schien, wenn sie ihren Willen in dieser Form der Eigen-Vereinigung ausdrücken, könne es zu etwas gut sein. Ob es zu etwas gut war, weiß ich nicht mehr. In direkter Weise wahrscheinlich nicht, eher wieder einmal indirekt, atmosphärisch. Was das Jahr 68 angeht, habe ich lebendig die damaligen kämpferischen Versammlungen in Erinnerung, wo wir mit einigen Freunden versuchten, ob sie nun zu *Tvář* gehörten oder «unabhängig» waren, den Verband ein wenig zu «lüften» und zu «erneuern», wie man damals sagte. Der Schriftstellerverband machte nämlich, weil in seiner Leitung die Antidogmatiker die Mehrheit hatten, weil er die *Literaturzeitung* herausgab und er mit dem 4. Kongreß einen solchen Kredit gewonnen hatte, nach außen hin den Eindruck einer der fortschrittlichsten Organisationen im Staate – und so hat er sich, während sich alle möglichen Organisationen «erneuerten», nämlich kompromittierte Leute aus der Führung entfernten, nicht erneuert und hatte auch nicht die Absicht, dies zu tun – er kam sich erneuert genug vor. So daß sich sein Kredit und sein Ruhm in ziemlich deutlichem Widerspruch zu seinem Funktionieren befanden: während seine einzelnen Mitglieder neben den Januarpolitikern auf den studentischen Meetings Reden schwangen und zu Symbolen des Erneuerungsprozesses wurden, war es im Verband selbst ziemlich muffig. Ich erinnere mich zum Beispiel, welche Arbeit es uns machte, bevor aus der Funktion des Direktors des Verlages Tschechoslowakischer Schriftsteller der bekannte Allesverhinderer Jan Pilař entfernt und Ladislav Fikar wieder eingesetzt wurde (heute thront dort selbstverständlich schon wieder jahrelang der bewährte Allesverhinderer); ich erinnere mich, wie ich auf einer Versammlung Jan Drda gebeten habe, zumindest seine Funktion im Präsidium niederzulegen, er sei zwar ein lieber Kerl, niemand wolle ihm etwas Böses, aber sein Name sei doch immerhin, da helfe nichts, ein Symbol der Aristokratie von Dobříš, die auf ihrem Schloß schwungvolle Forderungen nach Todesurteilen für unschuldige Leute geschrieben habe, und es gehöre sich, daß er durch seinen Weggang aus zumindest dieser Funktion den Bruch der Schriftstellergemeinde mit ihrer dunklen Vergangenheit demonstriere; ich erinnere mich, wie sich Jan Beneš daranmachte, Ivan Skála und allen übrigen dessen Artikel ‹Den Hunden einen hündischen Tod› vorzulesen, in welchem er den Tod Slánskýs fordert (ob er ihn wirklich vorgelesen hat, weiß ich nicht mehr); ich erinnere mich an die herzzerreißende Buße von Jarmila Glazarová, die sich bei den Prozessen auch die Finger schmutzig gemacht hatte. Es war verständlich, daß wir wollten, die Schriftstellerorganisation solle sich irgendwie mit dem schrecklichen Verrat an der Sendung und Ehre des Schriftstellers auseinandersetzen, wie es etwa die Artikel waren, die das Klima für das massenhafte Gutheißen der Prozesse und damit auch für das Hängen selbst schufen. Auch das war also Teil meines Engagements im Schriftstellerverband. Ich habe dem allem viel Zeit gewidmet, doch halte ich sie für mich – und vielleicht auch von einem allgemeinen Gesichtspunkt aus – nicht für ganz verloren.

A. J. Liehm hat mir kürzlich gesagt, seine Generation habe nie nach Macht gestrebt. Ist es aber nicht der größte Fehler dieser Generation, daß sie nicht nach Macht gestrebt hat, daß sie nicht wußte oder nicht wissen wollte, daß derjenige, der Zeitungen und andere Dinge nach eigenen Kriterien machen will, sich auch an der Macht beteiligen muß, daß das eine Pflicht und der Preis dafür ist? Daß sie freiwillig und im voraus auf diese Selbstverständ-

*lichkeit verzichtete, also dem Herrschen aus dem Weg ging
wie etwas Ungehörigem?*

Gern will ich A. J. Liehm glauben, daß seine Generation –
oder genauer, der wie er denkende Teil seiner Generation –
nicht nach Macht gestrebt hat. Ich glaube aber nicht, daß
sie keine Macht hatte. Im Alter von zwanzig Jahren waren
sie Haupt- und Chefredakteure, Kulturattachés; in den
ideologischen Prüfungskommissionen auf den Fakultäten
entschieden sie darüber, welche Professoren lesen dürfen
und welche nicht; als sie gegen Seifert schrieben, war nicht
klar, ob Seifert nicht im Gefängnis landen würde wie
Zahradníček; alle Editionspläne, die Dramaturgie der
Theater, der Rundfunk und später das Fernsehen, Zeitschriften, das alles war in ihrer Hand – und ist das etwa
wenig Macht? Schließlich haben auch sie die Atmosphäre
der Zeit geschaffen, an ihnen lag es in erheblichem Maße,
was man darf und was nicht, ja, die Schicksale einer Unzahl von Menschen lagen unmittelbar in ihrer Hand.
Wenn die meisten von ihnen keine vollständige Funktio-
närskarriere machten, dann bedeutet das nicht, daß sie
keine Macht hatten. Doch auch ihre spätere Entwicklung
von Dogmatikern zu Antidogmatikern änderte nicht viel
daran, ja, manche befanden sich an noch höherer Stelle:
sie wurden Direktoren wissenschaftlicher Institute, Universitätsprofessoren, Direktoren von Theatern und Verlagen usw. usw. Daß sie in ein immer größeres Zerwürfnis
mit der Funktionärsbürokratie gerieten, ist klar, doch das
war in gewissem Sinne ein Zerwürfnis innerhalb der
Macht; übrigens hat sich parallel dazu auch die Bürokratie gespalten. Wie wer von Liehms Freunden und Mitläu-
fern mit der Macht umgegangen ist, ob zugunsten der Gesellschaft oder zu ihrer Unterdrückung, das ist eine andere

Frage; daß sie jedoch keine Macht hatten oder daß darin sogar ihr Fehler bestand, das zu sagen würde ich nicht wagen.

Das Jahr 1968 wird häufig, besonders von ehemaligen Kommunisten, ein wenig mythisiert. Sie gehören zu denen, die dieser Gloriole nie verfallen sind. Wie erinnern Sie sich an das Jahr 1968 und wie sehen Sie es heute, nach achtzehn Jahren?

Das Jahr 1968 begreife ich als das logische Nachspiel und den Höhepunkt der gesamten vorhergehenden Entwicklung, dieses langen Prozesses der «Selbstbewußtwerdung und Selbstbefreiung der Gesellschaft», wie ich das nenne, nicht also als bloßen Zusammenstoß zweier politischer Garnituren und den zeitweiligen Sieg der liberaleren. Der bunt strukturierte und immer stärker werdende Druck des neuen Bewußtseins mußte sich früher oder später irgendwie in die politische Sphäre projizieren; der Abgrund zwischem dem Leben und dem System wurde immer tiefer. Trotzdem ahnte ich nach den Januar-Veränderungen nicht – ähnlich wie wahrscheinlich viele meiner Mitbürger, vor allem die, die den innerparteilichen Hintergrund nicht kannten und das alles von außen beobachteten –, was alles sich damit öffnet und beginnt, mir schien es nur eine Wachablösung auf höchster Ebene zu sein, die wohl nicht viel zu bedeuten hat. Um so überraschter war ich von der schnellen Entwicklung, die dann folgte. Allerdings waren alle davon überrascht, einschließlich der politischen Führung. Die Entwicklung war nämlich nicht das Ergebnis ihres klaren Programms oder einmütigen Willens, sondern sie war Äußerung des Überdrucks, der in der Gesellschaft bestand und der im damaligen innerparteilichen Kampf und den politischen Veränderungen eine passende Gelegenheit und geeignete Bedingungen fand, den Deckel zu heben, unter dem er eingesperrt war. Es stimmt nicht, daß ich überhaupt nicht der Euphorie verfallen wäre, die von dem ausging, was geschah. Ich glaube, davon muß jeder betäubt gewesen sein, jeder mußte Freude daran haben: begann man doch auf einmal frei zu atmen, die Leute konnten sich frei zusammenschließen, die Angst verschwand, die unterschiedlichsten Tabus fielen, die verschiedensten gesellschaftlichen Widersprüche konnten offen benannt werden, die unterschiedlichsten Interessen konnten geäußert werden, die Massenmedien begannen wieder, ihre echte Aufgabe zu erfüllen, das Selbstbewußtsein des Bürgers wuchs – es war einfach so, daß das Eis schmolz und die Fenster geöffnet wurden – es war schwer, von dem allem nicht betroffen und fasziniert zu sein! Es stimmt freilich auch, daß sich in diese meine Freude manche Verlegenheit mischte, immer quälender, ohne daß das meine Spezialität gewesen wäre, es war eine allgemeine Erscheinung. Woher kam diese Verlegenheit? In meinem Falle vor allem daher, daß mir klar wurde, wie verlegen angesichts dieser Entwicklung die Staatsführung ist. Diese Leute erfreuten sich auf einmal allgemeiner Unterstützung und spontaner Sympathie, etwas, das sie vorher nie erlebt hatten, ausschließlich gewöhnt an nur von oben organisierte Unterstützung. Sie waren davon selbstverständlich sehr angenehm überrascht, ja erregt, andererseits aber fürchteten sie im Grunde diesen elementaren Strom menschlichen Willens, immer wieder fühlten sie sich davon überlistet, weil Dinge zu geschehen begannen und Forderungen erhoben wurden, die bei weitem alle ihnen bekannten Grenzen des «Möglichen» und «Zulässigen» überschritten. Vergessen wir nicht, daß sie alle normale

Parteibürokraten waren, mit der entsprechenden parteilichen Pseudobildung, mit den entsprechenden Illusionen, den entsprechenden Angewohnheiten und Vorurteilen, mit den entsprechenden Lebensläufen und dem Hintergrund, mit dem entsprechend beschränkten Horizont — nur waren sie ein bißchen freidenkerischer und anständiger als die, die sie abgelöst hatten. Und so befanden sie sich ständig in einer leicht schizophrenen Situation: mit dem Aufschwung der Gesellschaft sympathisierten sie, und zugleich fürchteten sie sich davor, sie stützten sich darauf und begriffen ihn zugleich nicht völlig, sie waren ihm wohlgesonnen und wollten ihn zugleich bremsen. Sie wollten lüften, doch fürchteten sie die frische Luft, sie wollten reformieren, doch nur in den Grenzen ihrer beschränkten Vorstellungen, was die nationale Euphorie großzügig übersah, geschweige denn respektierte. Sie trippelten eigentlich eher mehr hinter der Entwicklung her, statt ihr irgendeine Richtung zu geben. Das alles hätte bei weitem nicht so gestört, die Gesellschaft hätte sich schließlich selber Rat gewußt. Gefährlich daran war, daß die Führung — ohne klare Meinung zu dem, was geschieht — nicht einmal eine klare Meinung dazu hatte, wie es zu verteidigen sei. Befangen in ihren Illusionen redeten sie sich ständig ein, daß sie das den Sowjets irgendwie im stillen erklären, daß sie ihnen etwas versprechen werden und sie damit beruhigen, daß sie auch die Gesellschaft an der Kandare halten werden, daß die Sowjets das schließlich begreifen und genehmigen müssen. Die Konflikte mit den Sowjets verschleierten sie also, Warnsignale ließen sie unbeachtet, sie erlagen der Täuschung, sie würden die Entwicklung schon irgendwie in der Hand behalten: das «noch Zulässige» lassen sie zu, und das «nicht mehr Zulässige» (man sagte «Extreme» dazu) werden sie in gutem Einvernehmen und zur Zufriedenheit des Volkes und des Kreml liquidieren. Das in aller Schnelle vorbereitete neue Parteiprogramm spiegelte alle diese Widersprüche und war im Grunde ein Flickwerk voller Gegensätze, das weder die tschechoslowakische Öffentlichkeit noch den Kreml zufriedenstellen konnte. Das alles lag immer stärker in der Luft, und daher wurden die Verlegenheit und die Befürchtungen immer größer und immer bedrückender. Gründe zur Verlegenheit gab es mehrere, vom ungelösten Problem der nichtparteilichen Mehrheit (das Prinzip der führenden Rolle der Partei war nicht anzuzweifeln, und politische Pluralität lag selbstverständlich weit jenseits der Grenzen dessen, was die Führung noch zu begreifen imstande war) bis zum unbeweglichen Massiv der Stalinisten innerhalb der Polizei und sonstigen Machtstrukturen. Ob nun die Menschen mit einer Möglichkeit militärischer Intervention mehr oder weniger rechneten (eher rechneten sie weniger damit), in jedem Falle fühlten sie, daß so leicht, wie die Führung sich das vorstellte, die ganze Sache mit dem Kreml nicht auszufechten sein wird. Die Öffentlichkeit hatte bezüglich der Sowjets wesentlich weniger Illusionen als die Staatsführung. Die Sympathien, die die Staatsführung genoß, waren ständig – wenigstens nach meiner Erinnerung an diese Zeit – untermalt von verborgenen Befürchtungen dessen, daß diese Führung im entscheidenden Augenblick doch zurückzuckt und diesen Traum des ganzen Volkes irgendwie verraten wird.

Haben Sie damals die berühmten Meetings besucht?

Das erste und berühmteste – im Slawischen Haus – habe ich besucht. Es begann irgendwann am Abend und dauerte bis lang in die Nacht, die ganze Zeit über antworteten dort verschiedene Reformkommunisten, Smrkovský, Hejzlar, Švermová, die Kollegen Kohout und Procházka und andere auf Fragen aus dem Plenum. Ich saß auf dem Balkon, verfolgte das mit angehaltenem Atem und hatte äußerst seltsame Gefühle dabei. An erster Stelle war selbstverständlich wieder die Freude, daß man so offen sprechen kann, daß Politiker sich mit dem anonymen Publikum unterhalten, Freude an der erregenden Atmosphäre öffentlich artikulierter Wahrheit. Zu dieser Freude kam so etwas wie Genugtuung hinzu: hier werden auf einmal laut Dinge gesagt, die ich mir schon lange denke, die ich eigentlich von jeher weiß, die ich aber bisher zum größten Teil für mich behalten mußte, aber auch wenn ich sie nicht für mich behielt, konnte ich nicht auf Verständnis der Mächtigen hoffen. Doch nicht einmal damit ist die Skala meiner widersprüchlichen Gefühle erschöpft. Es war darunter auch eine eigenartige Trauer: weil nämlich die Menschen, die von der herrschenden Ideologie gebunden sind, sich hier nach zwanzig Jahren ihrer eigenen Regierung Dinge klarmachen, die allen außer ihnen diese ganzen zwanzig Jahre lang klar sind. Selbst dort, auf diesem Treffen, mußte die Öffentlichkeit die «Männer des Januar» hier und dort behutsam berichtigen: als sie sagten, die Ungesetzlichkeiten hätten mit dem Slánský-Prozeß begonnen, rief der Saal «Und Horáková?» – und es waren meist junge Leute dort, die in der Zeit des Prozesses mit der Horáková Kinder oder noch gar nicht auf der Welt waren! Wieso mußten sie – gerade sie – die aufgeklärtesten Angehörigen der herrschenden Partei auf ihre Fehler aufmerksam machen? Auch störten mich hin und wieder ein wenig die Show-Manieren, mit denen sich die «Männer des Januar» in Bonmots und witzigen Antworten überboten. Vielleicht hatte ich die unterbewußte Befürchtung, daß dies einen schicksalhaft gefährlichen Leichtsinn signalisiert, mit dem hier Geschichte gemacht wird. Aber vielleicht war es nur eine Äußerung meiner übertriebenen Nüchternheit (später war auch ich gezwungen, vor großen Auditorien Reden zu halten, und ich weiß, soweit es mir irgendwie gelang, das aufgewühlte Publikum in Richtung auf meine nüchterne Ebene der Reflexion hinüberzuziehen, war es gut, wenn ich aber mit Professionellen wie Škutina oder geborenen Versammlungsrednern wie Pachman konkurrieren mußte, bin ich neben ihnen schmählich durchgefallen).

Haben Sie sich in der Zeit des Prager Frühlings irgendwie unmittelbar politisch engagiert?

Nicht sehr, auf keinen Fall war ich irgendwie im Zentrum des Geschehens. An der Spitze des politischen Geschehens standen die Reformkommunisten, und das war ich nicht, auch wenn ich unter ihnen schon viele Freunde hatte. Ich wirkte hauptsächlich im Schriftstellerverband, worüber wir schon gesprochen haben, und außerdem bin ich viel gereist, es war nämlich eine jener raren Zeiten, zu denen ich einen Reisepaß hatte. Wenn ich mich richtig erinnere, war mein einzig wirklich politisches Auftreten in dieser Zeit ein großer Artikel ‹Zum Thema Opposition›, den ich für die *Literaturzeitung* geschrieben habe und in dem ich über die Möglichkeit nachdachte, eine neue politische Partei demokratischer Richtung zu gründen, die ein würdiger Partner für die Kommunistische Partei wäre. Also wieder das Problem der Nichtparteimitglieder! Der Artikel erregte damals erhebliche Aufmerksamkeit, weil in ihm, wenn ich mich nicht irre, zum ersten (und vielleicht auch zum letzten) Male öffentlich die Forderung nach einer oppositionellen Partei ausgesprochen wurde. Ich muß allerdings sagen, daß ich heute beträchtliche Vorbehalte gegenüber diesem Artikel habe. Schon lange glaube ich nicht mehr, daß die Gründung irgendeiner Oppositionspartei damals realistisch war (ohne Tradition, Erfahrung und führende Persönlichkeiten wäre daraus eine ähnliche Nichtigkeit wie der KAN geworden), ich glaube schon lange nicht mehr, daß damit etwas Wesentliches gelöst worden wäre, und schon lange habe ich zum Prinzip der politischen Massenparteien ein ziemlich skeptisches Verhältnis (das geht übrigens auch aus dem hervor, was ich in diesem Gespräch über meine Vorstellungen zur Gesellschaftsordnung gesagt habe). Hauptsächlich jedoch stört mich an dem Artikel etwas anderes: die Gründung einer Partei soll vorschlagen, wer wirklich entschlossen ist, eine Partei zu gründen – und das war ich natürlich nicht. Ich habe auch in diesen aufgeregten Zeiten nicht aufgehört, meine Rolle darin zu sehen, als Schriftsteller einfach «Zeitzeuge» zu sein: auch damals also wollte ich nicht Politiker im Sinne dessen werden, der die Verbesserung der Welt praktisch organisiert. Zu meiner Verteidigung sollte ich hier allerdings sagen, daß das Thema damals irgendwie in der Luft lag, überall wurde davon gesprochen, so mancher fühlte, daß ohne ein wirkliches Ausschreiten auf dem Wege zu politischer Pluralität alles auf halbem Wege stehenbleibt, sogar manche aufgeklärten Kommunisten appellierten an die Nichtparteimitglieder, in dieser Richtung den Versuch eines Schrittes zu unternehmen, und ganz logisch fügten sie hinzu, daß sie das für die Nichtparteimitglieder nicht tun können. Mein Artikel war also nur Ausdruck der Zeit, der Atmosphäre der Zeit. Die Forderung nach einer Oppositionspartei ist übrigens nichts so Ungewöhnliches, in Krisenzeiten taucht sie in kommunistischen Ländern regelmäßig und ganz logisch auf, in Polen wird jeden Moment eine Oppositionspartei gegründet.

Sind Sie in dieser Zeit persönlich mit führenden Politikern zusammengetroffen? Irgendwo habe ich gelesen, daß dies der Fall sein soll.

Als ich gegen Anfang Juli von einer meiner Auslandsreisen zurückkehrte, fand ich auf meinem Schreibtisch eine Einladung von Premier Černík in den Hrzán-Palast zu einem Treffen der höchsten Politiker mit Schriftstellern. Begreiflicherweise bin ich hingegangen, vor allem aus Neugierde. Es war eine nette Party, dauerte lange bis in die Nacht, und es gab verschiedene gute Sachen. An Politikern waren dort Dubček, Černík, Smrkovský, Hájek, der Kulturminister Galuška, auch Husák (er war unauffällig und sprach nicht viel, wenn ich damals gewußt hätte, was für eine Karriere er machen wird, hätte ich ihn sicher mehr beachtet). An Schriftstellern waren dort Goldstücker, Procházka, Kohout, Vaculík, Škvorecký, ich und vielleicht noch jemand, ich weiß nicht mehr. Ich habe die Begegnung lebendig in Erinnerung, um so mehr, als es in meinem Leben die einzige vertraulichere Begegnung mit Politikern an der Macht war (mit denen, die um die Macht gekommen sind, habe ich mich häufig getroffen). Zuerst war ich schüchtern, ich mußte mir mit Cognac Mut antrinken, dann habe ich eine lange Debatte mit Dubček angefangen. Ich glaube, daß ich ihm sehr energisch alles mögliche erklärt habe und ihm sehr selbstsicher geraten habe, was er tun solle, um einer sowjetischen Intervention zuvorzukommen und Leute wie Indra von der Macht abzuschneiden (Indra verschickte damals hinter dem Rücken der Führung irgendwelche verdächtigen Fernschreiben). Ich riet ihm, die Sozialdemokratie zu erlauben, den ehemaligen politischen Gefangenen, die im K 231 zusammengeschlossen waren, keine Schwierigkeiten zu machen, ich erklärte ihm, er solle seine Illusionen über den Kreml loswerden, er solle nicht in der Defensive sein und nicht ständig die Öffentlichkeit in der Hoffnung beruhigen, dies werde ihm irgendwie helfen usw. usw. Kurz und gut, ich benahm mich auf Grund des Cognacs wohl ziemlich grob, habe wohl eine Menge Dummheiten erzählt, trotzdem werde ich nie vergessen, daß mir Dubček während der ganzen Zeit aufmerksam zuhörte und sogar ergänzende Fragen gestellt hat. Von meinen Ratschlägen hat er, das stimmt, sich nicht viel zu Herzen genommen, aber dadurch, daß er sich überhaupt mit mir unterhalten hat, hat er mich ganz für sich eingenommen. Das ist nämlich bei Politikern keineswegs üblich, besonders bei kommunistischen nicht, die lassen bloß immer ihre Phrasen los und hören niemandem zu.

Sind Sie der Meinung, es habe eine reale Möglichkeit gegeben, aus dieser Krise herauszukommen? Wie sollte man der Invasion zuvorkommen? Glauben Sie, wir hätten uns wehren können und sollen? Wie betrachten Sie diese Fragen heute, mit dem Abstand so vieler Jahre?

Mit den verschiedenen «Wenn» ist das bekanntlich in der Historie trügerisch. Besonders bei uns gibt es so eine seltsame Tradition, daß nach jedem historischen Malheur auf einmal tausendundein kluger Mensch auftaucht, alle auf einmal genau wissen, was hätte getan werden müssen, und daß es nicht so ausgegangen wäre, wenn man so oder so vorgegangen wäre. Wenn Sie aber schon fragen, werde ich versuchen zu antworten. Vor allem muß ich sagen, daß mir das kraftmeierische Gerede darüber, wir hätten uns verteidigen sollen, ziemlich verdächtig vorkommt: sehr häufig ist es die Kompensation für verschiedene Minderwertigkeitskomplexe. Theoretisch ist vielleicht eine symbolische Verteidigung möglich gewesen, ich habe zum Beispiel gehört – ich weiß nicht, wieviel Wahres daran ist –, daß die Luftverteidigung Prags imstande gewesen wäre, zumindest drei Tage lang imstande gewesen wäre, die sowjetischen Luftstreitkräfte abzuwehren. Praktisch ist aber meiner Meinung nach keine organisierte Verteidigung möglich gewesen. Das hätte vorausgesetzt, rechtzeitig alle Mobilisierungs- und Kampfpläne zu ändern und auf das Gegenteil dessen zu richten, auf das sie gerichtet waren; sobald aber jemand mit so etwas angefangen hätte, wären die Sowjets sofort hier gewesen, ist doch der gesamte Generalstab von sowjetischen Agenten durchsetzt, und jedes Rascheln dort ist dem Generalsekretär der KPdSU eher bekannt als dem tschechoslowakischen Präsidenten. Eine moderne Armee ist eine große Maschine, der kann man nicht einfach den Befehl geben, hierhin oder dorthin zu gehen, und unsere Armee ist über Jahre hinweg als Satellitenarmee aufgebaut worden. Außer einer schüchternen Bemerkung von General Prchlík über die Möglichkeiten der Dezentralisierung im Warschauer Pakt, wegen der er augenblicklich seine Funktion aufgeben mußte, hat sich während des ganzen Erneuerungsprozesses nichts getan (und konnte auch bei seinem Charakter nichts geschehen), was der Stärkung der Unabhängigkeit unserer Armee gedient hätte. So ist die Vorstellung, jemand hätte im August den Befehl zur Verteidigung geben sollen, ziemlich albern. Und ich weiß auch nicht, wer fähig gewesen sein sollte, einen solchen Befehl zu geben: das hätte eine völlig andere

Führung sein müssen, von der ich wahrhaftig nicht weiß, woher sie hätte kommen sollen; hätte es aber eine andere Führung gegeben, wäre schon vor dem August alles anders verlaufen, und es ist also die Frage, in welcher Situation das Land im August überhaupt gewesen wäre. Sie sehen, diese «Wenn» sind wirklich trügerisch. Realistischer wäre vielleicht der spontane Widerstand einiger Einheiten und Garnisonen gewesen, einiges zeugt davon, daß ein Teil der Soldaten und Unteroffiziere den Mut dazu gehabt hätte. Etwas Derartiges aber hätte sich wiederum nur in einer ganz anderen moralisch-politischen Atmosphäre entwickeln können, als im August bei uns geherrscht hat. Oder: ein «Wenn» führt zum nächsten. Wie dem auch sei, der Versuch militärischen Widerstandes – auch wenn er militärisch möglich und politisch realistisch gewesen wäre – hätte schwer vorstellbare Folgen gehabt; die am leichtesten auszudenkenden – vom Gesichtspunkt der Geschichte aus wohl insgesamt bedeutungslos, doch vom Gesichtspunkt der Existenz unseres Gespräches aus ziemlich wichtig – wäre meine Nichtanwesenheit auf dieser Erde oder zumindest meine Nichtanwesenheit an einem anderen Ort als Sibirien.

Doch auf der anderen Seite, wenn ich das sehr vereinfache, die Toten hätten wahrscheinlich den Lebenden nicht erlaubt, so schnell mit den Okkupanten Kompromisse zu schließen, mit ihnen zu paktieren. Vielleicht hätte uns das auch ein wenig aufgerichtet. Wir hätten uns wohl auch am ehesten in Erinnerung gerufen, daß Freiheit niemals je verschenkt wird, daß sie erkämpft werden muß, und daß gewöhnlich mit Blut dafür bezahlt wird –

Mit dem Ausspinnen solcher Betrachtungen wäre ich sehr, sehr vorsichtig. Wenn Menschen in Grenzsituationen bereit sind, für ihre Freiheit auch Blut zu vergießen, haben sie meist eine größere Chance, die Freiheit zu gewinnen, als wenn sie dazu nicht bereit sind; darin stimme ich mit Ihnen überein. Sofort aber füge ich eine wichtige Sache hinzu: eine solche Entscheidung kann man nicht für andere fällen. Wenn Sie unserer gemeinsamen Freiheit das Leben opfern wollen, können Sie das tun. Wenn ich es opfern will, kann ich das tun. Aber weder Sie noch ich haben das Recht, irgend jemand anderen dazu zu zwingen, das zu tun, beziehungsweise ihn gar nicht zu fragen und sein Leben zu opfern. Wenn ich militärischer Führer wäre, der zur Luftverteidigung Prags den Befehl geben könnte, würde ich ihn wohl nur dann geben, wenn ich auf irgendeine Weise die Gewißheit gewonnen hätte, daß die weitaus größte Mehrheit der Tschechoslowaken entschlossen wäre, die vorhersehbaren Folgen meines Befehls zu tragen, einschließlich des Todes bei einem Abschlachten wie in Afghanistan.

Glauben Sie also, daß Okkupation und Niederlage nicht zu verhindern waren?

Das behaupte ich nicht. Aber ich glaube entschieden nicht, daß man die Okkupation hätte verhindern und zugleich durch größere Kontrolle der gesellschaftlichen Bewegung, durch irgendein Bremsen des Volkswillens, die Vernichtung der sogenannten Extreme, durch Disziplin, Zensur und Kompromisse etwas Wichtigeres hätte bewahren können. Mir scheint, der einzig sinnvolle Weg war wohl, sich voll dieser Strömung anzuschließen, sie zu begreifen, sich mit ihr zu identifizieren und ihre Energie allseitig zu ihrer präventiven Verteidigung auszunutzen. Also nicht immerzu etwas verbergen, verschweigen, ersticken, bereinigen. Die Führung hätte sich meiner Ansicht nach nicht wie ein schuldiger Untertan verhalten, sondern im Gegenteil aus der entstandenen Situation das Maximum herausholen sollen. In den Menschen begann – zu ihrer eigenen Überraschung –, schnell das staatsbürgerliche und nationale Selbstbewußtsein zu erwachen, das Gefühl des Stolzes und der Souveränität. Wenn sich auch die Führung tatsächlich stolz und souverän verhalten hätte, hätte sie einen machtvollen Hintergrund und machtvolle Unterstützung in der Gesellschaft gehabt. Es gab hier eine reale Möglichkeit zu einer Art moralischer Mobilisierung der Nation, es war möglich, sich auf das sich erneuernde nationale Selbstbewußtsein zu stützen und es systematisch zu stärken. So hat das doch über Jahre hinweg Tito gemacht und so hat das seinerzeit Ceauşescu getan, als sie eine sowjetische Invasion verhindern wollten. Es hätte genügt, ausdauernd zu betonen, daß wir nicht klein beigeben, daß wir beharren, daß wir keinem fremden Soldaten erlauben werden, unsere Grenzen zu überschreiten; man hätte eine zivile Heimwehr organisieren können, und es wäre vielleicht auch möglich gewesen, irgendeine militärische Mobilisierungsübung außerhalb des Kalenders des Warschauer Paktes abzuhalten (erinnern wir uns nur an den Effekt der Mobilisierung im Mai 1938). Die Kremlführung hat die Invasion nur unternommen, weil sie wußte, daß es keinen militärischen Widerstand geben wird und geben kann; auch die sklerotische Breschnew-Führung hatte soviel Verstand, daß sie nicht irgendein neues Vietnam innerhalb des bis an die Zähne bewaffneten Europa riskiert hätte. Vielleicht hätte es genügt, den Kreml nur zu verunsichern, nämlich dauerhaft und zäh eine Atmosphäre sich steigender Bereitschaft des nationalen Willens zur Verteidigung der Unabhängigkeit zu schaffen und im voraus die Möglichkeit des Widerstandes einiger Einheiten nicht auszuschließen. Die sogenannten Extreme nährte die Führung geradezu durch ihre Verlegenheit und Unfähigkeit, weder A noch B sagen zu können; hätte sie sich unzweideutig hinter die gesamte gesellschaftliche Bewegung gestellt, hätte es möglicherweise gar nicht so viele der befürchteten Extreme gegeben, und entschieden wäre dadurch ihr Energiepotential von der Notwendigkeit, dauernd dem latenten Mißtrauen der Macht entgegentreten zu müssen, auf die aktive und völlig loyale Unterstützung ihrer Verteidigung der gesamtgesellschaftlichen Interessen gewendet worden. Wenn also die damalige Führung einfach mit einem Konzept durchdacht das Kapital genutzt hätte, das hier bestand, vielleicht wäre es ihr gelungen, eine Situation zu schaffen, in der die Sowjets sich eine Invasion hätten verteufelt gut überlegen müssen. Parallel mit dem Appell an das nationale Selbstbewußtsein hätten natürlich schnell Unterstützungen und solidarische Verbindungen auf internationalem Feld gesucht werden müssen. Wohl nicht direkt in der Form irgendwelcher militärischen Verträge, da hätte es niemanden gegeben, mit dem sie abzuschließen gewesen wären, sondern in der Gestalt der Popularisierung der tschechoslowakischen Thematik als europäische Thematik. Unsere Emanzipation hätte als durch und durch positives Phänomen in das allgemeine Bewußtsein gebracht werden müssen, das heißt eben nicht als destabilisierendes Element des europäischen Status quo, sondern im Gegenteil als Schritt zu einer wirklichen Friedensordnung, begründet auf der Überwindung des Blockdenkens und auf der Idee der Pluralität souveräner europäischer Nationen. Wir wissen nicht und werden auch nie erfahren, ob eine solche Politik erfolgreicher gewesen wäre, ich kann mich jedoch des Gefühls nicht erwehren, daß sie hätte erfolgreicher sein können. Wenn im sowjetischen Politbüro die Anhänger der Intervention überstimmt worden wären, hätte das vielleicht auch die dortige Entwicklung beschleunigt, in jedem Falle aber hätte es bedeutet, daß die Sowjets ernsthaft zu verhandeln beginnen und zu Konzessionen bereit sind. Offenbar wäre das später auch mit Konzessionen von unserer Seite bezahlt worden, so geht das nun mal leider in der Politik, aber so katastrophal, wie es ausgegangen ist, hätte es doch nicht ausgehen müssen. Die Sowjets geben nichts auf entschuldigendes Erläutern, das ist nur Wasser auf ihre Mühle, sie muß man mit einer festen Haltung beeindrucken. Konnten aber Leute einen solchen Weg gehen, die voller Illusionen waren? Wohl schwerlich. So sind wir also wieder beim trügerischen historischen «Wenn». (Um aber konkreter zu sein: erinnern wir uns, wie mächtig es auf die Sowjets wie auf die tschechoslowakische Öffentlichkeit wirkte, als unsere Politiker nicht zu dem Treffen nach Dresden fuhren und auf ihren Brief mit einem eigenen Brief antworteten – das war ein Augenblick von geradezu reinigender moralischer Bedeutung. Wenn er nicht das Ende des Stolzes der KPTsch gewesen wäre, sondern sein Anfang, und wenn dann weitere ähnliche Taten gefolgt wären, zum Beispiel ein Verbot der Stabsübung des Warschauer Paktes auf tschechoslowakischem Boden, hätte es vielleicht besser ausgehen können; Zurückweichende lassen sich immer besser angreifen.) Wie dem auch sei, im August war nicht mehr viel zu retten, und es ist traurig, ja geradezu tragisch, daß es vom Standpunkt der Gesellschaft aus eigentlich ein großes Glück war, daß unsere Führung so ungeschickt krummgeschlossen und abtransportiert wurde: so wurde einerseits der gewaltlose Widerstand des Volkes gegen die Okkupation ungeheuer stimuliert, und zugleich wurde dadurch, daß die verlegene Führung zum Schweigen gebracht war, die Hauptbremse für die tatsächlich authentische Äußerung der gesamten Gesellschaft entfernt – und die Äußerung war durch und durch positiv und staatsbildend, also keine «Extreme»! Ein später Ausdruck des Kapitals, das schon viel früher hätte befreit und bewertet werden sollen.

Und die Moskauer Abkommen?

Es ist immer dasselbe Problem: was war zu erwarten? Selbstverständlich wäre es möglich gewesen – wie Kriegel es getan hat –, nichts zu unterschreiben, Schluß zu machen und die Unterbrechung der Gespräche zu fordern, damit die Delegation sich mit den Vertretungsorganen und dem Volk beraten könne. Zu betonen, daß eine Delegation in dieser Zusammensetzung von keinem Organ ausgesandt sei und mit nichts betraut sei, daß sie schon allein deshalb nichts unterschreiben könne und daß im übrigen ohne Kenntnis der Situation zu Hause keine Unterschriften möglich seien. Nur daß sie sich wieder wie schuldig gewordene Untertanen benommen haben, nicht wie selbstbewußte Vertreter eines Staates. Nachdem man ihnen die Ketten von den Händen genommen hatte und sie vor den Augen der gesamten Welt zu offiziellen Staatsmännern und einer Parteidelegation gemacht hatte, konnte man sie schwerlich wieder zusammenschnüren. Aber auch wenn das möglich gewesen wäre, scheint mir, daß unsere Vertreter verpflichtet waren, es zu riskieren. Die Sowjets waren in einer ziemlich prekären Situation – vergessen wir nicht die unermeßliche Bedeutung des Prestiges in ihrem politischen Verhalten –, daraus konnte man zweifellos Gewinn ziehen, auf Zeit spielen, das Patt der Situation vertiefen, auf ihre Konzession warten (früher oder später hätte sie wohl kommen müssen, und wenn es nur die Anerkennung des Parteitages von Vysočany gewesen wäre). Ob das alles zu etwas Konkretem geführt hätte, weiß ich nicht, vielleicht wäre der Effekt «nur» symbolisch-sittlich gewesen, trotzdem hätte auch ein solcher Effekt seine reale Wirksamkeit haben können; die Zersetzung nach der Okkupation wäre zumindest langsamer verlaufen.

Der 21. August hat Sie in Nordböhmen überrascht. Wie haben Sie die hektischen Tage verbracht?

Ich war mit meiner Frau und Jan Tříska in dieser Nacht zufällig in Reichenberg bei unseren dortigen Freunden, und wir sind dann dort die ganze folgende dramatische Woche geblieben, weil unsere Freunde uns sogleich in das Reichenberger Widerstandsgeschehen integrierten, wenn ich das so nennen darf. Wir waren im dortigen Rundfunk tätig, ich schrieb täglich Kommentare, Jan las sie, wir traten im Fernsehstudio auf, das in aller Eile auf dem Ještěd eingerichtet worden war, wir arbeiteten im ständigen Stab des Vorsitzenden des Städtischen Nationalausschusses mit, halfen, verschiedene Aktionen zu koordinieren, ich schrieb für den Vorsitzenden Reden und sogar umfangreiche Berichte des Kreisausschusses der KPTsch, des Kreisnationalausschusses, des Kreisausschusses der Nationalen Front, des Städtischen Nationalausschusses usw. an die Bevölkerung, die dann über die Straßenlautsprecher übertragen und als Plakate geklebt wurden. Ich glaube, es war das erste und letzte Mal, daß ich Gelegenheit hatte, durch den Mund derart ehrwürdiger Institutionen zur Nation zu sprechen. Die Woche bedeutet für mich ein Erlebnis, das ich wohl kaum je vergessen werde. Ich sah, wie sowjetische Panzer auf dem Platz Laubengänge demolierten, die einige Leute unter sich begruben; ich sah, wie ein Panzerkommandant verrückt spielte und wütend in die Menschenmasse zu schießen begann, ich habe viele Dinge gesehen und erlebt, von denen am stärksten das eigenartige Phänomen der allgemeinen Solidargemeinschaft auf mich wirkte, das für diese Zeit so bezeichnend war. Die Leute brachten uns Lebensmittel, Blumen, Arzneien in den Rundfunk, ohne daß wir etwas davon gebraucht hätten; wenn ein paar Stunden lang Tříska im Radio nicht zu hören war, wurde der Rundfunk mit Telefonanrufen bombardiert, was mit uns los sei; das Rundfunkgebäude war von Riesentransportern mit großen Betonquadern umgeben, die seine Eroberung verhindern sollten; verschiedene Fabriken gaben uns Betriebsausweise, damit wir uns im Falle der persönlichen Bedrohung unter den Arbeitern verbergen konnten. Offensichtlich wegen der blutigen Ereignisse, die ich erwähnt habe, ist Reichenberg während der ganzen Zeit nicht zur sowjetischen Garnison gemacht worden, das Militär ist nur hindurchgefahren. Deshalb konnte der spontane Volkswiderstand auch in größeren Dimensionen und mehr Formen gedeihen, als das in besetzten Städten möglich war. Die Antiokkupationsfolklore machte aus der Stadt bald einen einzigen Artefakt; Einfälle, die Okkupation wirkungslos zu machen, gab es ungezählte. Und niemals hat etwas so gut funktioniert wie damals; eine Druckerei war imstande, innerhalb von zwei Tagen ein Buch herauszubringen, und überhaupt waren verschiedene Betriebe imstande, alles mögliche fast augenblicklich zu tun. Ich erinnere mich an eine bezeichnende Geschichte: der Schrecken von Reichenberg und Umgebung war eine etwa hundertköpfige Gruppe von ziemlich rauhen Tramps, die Behörden wußten sich lange keinen Rat mit ihnen. Diese Gruppe führte ein gewisser Farář an. Kurz nach dem Einfall der Okkupationsarmee erschien dieser Farář auf dem Rathaus beim Vorsitzenden und sagte: «Chef, wir stehen zur Verfügung!» Der Vorsitzende stutzte ein wenig, aber versuchsweise gab er der Gruppe eine Aufgabe: «Also gut, montiert in der Nacht alle Staßenschilder ab, damit die Okkupanten sich nicht zurechtfinden. Es schickt sich nicht, daß die Polizei das macht.» Farář nickte – und am nächsten Morgen waren unter der Rathaustreppe alle Reichenberger Straßenschilder ordentlich aufgestapelt – also kein Demolieren: sie warteten auf die Zeit, in der sie wieder installiert werden würden. Farář meldete die Erfüllung der Aufgabe und forderte weitere. Daraus entstand eine eigenartige Zusammenarbeit, deren Ergebnis zum Beispiel war, daß nach zwei Tagen die Mitglieder der Gruppe Farářs Armbinden von Hilfspolizisten trugen und dreiköpfige Streifen durch die Stadt gingen: in der Mitte ein uniformierter Polizist und an jeder Seite langhaarige Tramps in Jeans als seine Helfer. Diese Gruppe stellte auch einen ununterbrochenen Wachdienst auf dem Rathaus, bewachte den Bürgermeister und kontrollierte streng alle, die in das Gebäude gingen. Es waren suggestive Szenen, wenn etwa das ganze Treppenhaus voll von diesen Kerls war und sie während ihres Dienstes Gitarre spielten und ‹Massachusetts› sangen, die damalige Welthymne der Hippies. In ganz besonderem Lichte nahm ich das wahr, der ich Mengen ähnlicher Jugendlicher im New Yorker East Village noch in frischer Erinnerung hatte, die dasselbe Lied sangen, nur ohne den Hintergrund dieser Panzer. Ich gehöre nicht zu denen, die irgendwie mental in dieser Okkupationswoche steckengeblieben sind und den ganzen Rest ihres Lebens sich nur noch daran erinnern; ich habe auch nicht die Absicht, diese Zeit irgendwie zu romantisieren. Ich bin nur der Ansicht, daß all dies zusammen eine ganz einzigartige Erscheinung schuf, die bis heute nicht, soweit ich weiß, bis in die Tiefe hinein soziologisch, philosophisch, psychologisch und politologisch erforscht und bewertet worden ist. Einige Dinge jedoch waren so offensichtlich, daß man sie auch ohne wissenschaftliche Analyse sofort begreifen mußte. Zum Beispiel: daß die Gesellschaft ein rätselhaftes Tier mit vielen Gesichtern und verborgenen Potenzen ist und es sehr wenig vorausschauend ist, nur dem Gesicht zu vertrauen, das sie gerade zeigt, und zu meinen, dies sei das einzig echte. Niemand von uns weiß, was alles für Möglichkeiten in der Seele der Bevölkerung schlummern und womit uns bei diesem oder jenem Zusammentreffen von Ereignissen die Öffentlichkeit überraschen kann. Wer hätte zum Beispiel in der Zeit des faulenden Novotný-Regimes mit seiner allnationalen Schwejkiade erwartet, daß während eines halben Jahres in derselben Gesellschaft wirkliches bürgerliches Selbstbewußtsein erwacht und daß in einem Jahr diese bis vor kurzem apathische, skeptische und fast demoralisierte Gesellschaft so tapfer und so intelligent einer fremden Macht entgegentreten wird! Und wer hätte erwartet, daß kaum ein Jahr vergeht, und dieselbe Gesellschaft verfällt wieder mit der Geschwindigkeit des Windes in die Tiefen der Demoralisierung, diesmal noch weit schlimmer als es die ursprüngliche war! Nach all diesen Erfahrungen muß man wahrlich vorsichtig sein mit irgendwelchen Urteilen darüber, wie wir sind oder was man von uns erwarten kann. Oder eine andere Sache: diese Woche hat gezeigt, wie ohnmächtig militärische Macht angesichts eines anderen Gegners ist, als gegen den sie eingerichtet ist, und wie schwierig es ist, de facto ein Land zu beherrschen, das sich zwar militärisch nicht wehrt, dessen zivile Strukturen jedoch dem Aggressor einfach den Rücken zuwenden. Und da spreche ich nicht von solchen Dingen wie es die prinzipielle und in diesem Maße nicht bekannte Bedeutung der modernen Massenmedien als reale funktionierende politische Macht ist, imstande, allem gesellschaftlichen Leben Richtung zu geben und es zu koordinieren. Diese Augustwoche halte ich einfach für eine historische Erfahrung, die sich aus dem Bewußtsein unserer Völker nicht verdrängen läßt, und von der man immer noch nicht sagen kann, was sie eigentlich bedeutet hat, wie sie sich in die genetische Ausstattung der Gesellschaft eingeprägt hat und wie und wann sie sich äußern wird.

Wie sehen Sie den stürmischen Zeitraum Ende 1968 und Anfang 1969? Wie haben Sie diese Zeit durchlebt?

Während ich vor dem August, wie schon gesagt, am öffentlichen Leben nicht sehr teilgenommen habe, hat mich der Wirbel nach der Okkupation geradezu in sich hineingezogen. Es war dies nämlich so eine besondere, quälende Zeit. Die Staatsführung machte eine Konzession nach der anderen in der Hoffnung, damit etwas zu retten, in Wirklichkeit aber sägte sie den Ast ab, auf dem sie saß. Allmählich, aber unaufhaltsam wurden die alten Verhältnisse wiederhergestellt, dabei war es jedoch noch möglich, frei zu sprechen und zu schreiben. Das gab der ganzen damaligen Atmosphäre etwas Qualvolles: man sprach offen und hart – und dabei konnte man de facto nur von der eigenen Machtlosigkeit sprechen; entschieden wurde protestiert – und dabei konnte man nur dagegen protestieren, daß auf die Proteste keine Rücksicht genommen wird. Es war die Zeit der großen studentischen Streiks, der endlosen Versammlungen, Petitionen, Verhandlungen, Demonstrationen, erregten Debatten. Das Schiff sank allmählich, aber den Passagieren war es erlaubt hinauszuschreien, daß sie untergehen. Palachs Tod, der woanders wohl schwer zu begreifen wäre, wurde hier von der gesamten Gesellschaft sofort verstanden, weil er ein äußerster und fast symbolischer Ausdruck der «Seele der Zeit» war: jeder verstand sehr wohl das Bedürfnis, etwas verzweifelt Äußerstes zu tun, wenn alles übrige so erfolglos blieb, jeder hatte ein Stück solchen Bedürfnisses in sich. Ich habe an dem allem teilgenommen, es war einfach unmöglich, sich nicht zu beteiligen. Ich hatte Debatten an Fakultäten und in Fabriken, ich nahm an Versammlungen teil, schrieb verschiedene Erklärungen, ich hatte das Gefühl, bei allem dabeisein zu müssen (ich bin zum Beispiel nicht zu einem einmonatigen Studienaufenthalt nach Italien gefahren, bloß aus der albernen Überzeugung heraus, daß man hier ohne mich nicht auskommt; aber ein solches Gefühl hatten manche). Ich betonte damals, vielleicht noch energischer als andere, daß jede Konzession eine weitere Konzession gebiert, daß man nicht zurückgehen kann, weil wir nur noch den Abgrund im Rücken haben, daß es notwendig ist, Versprechen einzuhalten und ihre Einhaltung zu fordern, ich kämpfte, wie es meine alte Gewohnheit ist, gegen die unterschiedlichsten Arten der Illusionen und gegen jedes Sich-selbst-Belügen. Wie sehr ich auch selbst von der erregten Zeit gezeichnet war, ich bemühte mich trotzdem in einigen Dingen um Nüchternheit und Angemessenheit: im Geiste der alten Linie von *Tvář*, wenn auch selbstverständlich anders und auf einer anderen Ebene geltend gemacht, stellte ich gegen die pathetisch-unbestimmten

Großzügigkeiten die Notwendigkeit, auf einigen kleineren zwar, aber dafür konkreten Dingen zu beharren, darauf zu beharren, ohne zurückzuweichen, und bis zum Ende. Auf einer großen Versammlung — es war eine gemeinsame Versammlung der Zentralkomitees aller Künstlerverbände — trat ein gewisser bekannter Schauspieler (derselbe, der ein paar Jahre später bei der Treibjagd auf die Charta gleich ins Fernsehen gelaufen kam, um seinen alten Freund, Unterzeichner der Charta, zu bespucken) mit dem pathetischen Vorschlag auf, Indra, Bilak und andere Volksverräter vor ein einzurichtendes Nationales Tribunal zu stellen. Hysterischer Unsinn. Ich bin selbstverständlich sofort aufgestanden und habe gesagt, besser als etwas vorzuschlagen, das niemand je verwirklichen würde, sei es, etwas zu tun, das sich verwirklichen läßt, etwas, das in unseren Kräften steht, zum Beispiel bis zum Schluß sich an das Solidaritätsabkommen zu halten, das damals alle in der Kultur Tätigen unterschrieben hatten (und dem natürlich die meisten von ihnen kurz darauf untreu geworden sind). Ich sagte, es sei tausendmal wertvoller, auf etwas Bescheidenerem, aber Realistischem zu beharren, als sein Gewissen mit der Abfeuerung irgendeines großmäuligen Vorschlags zu beruhigen, der in dem Augenblick, in dem er ausgesprochen wird, unwiederbringlich untergeht, und daher auch in Zukunft niemanden zu etwas verpflichtet. Die emphatischen Emotionen, deren Ausdruck Vorschläge dieser Art waren, sind äußerst unzuverlässig: so groß, wie sie heute sind, so groß kann die Resignation sein, in die sie sich morgen verwandeln (was der schauspielende Rächer des Volkes hervorragend demonstriert hat). Nüchterne Ausdauer ist wirksamer als schnell begeisterte Emotionen, die sich ohne Schwierigkeiten jeden Tag auf etwas anderes richten können. Wenn wir schon von dieser Zeit sprechen, möchte ich auch gern von einer meiner damaligen Mikrogeschichten sprechen, die sachlich unbedeutend, in meinen Augen aber symbolisch ist: es fand eine andere Versammlung der Zentralkomitees der Künstlerverbände statt, es war schon unter Husák, und es war klar, daß dies die letzte Versammlung ist, weil die Verbände in den nächsten Tagen rekonstituiert oder einfach aufgelöst oder durch andere, zusammengesetzt aus einigen nachgiebigen, ersetzt werden würden. Es kam der Gedanke auf, wenn wir hier schon zum letztenmal so alle zusammen sind, wir sollten etwas wie unser Vermächtnis oder Testament für das Volk schreiben und unterschreiben, also irgendein Manifest, in dem wir sagten, daß wir unsere Wahrheit nicht aufgeben, was auch immer geschehen möge. Es sollte ein bedeutendes, suggestives, ja, vielleicht sogar historisches Manifest werden. Ich wurde als Mitglied einer dreiköpfigen Gruppe benannt, die es schnell aufschreiben sollte. Doch auf Grund unglücklicher Umstände sollte ich in derselben Zeit, in der ich in einem Zimmerchen des Filmklubs an dem erwähnten Manifest arbeiten sollte, auch in einem nicht weit entfernten Ausstellungssaal in der Spálená-Straße auf der Vernissage eines meiner Malerfreunde auftreten. Und das nicht etwa mit einer seriösen Ansprache – dafür gab es dort seriöse Kunsthistoriker –, sondern mit einer Folge von Versen und Liedern. Es war ein dadaistischer Wunsch meines Freundes, der mein falsches Absingen patriotischer Lieder und die gefühlvolle Rezitation nationaler Klassiker liebte, mit denen ich traditionell verschiedene Parties farbiger gestalte. Und ich schaffte damals tatsächlich beides: indem ich einen Gang auf die Toilette vortäuschte, floh ich vom Verfassen des historischen Manifestes der tschechischen Künstler, erreichte die Vernissage, sang und rezitierte dem

140

schockierten Publikum etwas vor, und lief gleich darauf zurück in den Filmklub und schaffte es, noch den Schlußabsatz zu schreiben. Das Manifest wurde vom Plenum einmütig angenommen, von allen unterschrieben, kaum jemand ist der unterschriebenen Verpflichtung gerecht geworden – aber deshalb spreche ich nicht von der Sache. Ich habe einen anderen Grund: mir scheint, daß in dieser zufälligen Parallelität des Verfassens eines bedeutenden Manifestes und des absurden Auftretens auf einer Vernissage etwas Symbolisches enthalten ist, das nicht nur etwas über das Klima der erregten und von Paradoxen durchwebten Zeit aussagt und von meiner Stellung in ihr, sondern überhaupt etwas vom Prager, vom tschechischen, vom europäischen Klima aussagt. Oder ist es nicht charakteristisch, daß sich hier leidvolle historische Geschehnisse, die zu durchschreiten uns auferlegt ist und in denen wir um den Preis anderswo schwerverständlicher Opfer zu bestehen versuchen, organisch mit unserer traditionellen Ironie und Selbstironie verbinden, dem Sinn für Absurdität oder dem Humor als «Selbstzweck» oder im Gegenteil dem schwarzen Humor? Gehören hier nicht diese beiden Dinge wesenhaft zueinander? Bedingen sie sich nicht sogar gegenseitig? Vielleicht würden wir möglicherweise unsere historischen Aufgaben nicht bewältigen und wären nicht imstande, die Opfer zu bringen, die von uns gefordert werden, wenn wir nicht eine dauernde Distanz zu ihnen und zu uns selbst hätten! Das eine schließt also das andere nicht aus oder dementiert es, es ist im Gegenteil so, als ob das eine das andere erst ermögliche! Ausländer wundern sich manchmal, welchen Prüfungen wir uns hier zu unterziehen bereit sind, und zugleich wundern sie sich, was wir eigentlich immer zu lachen haben. Es ist wohl schwer, ihnen zu erklären, daß wir ohne dieses Lachen die ernsten Dinge einfach nicht tun könnten. Wenn der Mensch nämlich die dramatische Ernsthaftigkeit des Antlitzes in der Abhängigkeit von der sich steigernden Ernsthaftigkeit des Malheurs, dem er entgegentreten soll, steigern würde, dann müßte er sehr bald zu seiner eigenen Statue versteinern – und eine Statue wird wohl schwerlich ein weiteres historisches Manifest schreiben oder überhaupt irgendeiner menschlichen Aufgabe gerecht werden! Soll sich der Mensch – und wieder sind wir bei derselben Sache – in seiner Ernsthaftigkeit nicht so auflösen, daß er allen lächerlich wird, dann muß er – und wäre die Sache, die er tut, noch so wichtig, und je wichtiger die Sache ist, die er tut, um so eher – ein gesundes Bewußtsein von der eigenen menschlichen Lächerlichkeit und Nichtigkeit haben. Wenn er das verliert, verliert – paradoxerweise – auch sein Handeln an Bedeutsamkeit. Wirkliche Wichtigkeit nämlich gewinnt die menschliche Tat vor allem dann, wenn sie aus dem Boden des klarsichtigen Bewußtseins von der Zeitlichkeit und Vergänglichkeit alles Menschlichen erwächst, nur dieses Bewußtsein kann ihr eventuelle Größe geben. Den Umriß des wirklichen Sinnes kann man nur vom Grunde der Absurdität aus sehen. Alles übrige ist Oberflächlichkeit von derselben Dauerhaftigkeit der Eintagsfliegen wie der Vorschlag, ein Tribunal für Bilak zu gründen. Ich wage zu behaupten, daß ich diesem damaligen Manifest während der siebzehn Jahre, die mich von ihm trennen, nicht allzu untreu geworden bin. Nicht etwa, obwohl ich während seiner Niederschrift einen Abstecher gemacht habe, um den Narren zu spielen. Im Gegenteil: vielleicht gerade deswegen! Und weil ich im Grunde immer mal einen Abstecher mache. Manchmal fragen mich die Leute, wie mein «närrischer Idealismus» damit vereinbar ist, daß ich absurde Schau-

142

spiele schreibe. Ich antworte: das sind nur zwei Seiten derselben Medaille. Weil es ohne die dauernd lebendige und dauernd artikulierte Erfahrung der Absurdität keinen Grund gäbe, sich um etwas Sinnvolles zu bemühen. Und umgekehrt: wie könnte der Mensch eigentlich die eigene Absurdität erfahren, wenn er nicht dauernd Sinn suchte? Aber mit dem allem bin ich ein bißchen abgeschweift, nicht wahr?

Das macht nichts, ich bringe Sie zu den Fakten zurück. Im August 1969, also am Ende der Ära, über die wir sprechen, sollen Sie Alexander Dubček einen längeren privaten Brief geschrieben haben. Warum haben Sie das getan, und worum ging es in dem Brief?

Es war das eine Zeit, in der mit Spannung erwartet wurde, wie Dubček sich verhält, ob er Selbstkritik üben wird, oder ob er sich dazu aufraffen wird, die Situation wahrhaftig zu analysieren, um damit hinter seine kurze Ära einen wirklich würdigen Punkt zu setzen. Ich war damals voller Befürchtungen, daß Dubček aus lauter unegoistischer Loyalität zur Partei und dem Bemühen, ihr nicht «hinderlich» zu sein, das irgendwie verderben könnte – und so habe ich ihm einen sehr langen Brief geschrieben, in dem ich ihm von allen möglichen Gesichtspunkten aus erklärte, wie wichtig es für das Volk, für die Zukunft, für die Geschichte, ja auch für den Sozialismus ist, daß er gerade in diesem Augenblick, in welchem er sowieso schon abgeschrieben ist, das Gesicht nicht verliert. Ich weiß, daß er den Brief damals erhalten hat; was er darüber dachte, weiß ich nicht. Er hat sich aus dem politischen Leben irgendwie leise, unauffällig ins Abseits sublimiert; durch keine Buße hat er seine Sache verraten, zugleich hat er aber auch keinen deutlichen Punkt hinter sein politisches Wirken gesetzt. Ich habe zufällig kürzlich eine Kopie meines lange vergessenen Briefes gefunden, und bei seiner Lektüre hat mich nach siebzehn Jahren eine Sache gefangengenommen: in der Passage, in der ich darüber schreibe, daß auch eine rein sittliche Tat, die keine Hoffnung auf einen augenblicklichen und sichtbaren politischen Effekt hat, mit der Zeit allmählich und indirekt politisch bewertet werden kann, fand ich zu meiner Überraschung denselben Gedanken, der später, von manchen parallel verstanden, an der Wiege der Charta 77 stand und den ich heute – im Zusammenhang mit der Charta und überhaupt mit unserem heutigen «Dissidententum» – zu entwickeln, zu erklären und zu präzisieren suche.

Wenn Sie die siebziger Jahre in der Tschechoslowakei irgendwie charakterisieren sollten, was würden Sie darüber sagen? Wie haben Sie sie erlebt – sagen wir in der Zeit von 1970 bis zu Ihrer dritten Verhaftung im Jahre 1979?

John Lennon hat in einem Interview gesagt, die siebziger Jahre seien beschissen gewesen. Und wirklich: wenn wir sie heute rückblickend betrachten – ich meine im Maßstab der ganzen Welt –, kommen sie uns im Vergleich mit den so bunten, reichen und produktiven sechziger Jahren irgendwie nichtssagend, ohne Stil, ohne Atmosphäre, ohne ausgeprägtere geistige und kulturelle Bewegung vor, schlaff, langweilig und trostlos. Für mich sind sie einerseits durch die Person Breschnews symbolisiert und seiner dumpfen Herrschaft, auf der anderen Seite durch die zweideutige Gestalt von Präsident Nixon, seinem seltsamen Vietnamkrieg und dessen seltsamem Ende und mit seiner absurden Watergate-Affäre. Um so düsterer waren die Jahre in der Tschechoslowakei. Nach dem großen gesellschaftlichen Aufbäumen des Jahres 68, der sowjetischen Intervention und ihrem zermürbenden Nachspiel löste Husák Dubček ab, und bald begann der Zeitraum leichenhafter Stille. Die altneue herrschende Garnitur formierte sich schnell und führte alle Säuberungen, Verbote und Auflösungen durch, die erschöpfte Gesellschaft gewöhnte sich schnell daran, daß alles, was ein für allemal als unmöglich erklärt worden war, wieder möglich wurde, und daß die hundertmal enthüllte und ausgelachte Dummheit wieder herrschen kann; die Menschen zogen sich in sich selbst zurück und hörten auf, sich für allgemeine Dinge zu interessieren. Es beginnt die Ära der Apathie und umfangreichen Demoralisierung, es beginnt die Ära der grauen, totalitär-konsumorientierten Alltäglichkeit. Die Gesellschaft war atomisiert, winzige Brennpunkte des Trotzes wurden vernichtet, die enttäuschte und müde Öffentlichkeit tat so, als ob sie nichts von ihnen wisse, das unabhängige Denken und Schaffen zog sich in die Gräben der tiefsten Privatheit zurück. Mir persönlich verschwimmt die erste Hälfte der siebziger Jahre in einen einzigen formlosen Nebel, ich könnte nicht mehr sagen, wodurch sich etwa das Jahr 1972 vom Jahr 1973 unterschieden hätte und was ich selbst in dem einen oder dem anderen getan habe. Von überall bin ich – ähnlich wie die meisten meiner Kollegen – vertrieben worden, öffentlich wurde ich als Feind bezeichnet, ich bin sogar wegen Untergrabung der Republik angeklagt worden (zu einer Gerichtsverhandlung oder Gefängnis ist es aber deswegen nicht gekommen), und auch mir blieb schließlich nichts anderes übrig als mich zurückzuziehen: mit meiner Frau hielt ich mich überwiegend auf Hrádeček auf, unserem Sommerhaus im Riesengebirge, das wir allmählich adaptierten und hübsch einrichteten. Ich quälte mich mit meinen ‹Rettern›, dem ersten Stück, das ich nach meinem Verbot und den aufregenden Erlebnissen der vorhergehenden Jahre schrieb, an keinem habe ich so lange geschrieben und mit keinem habe ich mich so abgequält – und dabei ist es offenbar von allen das schwächste. Ich habe mich seinerzeit mit einem Huhn verglichen, das zu lange in der Röhre und daher völlig trocken geworden war. Niemand hat auf das Stück gewartet und mich getrieben, es entstand tatsächlich in einer Art Vakuum, allzusehr habe ich bei der Arbeit darüber spekuliert, wie ich mich mit der neu entstandenen gesellschaftlichen und persönlichen Situation auseinandersetzen sollte, als daß sich nicht zuletzt notwendigerweise alles Leben daraus verflüchtigt hätte. Die Oberfläche der Öffentlichkeit, zumindest in dem Milieu, in dem ich mich bewegte, ist nur von einer Sache ein wenig aufgewirbelt worden: der Petition der Schriftsteller für die politischen Gefangenen; ich werde darüber noch an anderer Stelle sprechen. Anfang der siebziger Jahre bin ich einigen Kollegen ziemlich nahegekommen, die ein ähnliches Schicksal erfaßte und die in früheren Zeiten nicht selten meine Gegner waren. Ich meine die ehemaligen Kommunisten, jene schon erwähnten «Antidogmatiker». Jedes Jahr kamen wir – Kohout, Vaculík, Klíma, Trefulka und andere – im Sommer in unserem Sommerhaus zusammen, wo wir unsere «Miniaturkongresse» hatten. Jeden Sommer kam dort allerdings auch eine andere Gruppe hin, meine Freunde aus früheren Zeiten, die Schriftsteller, die nicht Kommunisten gewesen waren, die ich schon aus den fünfziger Jahren als ihr ehemaliger «Lehrling» kannte, einige von ihnen waren mit mir in *Tvář* und wirkten später in unserem Kreis unabhängiger Schriftsteller. Zu dieser Gruppe gehörten Urbánek, Hiršal, Vohryzek, Dvořák,

Kopta, hin und wieder kamen (sei es mit dieser oder jener Gruppe) Gruša, Kliment, Uhde, Kabeš, Sidon, Topol, einmal nahm auch Václav Černý teil, Kolář wollte wohl, hat es aber nie geschafft. Diese zwei Gruppen haben allmählich «fusioniert», sie kamen gemeinsam oder unterschiedlich gemischt, und das war eine ziemlich symptomatische Erscheinung: die unterschiedliche Vergangenheit und die ehemaligen Trennlinien in der Anschauung hatten schon lange an Bedeutung verloren, wir saßen in einem Boot, und in der Ansicht über allgemeine Dinge stimmten wir überein. Die damals begründete Tradition entwickelte sich unterschiedlich und dauert in anderer Gestalt eigentlich bis heute an. Bei diesen Zusammenkünften haben wir uns selbstverständlich auch unsere neuen Texte vorgelesen. Ansonsten aber waren wir ziemlich isoliert, jener populäre Terminus «Getto» scheint mir für diese Zeit der relativ angemessenste zu sein. Die Öffentlichkeit kannte uns natürlich gut, wußte von uns und sympathisierte mit uns, zugleich aber achtete sie gut darauf, nichts mit uns zu tun zu haben: es schien zu gefährlich zu sein. Und mit anderen Kreisen oder Milieus – in dieser Zeit der allgemeinen Atomisierung und Desintegrierung – hatten wir nicht viel Kontakte. Ich würde sagen, daß wir alle, wenn auch jeder auf seine Weise, im eigenen Saft schmorten. In gewisser Weise gebrandmarkt, ohne Hoffnung auf irgendeine breitere Unterstützung, konnten wir uns in keiner Weise aktiv äußern; eher nahmen wir unsere Situation passiv hin, und jeder schrieb für sich allein. Neue Texte wurden in dieser Zeit regelmäßig bei Ivan Klíma gelesen, dorthin gingen ziemlich viele, ich habe zwei Schauspiele gelesen, die erwähnten ‹Retter› und ein Jahr später die ‹Gauneroper›. Wir interessierten uns gegenseitig für unsere Texte auch in ihrer schriftlichen Form, schrieben sie ab, und dar-

147

aus entstand dann die heute schon berühmte Edition Hinter Schloß und Riegel (ihre jüngere Schwester Edition Expedition entstand im Jahre 1975). Im Jahr 1974 war ich etwa zehn Monate als Arbeiter in der Brauerei in Trutnov angestellt (Hrádeček ist etwa zehn Kilometer von Trutnov entfernt). In meinem Gespräch mit Jiří Lederer aus dem Jahre 1975 sage ich, daß ich dort aus finanziellen Gründen hingegangen bin, heute aber scheint mir, daß ich es wohl eher aus dem Bedürfnis nach einer Veränderung getan habe; das erstickende Nichtgeschehen, von dem ich umgeben war, begann mir schon ein wenig auf die Nerven zu gehen, ich wollte für eine Weile aus meinem Schlupfwinkel fort und in ein anderes Milieu, unter andere Leute kommen. Zur Trostlosigkeit dieser Zeit trug – ein wenig paradox – auch bei, daß es die Zeit der «Detente» war, was in unserem Falle bedeutete, daß manche unserer westlichen Freunde und Mitarbeiter uns bald so auswichen wie die hiesigen offiziellen Schriftsteller, in dem Bemühen, die hiesigen Autoritäten nicht zu provozieren und damit die Annäherung an sie zu vereiteln. Diese naive und verbohrt selbstmörderische Art der «Entspannung» wenden heute im Westen zum Glück nicht mehr viele Leute an, vielleicht ein wenig einige westdeutsche Sozialdemokraten. Die erste ausgeprägtere Wende oder ein zu erinnerndes Interpunktionszeichen in diesem langen und langweiligen Satz der siebziger Jahre war für mich persönlich das Jahr 1975. Und das gleich aus drei Gründen. Zum ersten: in mir reifte die Absicht, nicht länger nur passives Objekt jener «von den Siegern geschriebenen Geschichte» zu sein, wie Václav Bělohradský sagt, sondern zu versuchen, für einen Augenblick wieder zu ihrem Subjekt zu werden; kurz gesagt nicht nur darauf zu warten, was «sie» tun, sondern selbst etwas zu tun und zur Abwechslung einmal «sie» zu zwingen, sich mit etwas anderem zu befassen, als was sie selbst geplant haben. Und so schrieb ich Dr. Husák einen umfangreichen offenen Brief, in dem ich versuchte, die traurige gesellschaftliche Situation in unserem Land zu analysieren, auf die Tiefe der geistigen, moralischen und sozialen Krise hinzuweisen, die sich hinter dem scheinbar ruhigen Leben verbirgt, und in dem ich an den Adressaten appellierte, sich das Maß seiner Verantwortung für diese ganze Misere klarzumachen.

Daran erinnere ich mich sehr lebhaft, deswegen habe ich Sie damals in Hrádeček besucht.

Ich erinnere mich. Der Brief war für mich damals in erster Linie der Akt einer gewissen «Autotherapie»: ich wußte zwar nicht, was folgen wird, aber das Risiko war es mir wert: ich gewann wieder Gleichgewicht und Selbstbewußtsein; ich hatte das Gefühl, mich aufgerichtet zu haben, und daß mich also niemand mehr beschuldigen könne, nichts zu tun und dem tristen Zustand nur schweigend zuzuschauen; ich atmete freier, weil ich die Wahrheit nicht mehr in mir erstickte. Ich machte einfach mit dem Warten auf die Besserung der Welt Schluß und bekannte mich zu meinem Recht, in die Welt einzugreifen oder zu ihr Stellung zu nehmen. Zugleich aber hatte das, glaube ich, einen weiteren Sinn: es war einer der ersten zusammenhängenderen – aber zugleich allgemeinverständlichen – kritischen Stimmen, die sich hier meldeten, und sehr schnell fand sie allgemeinen Widerhall. Offenbar hatte ich den Augenblick erwischt, in dem auch viele andere das ewige Warten leid waren, sie begannen, ihrer Müdigkeit müde zu werden und aus dem vorhergegangenen Knockout zu erwachen. Mein Brief ist damals von allen möglichen Leuten abgeschrieben worden, und es hat ihn wohl jeder gelesen, dem nicht alles gleichgültig war. Dieses Echo hat mich selbstverständlich sehr gefreut und aufgemuntert. Das zweite für mich persönlich wichtige Ereignis dieses Jahres war, daß ich den Einakter ‹Audienz› geschrieben habe. Er war von meiner Arbeit in der Brauerei inspiriert und zum erstenmal erscheint in ihm die Figur des Schriftstellers Vaněk. Ich habe ihn schnell geschrieben, in ein paar Tagen, und ursprünglich war er hauptsächlich gedacht, den Freunden etwas Unterhaltung zu bieten, denen ich das bei unserem Sommertreffen in Hrádeček vorlesen wollte. Auch dieses Stück hatte – zu meinem Erstaunen – ein großes Echo und ist mit der Zeit richtig populär geworden; nicht nur, daß es – zusammen mit anderen Vaněk-Einaktern – alle möglichen Theater in der Welt aufgeführt haben, sondern – was für mich begreiflicherweise wichtiger war – es gelangte zu Hause in das allgemeine Bewußtsein, zuerst als Text, später von meinem Freund Pavel Landovský und mir auf Band gesprochen (Šafrán hat es dann später als Platte herausgegeben). Es sind mir solche Sachen passiert, daß ich zum Beispiel einen Anhalter im Auto mitnahm und er, ohne zu wissen, wer ich bin, aus dem Stück zu zitieren begann, oder daß ich in der Kneipe junge Leute hörte, wie sie sich durch den ganzen Gastraum Repliken aus diesem Stück zuriefen. Auch das war selbstverständlich für mich sehr aufmunternd, nicht nur weil mich das schmeichelhaft an glücklichere Zeiten erinnerte, als meine Stücke gespielt wurden und es fast eine kulturelle Pflicht war, sie zu kennen, sondern vor allem als die Andeutung dessen, daß auch ein vom Theater abgeschnittener Dramatiker in seine heimatliche Umgebung eintreten und als ihr integraler Bestandteil wirken kann. Das dritte wichtige Ergebnis aus dem Jahre 1975 war die Aufführung der ›*Gauneroper*‹ in Horní Počernice. Es ist dies eine freie Variation auf das alte Thema Gays, mit Brecht hat es nichts zu tun, ursprünglich habe ich das Stück auf Bestellung eines Prager Theaters geschrieben, das es unter fremdem Namen aufführen wollte, was dann aber nicht verwirklicht worden ist. Mein alter Freund Andrej Krob, seinerzeit auch unser Mitarbeiter am Theater am Geländer, hat es mit einer Gruppe seiner Freunde – Amateure – einstudiert, es waren junge Studenten und Arbeiter, denen das Stück gefallen hatte und die sich entschlossen, es einzustudieren, ohne Rücksicht darauf, daß ich so streng verboten bin. Sie studierten es ein und führten es – verständlicherweise nur einmal – im Saal des Restaurants U Čelikovských in Horní Počernice auf. Bis zur letzten Sekunde glaubte ich nicht, daß die Vorstellung tatsächlich stattfindet, doch sie fand statt, hauptsächlich wohl wegen der Unaufmerksamkeit der örtlichen Behörden, denen der Titel wohl bekannt vorkam und die es also erlaubt haben, ohne ordentlich nachzufragen, wer das denn geschrieben habe. In dem Wissen, daß es um eine unwiederholbare Attraktion geht, haben wir alle möglichen Leute dorthin eingeladen; es waren etwa dreihundert Freunde und Bekannte dort; wenn ich mir heute die Fotografien betrachte, sehe ich dort einige zukünftige Sprecher der Charta sitzen, eine Unzahl ihrer Unterzeichner, aber auch verschiedene Schauspieler und Regisseure aus Prager Theatern und andere Kulturpersönlichkeiten. Die Vorstellung war ausgezeichnet, Gelächter und Freude im Saal nahmen kein Ende, für einen Augenblick befand ich mich wieder in der Atmosphäre des Theaters am Geländer der sechziger Jahre, aber auf Grund all der Zusammenhänge war es klarerweise noch aufregender. Die Selbstverständlichkeit, mit der diese jungen Leute nicht zögerten, gerade mein Stück zu spielen, gab ihrer Aufführung seltsamerweise einen besonderen Theaterreiz; ihre menschliche Tat verwandelte sich irgendwie wunderbar in eine suggestive Tat des Theaters. Auf der Feier nach der Aufführung (unter anderem unmittelbar unter dem Auge des Gesetzes, nämlich im Restaurant U medvídků, also in unmittelbarer Nähe der Bartolomějská) sagte ich dem Ensemble, daß ich an dieser Premiere größere Freude habe als an allen meinen Auslandspremieren von New York bis Tokio. Die Folgen ließen nicht lange auf sich warten, es wurde eine große Affäre daraus gemacht, mit der sich alle möglichen Institutionen befaßten, es folgten Verhöre und Sanktionen, die wütenden Bürokraten verbreiteten und unterstützten in Prager offiziellen Theaterkreisen sogar die Ansicht, daß durch meine Schuld (!) die Kulturpolitik verschärft werde und daß also die gesamte Theatergemeinde darunter zu leiden haben werde; nicht nur ein schauspielerischer Dummkopf fiel darauf herein und regte sich auf, daß ich und meine Schauspielamateure ihm die künstlerische Selbstrealisierung komplizieren, womit er seinen finanziellen Sprint zwischen Filmsynchronisation, Theater, Fernsehen und Film meinte, also von einem Verdummungszentrum der Öffentlichkeit zum anderen. Darum jedoch geht es nicht. Für mich war es wichtig, weil ich nach sieben Jahren zum erstenmal (und für weitere elf Jahre zum letztenmal) ein Stück von mir auf der Bühne gesehen habe und mit eigenen Augen sehen konnte, daß ich, wenn ich will, immer noch etwas schreiben kann, was sich spielen läßt. Alle diese Ereignisse zusammen haben mir also das Gefühl wiedergegeben, daß ich noch zu etwas nütze bin, und haben mir Energie zu weiterem Handeln gegeben.

Hätten Sie Lust, sich an die Vorgeschichte und die Entstehung der Charta 77 zu erinnern?

Für mich persönlich fing das alles irgendwann im Januar oder Februar 1976 an. Ich war in Hrádeček allein, überall eine Menge Schnee, draußen nächtliche Schneestürme, ich schrieb irgend etwas, und auf einmal klopft jemand an die Tür. Ich gehe öffnen, und in der Tür steht, ganz verschneit und verfroren, ein Freund, den ich nicht nennen möchte. Wir verbrachten die Nacht zusammen in einer Debatte bei dem Cognac, den er mitgebracht hatte. Dieser Freund hat mir so zwischendurch vorgeschlagen, ich solle mich einmal mit Ivan Jirous treffen, und bot sich an das zu vermitteln, weil er ihn zufälligerweise häufiger sehe. Ich kannte Jirous, wir hatten uns wohl zweimal Ende der sechziger Jahre bei irgendwelchen Gelegenheiten getroffen, seit der Zeit hatte ich ihn nicht mehr gesehen. Nur dann und wann erreichten mich verschiedene wilde, und wie sich später zeigte, ziemlich verzerrte Nachrichten über die Gesellschaft, die er geformt und Underground genannt hatte, und über die Plastic People, die nonkonformistische Rock-Gruppe, um die herum diese Gesellschaft gruppiert war und deren künstlerischer Leiter Jirous war. Er hatte, wie aus den Worten des Schneemann-Freundes hervorging, ebenfalls keine allzu schmeichelhafte Meinung von mir: für ihn war ich ein Angehöriger der offiziellen und offiziell tolerierten Opposition, also des Establishments eigentlich. Nach einem Monat etwa, als ich in Prag war, bin ich auf Grund der Bemühungen des Schneemanns wirklich mit Jirous zusammengetroffen. Er hatte schulterlange Haare, andere Langhaarige kamen und gingen, und er redete und redete und erklärte mir, wie das alles ist. Er gab mir seinen ‹*Bericht über die dritte tschechische musi-*

kalische Erneuerung> und spielte mir auf einem alten, krächzenden Grammophon Kompositionen der Plastic People, DG 307 und anderer Underground-Gruppen vor. Obwohl ich kein Fachmann für Rockmusik bin, spürte ich sofort, daß von diesen Einspielungen etwas Bemerkenswertes ausstrahlt, daß es überhaupt keine albernen Trotzunternehmen oder dilettantischen Versuche sind, um jeden Preis extravagant zu sein, wie es dem entsprochen hätte, was ich zuvor so mitbekommen hatte, sondern daß dies ein höchst authentischer Ausdruck des Lebensgefühls von Menschen ist, die von der Armseligkeit dieser Welt zerstört sind, die durch ihre musikalische Magie und ein inneres Warnsignal beunruhigen; ich fühlte, daß es um eine ernste und wahrhaftige Sache ging, um die wirklich innerlich freie Artikulation einer existentiellen Erfahrung, die jeder verstehen muß, der noch nicht völlig abgestumpft ist. Die Erklärungen von Jirous zerstreuten schnell das Mißtrauen, das aus den vorhergehenden stückweisen und vielfach spöttischen Informationen stammte. Ich spürte auf einmal, daß die Wahrheit auf der Seite dieser Leute steht, wie sehr sie auch vulgäre Worte verwenden und wenn ihnen die Haare bis auf den Boden reichen. Irgendwo in den Eingeweiden dieser Gemeinschaft, den Haltungen und dem Schaffen ahnte ich eine eigenartige Reinheit, Scham und Verwundbarkeit; in ihrer Musik war die Erfahrung metaphysischen Leids und auch das Sehnen nach Erlösung. Mir schien dieser Underground von Jirous ein Versuch zu sein, Hoffnung auch den Ausgestoßensten zu geben. Ich sollte schon lange auf einer Feier bei Pavel Kohout sein, ich entschuldigte mich, und Pavel war mir böse, aber ich konnte ihm schlecht am Telefon erklären, warum dieses Treffen für mich im Augenblick wichtiger ist. Jirous und ich waren dann in einer

154

Kneipe, und es zog sich fast bis zum Morgen hin. Er lud mich zu einem Konzert ein, das in etwa vierzehn Tagen irgendwo außerhalb von Prag stattfinden sollte. Es fand nicht mehr statt: inzwischen war Jirous zusammen mit der Gruppe und mit Underground-Sängern verhaftet worden, insgesamt wohl neunzehn Leute. Ich erfuhr das in Hráde-ček und bin sofort nach Prag gefahren, weil mir klar war, daß etwas getan werden muß, und weil mir klar war, daß das meine Sache war. Ich wußte auch, daß es wohl nicht leicht sein würde, für die Jungen eine breitere Fürsprache zu erhalten. Von den Leuten, die in Frage kamen, kannte sie fast niemand, unter ihnen herrschte ein ähnliches Miß-trauen vor, wie ich es vor meinem Treffen mit Magor (das ist das Pseudonym von Jirous) hatte, ich hatte fast nichts Konkretes in der Hand, womit ich hätte belegen können, daß das wirklich nicht die Faulenzer, Rowdies, Alkoholi-ker und Narkomanen sind, für die sie das Regime ausgab und welche es hoffte, ohne Schwierigkeiten hinwegfegen zu können. Dabei fühlte ich, daß nicht nur aus Prinzip etwas getan werden muß, nämlich weil immer etwas getan werden muß, wenn Menschen zu Unrecht eingesperrt werden, sondern auch wegen der besonderen Bedeutung, die, wie mir schien, dieser Fall hatte und womit er sozusa-gen über sich selbst hinaus wies: allmählich kehrten die politischen Gefangenen vom Anfang der siebziger Jahre aus den Gefängnissen zurück, ihre hohen Strafen waren ein Akt politischer Rache: das Regime empfand sie – und mit Recht – als seine Opposition, es wußte, daß sie nicht aufgegeben hatten, es rechnete mit ihnen ab wie mit Be-siegten, die es ablehnten, sich dementsprechend zu verhal-ten. Nach einer Serie von Prozessen mit diesen Leuten folgten nicht mehr viele Prozesse, und alles schien darauf hinzuweisen, daß das Gefängnis nur eine äußerste Drohung bleibt und daß es der Macht gelungen war, geschicktere Instrumente der Manipulation der Gesellschaft zu entwickeln. Alle hatten sich ein wenig daran gewöhnt und waren darum um so eher geneigt, den Fall der Plastic People wirklich für eine kriminelle Angelegenheit zu halten. Und dabei war diese Konfrontation in ihrer Art ernster und gefährlicher als die Prozesse zu Anfang der siebziger Jahre: hier wurde nämlich nicht mehr mit politischen Gegnern abgerechnet, die in gewisser Weise wissen mußten, was sie riskieren, dies hatte schon lange nichts mehr zu tun mit dem Kampf zweier alternativer politischer Garnituren; es war etwas Schlimmeres: der Angriff des totalitären Systems auf das Leben selbst, auf die menschliche Freiheit und Integrität. Objekt des Angriffs waren keine Veteranen alter politischer Schlachten, es waren überhaupt keine Menschen mit politischer Vergangenheit, es waren sogar noch nicht einmal Menschen mit einer ausgeprägten politischen Ansicht, es waren junge Leute, die nur auf ihre Art leben wollten, die Musik spielen, die sie gern haben, singen, was sie wollen, in Übereinstimmung mit sich selbst leben und sich wahrhaftig äußern. Der Justizangriff gegen sie hätte, wenn er ohne Beachtung verlaufen wäre, ein Präzedenzfall von etwas sehr Schlimmem werden können: allmählich hätte es zur Gewohnheit werden können, daß alle die eingesperrt werden, die auf ihre eigene Weise denken und sich unabhängig äußern, und sei es nur privat. Als Angriff auf die geistige Freiheit des Menschen, darüber hinaus noch in ein kriminelles Gewand gekleidet und auf diese Weise geeignet, auch eine gewisse Unterstützung der desinformierten Öffentlichkeit zu gewinnen, war das in der Tat ein alarmierender Eingriff. Die Macht verriet hier unabsichtlich ihre ureigenste Intention: das Leben total gleichförmig zu machen, alles nur ein wenig Abweichende, Eigenwillige, Überragende, Unabhängige oder nicht Einzuordnende aus ihm herauszuoperieren. Meine Aufgabe sah ich damals darin, meine verschiedenen Kontakte auszunutzen, die ganze Sache hochzuspielen und irgendwelche Aktionen zur Unterstützung und Verteidigung dieser Menschen zu provozieren. Ich wußte, daß sich schon vor längerer Zeit Jiří Němec, der Philosoph und Psychologe, mein ehemaliger Kollege aus *Tvář*, dem Untergrund sehr angenähert hatte, und daß ich nichts unternehmen kann, ohne es vorher mit ihm abzusprechen. Wir gingen sehr vorsichtig aufeinander zu, vor allem er auf mich, zwischen uns hing immer noch mein Bruch mit *Tvář*, von dem an ich für die Leute um *Tvář* fast so etwas wie Trotzki für Stalin war. (Der Ordnung halber ergänze ich, daß eben diese Leute, als ich nach der Charta im Gefängnis war, eine kollektive Erklärung zu meiner Unterstützung herausgegeben haben.) Allmählich habe ich mich mit Jiří dann sehr gut abgesprochen, über die alten Dinge haben wir gemeinsam gelacht (auch er hatte mittlerweile seine Entwicklung durchgemacht, schon lange war er kein orthodoxer Vertreter von *Tvář* mehr), und in den Monaten und Jahren, die auf dieses neue Zusammentreffen folgten, sind wir erst eigentlich zu Freunden geworden. Jiří und ich haben dann angefangen, zumindest in der Zeit, in der das noch nötig war, in der Kampagne für die Plastic People Regie zu führen. Und das war eine Arbeit, die uns beiden viel gegeben hat und bei der wir uns manches gegenseitig gegeben haben: er hatte sich bisher absichtlich auf der staatsbürgerlichen, öffentlichen oder politischen Ebene zurückgehalten; seine Arbeit für den Underground, sein unauffälliges Wirken im katholischen Milieu und seine stimulierende Teilnahme am unabhängigen philosophischen Geschehen betrachtete er als wichtiger und wollte dies nicht durch irgendwie auffälligeres und konfliktträchtiges öffentliches Auftreten gefährden; er war also bisher eher für ein Wirken in Richtung nach «innen» als nach «außen». Nachdem er erkannt hatte, daß den Plastic People anders als durch eine öffentliche Kampagne nicht geholfen werden konnte, mußte er seine Haltung ändern; ich glaube, daß auf dem neuen Terrain – als derjenige, der das doch immerhin schon besser kannte – ich sein Führer war; er hingegen führte mich aus dem Milieu der «etablierten Opposition» heraus und half mir, meinen Horizont zu erweitern. Die Kampagne haben wir wirklich geplant: von bescheideneren und interneren Schritten sollte sie sich zu nachdrücklicheren Schritten steigern; wir wollten dem Regime die Chance geben, sich würdig aus der Sache zurückzuziehen, wir wollten es nicht gleich zu Anfang zwingen, sein Gesicht zu verlieren – dann würde niemand mehr etwas bei ihm bewirken. Es begann die Phase des Kontaktierens und Gewinnens verschiedener Leute. Zuerst trafen wir selbstverständlich auf Unverständnis, ja sogar Widerstand, was sich beim gegebenen Stand der Dinge erwarten ließ, trotzdem muß gesagt werden, daß dieses Mißtrauen sich sehr schnell verflüchtigte, viel schneller, als wir gerechnet hatten. In vielen Bereichen begann man sehr schnell zu begreifen, daß in der Freiheit dieser Menschen unser aller Freiheit bedroht ist und daß man sich um so nachdrücklicher für sie einsetzen muß, weil alles gegen sie ist: sie sind nicht bekannt, und ihre Art der Nichtkonformität ist ein Handicap für sie: zusammen mit der Macht konnten sie auch vom geordneten Bürgertum als bedrohliches Element angesehen werden. Die Schnelligkeit, mit der auch diejenigen ihre ursprünglichen Hemmungen abwarfen, bei denen man schwerlich Verständnis für diese Art der Kultur voraussetzen konnte, hing offensichtlich mit der Situation zusammen, über die ich gesprochen habe: es war die Zeit des ersten Aufrichtens, die Zeit der «Müdigkeit von der Müdigkeit», die Zeit, in der die unterschiedlichsten Bereiche genug von ihrer Isolation hatten und spürten, wenn sich etwas bewegen soll, dann müssen sie über ihren bisherigen Horizont hinausblicken. Der Boden für ein umfangreicheres Auftreten verschiedener Kreise war also vorbereitet. Wäre dieser Angriff zwei Jahre vorher unternommen worden, wäre er möglicherweise unbeachtet geblieben. Unsere Aktionen fanden ihren Höhepunkt, wenn ich mich richtig erinnere, in einem offenen Brief an den Schriftsteller Heinrich Böll, unterschrieben von Seifert, Černý und Kosík, und mündeten schließlich in eine große Petition, die über siebzig Leute unterschrieben hatten. Zu dieser Zeit war der Fall schon international bekannt und wurde allgemein verfolgt (der Boden war auch dadurch vorbereitet, daß schon längere Zeit von der Tschechoslowakei nichts zu hören war, wodurch die plötzliche Aufregung noch größere Aufmerksamkeit auf sich zog). Die Sache war derart in das breitere Bewußtsein getreten, daß es von da an von selbst ging. Fast als ob wir auch das geplant hätten, obwohl das nicht der Fall war, meldeten sich auch die Juristen und zum Schluß (was die hohen Stellen besonders schockieren mußte) durch den Mund von Mlynář auch die ehemaligen Parteifunktionäre. Das Spektrum war vollständig, und wenn es sich auch vielleicht nicht unmittelbar aus den Unterschriften auf den verschiedenen Protesten herauslesen läßt, in Wirklichkeit haben sich gerade in dieser Zeit, in mehr oder weniger engem Zusammenhang mit den Plastic People, die Hauptkreise aneinander angenähert und informell – durch verschiedene neue Kontakte und Freundschaften – miteinander verbunden, die bis zu dieser Zeit mehr oder weniger voneinander isoliert waren und die das Grundmassiv der zukünftigen Charta 77 bildeten. (An dieser Stelle sollte ich wohl meine Erinnerungen mit einer ziemlich wichtigen Anmerkung unterbrechen: ich trage hier keine Geschichte vor, sondern erinnere mich nur daran, wie ich die Ereignisse durchlebt und wahrgenommen habe; meine Ansicht kann einseitig sein, ja, muß wohl einseitig sein: es ist der Blick von der Seite, auf der ich gestanden habe. Ich schließe also nicht aus, daß andere das anders gesehen haben und von ihrem Standpunkt aus, definiert durch ihre Erfahrungen, manches wichtig erscheinen mag, wovon ich nicht spreche, und manches, wovon ich spreche, erscheint von dort aus im Gegenteil weniger wesentlich. Im Jahre 1976 entstand zum Beispiel eine gewisse Bewegung im Bereich der ehemaligen Kommunisten, die mit den Plastic People nicht zusammenhing, aber ebenfalls den Boden bereiten konnte; es wurden einige kollektive Stellungnahmen veröffentlicht, unter ihnen ein Brief an die Berliner Konferenz der kommunistischen Parteien.) Die Staatsmacht war von der Entwicklung der Ereignisse um die Plastic People äußerst überrascht; niemand hatte offensichtlich erwartet, daß gerade dieser Fall ein solches Echo haben wird; man hatte angenommen, er würde routinemäßig als ein Kriminalfall unter tausend anderen erledigt werden. Zunächst wurde ein diffamierender Gegenangriff versucht (Fernsehfilm gegen die Plastic People, verschiedene Artikel, zum Beispiel in *Mladý svět*), dann begann man, Konzessionen zu machen: die Verhafteten wurden allmählich aus der Untersuchungshaft entlassen, der Fall wurde irgendwie immer kleiner, bis zuletzt (wenn ich einen kleineren Prozeß in Pilsen nicht mitrechne) nur vier Personen verurteilt wurden, und dazu noch zu verhältnismäßig geringen

Strafen, um die Untersuchungshaft abzudecken oder ein paar Monate länger, die höchste Strafe erhielt klarerweise Jirous. Der Prozeß war berühmt, Sie kennen wahrscheinlich die Überlegungen, die ich damals dazu geschrieben habe. Man konnte noch in den Gerichtskorridoren und Treppenhäusern stehen, man konnte noch die in Handschellen geführten Angeklagten sehen und ihnen zurufen, diese Möglichkeiten wurden dann schnell abgebaut – in einem Tempo, das der Geschwindigkeit entsprach, mit der die Solidarität wuchs. Das in den Räumen des Gerichts versammelte Publikum war ein Vorabbild der Charta 77; die Atmosphäre der Gleichheit, Solidarität, Zusammengehörigkeit, Gemeinschaft und aufopferungswilligen Bereitschaft, sich gegenseitig zu helfen, hervorgerufen von dem Bewußtsein der gemeinsamen Sache und der gemeinsamen Bedrohung, war nicht nur die Atmosphäre dieses Gerichtsgebäudes, sondern auch die Atmosphäre der ersten Monate der Charta. Jiři und ich fühlten, daß hier etwas entstand, was zu fixieren notwendig ist, was sich nicht verflüchtigen und verschwinden darf, sondern was in irgendeine Tat dauerhafterer Reichweite verwandelt werden sollte, womit es sich sozusagen von der Atmosphäre auf festen Boden übertrüge. Das fühlten selbstverständlich nicht nur wir, das war offenbar ein allgemeines Gefühl. Ich sprach darüber mit Pavel Kohout, er fühlte das genauso wie wir; auf dieselbe Weise betrachtete das Zdeněk Mlynář, den wir über Vendelín Komeda abtasteten. Diese Sondierungen mündeten in eine erste Versammlung, sie war am 10. Dezember 1976, es waren dort Mlynář, Kohout, wir beide, der Inhaber der Wohnung, in der sie stattfand, und Komeda, der sie organisiert hatte. Danach waren noch zwei Zusammenkünfte, auf ihnen waren darüber hinaus Petr Uhl, Jiří Hájek und Ludvík Vaculík. Damit Sie mich richtig verstehen: die Charta ist eine Sache aller Chartisten, und es ist nicht wesentlich, wer von ihnen sie zufälligerweise vorbereitet hat. Wenn ich hier trotzdem von diesen Zusammenkünften spreche, dann tue ich das vor allem nur deshalb, weil das Gedächtnis nachläßt und uns eines Tages vielleicht ein sorgfältiger Historiker übelnehmen könnte, daß wir diese Dinge so lange geheimgehalten haben, bis wir sie vergaßen. Auf diesen Zusammenkünften wurde also die Charta vorbereitet. Jeder von uns besprach daneben die Sache in seiner eigenen Umgebung, so daß auch in dieser embryonalen Phase genug Leute davon wußten. Im Bereich der ehemaligen kommunistischen Funktionäre um Zdeněk Mlynář war schon früher von der Möglichkeit gesprochen worden, irgendeinen Ausschuß zur Einhaltung der Menschenrechte zu gründen, oder einen Helsinki-Ausschuß auf die Art, wie sie in der UdSSR entstanden waren. Ein Ausschuß hat allerdings eine geringere und notwendigerweise beschränkte Anzahl von Mitgliedern, die sich gegenseitig irgendwie ausgewählt und geeinigt haben; die entstandene Situation wies aber vom Wesen der Sache selbst her in eine andere Richtung, zu einer breiteren und offenen Gemeinschaft; wir einigten uns also auf eine «Bürgerinitiative». Von Beginn an war nämlich klar – das war der Grund dieser Zusammenkünfte, nicht etwa ihre Folge –, daß es um etwas Dauerhaftes gehen sollte: wir waren nicht zusammengekommen, um ein einmaliges Manifest zu schreiben. Und von Beginn an war allen klar, daß das, was entstehen wird, pluralistischen Charakter haben wird, alle werden einander gleich sein, keine Gruppierungen, und seien es die allermächtigsten, werden also eine «führende Rolle» spielen und der Sache ihre eigene «Handschrift» aufprägen. Auf dem ersten Treffen waren die Umrisse dessen, was wir vorhatten, noch nicht deutlich; man vereinbarte nur, daß bis zur nächsten Zusammenkunft der Entwurf einer Gründungserklärung geschrieben werden sollte. Ich erinnere mich, daß erst nach dieser Zusammenkunft uns Hejdánek, den ich mit Jiří besuchte, darauf aufmerksam machte, daß sie sich auf die unlängst herausgegebenen Menschenrechtspakte stützen könnte; mit dem gleichen Gedanken kam parallel Mlynář, aber auch erst nach der ersten Zusammenkunft. Es entstand also der erste Textentwurf; wer ihn geschrieben hat und wer dort welche Sätze hinzugefügt oder im Gegenteil gestrichen hat, weiß ich zwar genau, doch halte ich es nicht für richtig, das zu sagen, und zwar aus einem prinzipiellen Grund: die Einleitende Erklärung der Charta ist Ausdruck des kollektiven Willens, alle stehen dafür ein, die sie unterschrieben haben, und es ist eine schöne Tradition, daß dieses Prinzip symbolisch unterstrichen wird durch das Schweigen über die Autorenschaft (obwohl jedem klar ist, daß das nicht alle Erstunterzeichner auf einmal und zusammen geschrieben haben konnten). Eines vielleicht könnte ich sagen, die Bezeichnung Charta 77 hat Pavel Kohout ausgedacht. Auf zwei weiteren Zusammenkünften wurde der Text redigiert, jedes Wort wurde sorgfältig abgewogen, es wurden die Personen der ersten Sprecher vereinbart und die Art und Weise des Sammelns der Unterschriften. Darüber, wie die Charta konkret arbeiten wird, war die Vorstellung noch nicht allzu klar. Was die Sprecher angeht: von Anfang an war mehr oder weniger klar, daß es Jiří Hájek sein sollte, soweit ich weiß, dachte man auch bei früheren Überlegungen im exkommunistischen Bereich an ihn als den passendsten Vorsitzenden. Es war, glaube ich, Petr Uhl, der mit dem Gedanken von drei Sprechern kam; er traf auf allgemeine Zustimmung, nicht nur, weil so besser der pluralistische Charakter der Charta ausgedrückt wurde, sondern auch aus vielen praktischen Gründen. Petr hat auch, das weiß ich ganz genau, mich als weiteren Sprecher vorgeschlagen (angeblich war das aber ein Einfall seiner Frau, Hanička Šabatová). Ich konnte nicht vorhersehen, was das bedeuten wird; ich hatte begründete Befürchtungen, daß mich das Gott weiß wie lange voll beschäftigen wird und mir das Schreiben unmöglich macht; sehr scharf war ich nicht darauf, wie auch sonst keiner der späteren Sprecher; akzeptieren aber mußte ich das: ich wäre mir wie ein Narr vorgekommen, wenn ich es abgelehnt hätte, mich einer Sache zu widmen, die ich so stark als sinnvoll fühlte und anderen deutlich machte und in deren Vorbereitung ich mit einem solch brennenden Eifer investiert hatte. Ich weiß nicht mehr, wer zuerst als dritten Sprecher Patočka vorgeschlagen hat (vielleicht war es Jiří), ich weiß nur, daß Jiří und ich den Vorschlag unterstützt haben und ihn den anderen (von denen einige Patočka nicht kannten) als sinnvoll erklärten. Uns schien Patočka nicht nur ein würdiger Gegenpart zu Hájek aus nichtkommunistischen Kreisen zu sein, sondern er würde darüber hinaus — und wie sich zeigte, dachten wir das mehr als mit Recht — gleich von Anfang an der Charta eine sittliche Dimension geben, die ihr kaum jemand anderer geben könnte. Ich war in diesen Tagen mehrfach bei ihm, mit Jiří und allein, und ich muß sagen, daß er lange zögerte. Niemals im Leben hatte er sich direkt politisch oder staatsbürgerlich engagiert, niemals ist er in eine wirklich unmittelbare und scharfe Konfrontation mit der Macht eingetreten; er war in diesen Dingen zögernd, irgendwie schüchtern, zurückhaltend; als ob er eher der Strategie des Grabenkrieges zuneigte: wo er war, da bemühte er sich, so lange wie möglich zu bleiben, ohne sich selbst untreu werden zu müssen, doch selbst ging er nicht zum Angriff über; der Philosophie und pädagogischen Arbeit widmete er sich mit seinem ganzen Wesen, und von seinen Ansichten ging er nie ab, er wich jedoch Dingen aus, die dieses sein Wirken gefährden konnten. Zugleich aber fühlte er, wie mir zumindest schien, daß er sein Denken eines Tages irgendwie durch eine Tat wird bekräftigen müssen, daß er sich dem auf Dauer nicht wird entziehen oder es verschieben können, weil er damit schließlich auch seine Philosophie selbst in Zweifel ziehen würde, zu deren Rettung er das tat. Und als ob er zugleich gewußt hätte, wenn er diesen letzten Schritt tut, dann wirklich vollständig, ohne Hintertür, mit der Konsequenz seines Philosophierens. Das konnte ein weiterer Grund für das Zögern sein. Närrisch war er also entschieden nicht, er hat lange gezögert, aber als er es dann getan hat, stand er bis zur letzten Konsequenz dahinter. Ich glaube, daß mehrere Leute versucht haben, ihn für die Funktion des Sprechers zu gewinnen, eine wichtige Rolle hat darin angeblich sein Sohn gespielt, einige haben ihm im Gegenteil abgeraten. Ich selbst war Akteur eines Vorfalls, der möglicherweise dann entscheidend war: er vertraute mir an, daß er auch wegen Václav Černý zögere: der engagiere sich mutig sein ganzes Leben lang als Staatsbürger, es hat Momente gegeben, in denen er fähig war, sich eindeutiger als Patočka zu verhalten, er hat schon während des Krieges im Widerstand gearbeitet – kurz und gut, er hat entschieden mehr moralisches Anrecht auf diese Funktion und würde sich sicherlich und mit Recht übergangen fühlen, wenn sie ihm nicht angeboten würde, und sicherlich wäre er Patočka böse, wenn unter diesen Umständen er sie annehmen würde. Als ob Patočka sich schämte, etwas zu tun, was Černý zusteht, und als ob er dessen Reaktion fürchte. Ich fuhr also von Patočka zu

165

Černý und legte ihm die Karten offen auf den Tisch: Patočka wolle das ohne Černýs Segen nicht übernehmen, weil er glaubt, Černý stehe sozusagen in der Reihenfolge vor ihm, es sei aber notwendig, Patočka zu gewinnen: gerade weil er eine nicht so scharf politisch profilierte Persönlichkeit sei, könne er leichter als allgemein integrierende Autorität wirken, während Černý durch seine stachlige Ausgeprägtheit wohl gleich von Anfang an eine Menge Widersacher hätte und es nicht abzuschätzen sei, wie sich das in der Arbeit der Charta widerspiegle. Černý akzeptierte das augenblicklich, und ich glaube, aufrichtig, ohne einen Schatten innerer Bitterkeit. Ich fuhr zurück zu Patočka, berichtete ihm von meinem Gespräch mit Černý, und ihm wurde sichtlich leichter, ja, es schien ihm sogar ein Stein vom Herzen zu fallen. Mir schien das letzte Hindernis überwunden zu sein. Patočka ist Sprecher geworden, hat sich vollständig für seine Arbeit eingesetzt und sein Werk zum Schluß im Wortsinne mit seinem Leben bestätigt. Ich weiß nicht, was die Charta wäre, wenn ihr nicht in den Anfängen Patočka mit dem Glanz seiner großen Persönlichkeit den Weg ausgeleuchtet hätte. Doch zurück zu den Vorbereitungstreffen: wir einigten uns darauf, die Unterschriften langsam zu sammeln, während der Weihnachtszeit, im Rahmen der Weihnachtsbesuche bei Freunden und Bekannten, damit nicht allzu früh unerwünschte Aufmerksamkeit erweckt würde. Wir bestimmten etwa zehn «Sammler» und grenzten ungefähr die Kreise ein, innerhalb derer sie die Unterschriften sammeln sollten. Ich übernahm die technische Seite und verteilte den Text an die Sammler und eine Anleitung, wie man unterschreiben solle. Selbst habe ich auch Unterschriften gesammelt, hauptsächlich unter Freunden, vor allem Literaten. Wir hatten einen Tag und eine Stunde vereinbart –

zwischen Weihnachten und Neujahr –, zu der alle Unterschriften zu mir nach Hause gebracht, eine alphabetische Liste der ersten Unterzeichner angefertigt und alles für die Absendung an die Föderalversammlung und zur Veröffentlichung fertig gemacht werden sollte. In der Zwischenzeit wurde der Text der Eröffnungserklärung so oft abgeschrieben, daß jeder Unterzeichner ein Exemplar erhalten konnte. Alles sollte bis zum 1. Januar fertig sein, doch ausbrechen sollte die Sache erst eine Woche später, damit Zeit blieb, die entsprechende Publizität sicherzustellen, die aus verschiedenen Gründen mit dem Augenblick der Übergabe an die Behörden synchronisiert werden mußte. An dem Tag, an dem die Unterschriften bei mir gesammelt werden sollten, war ich ziemlich nervös: einige Anzeichen sprachen dafür, daß die Polizei schon etwas weiß (und es wäre auch seltsam, wenn sie nichts gewußt hätte), und ich fürchtete, sie könnte in dem Moment bei uns auftauchen, in dem alles hier wäre, und daß wir so alle Unterschriften verlieren könnten. Meine Nervosität wurde von der Tatsache verstärkt, daß, obwohl vier Uhr vereinbart war, noch kurz vor fünf Zdeněk Mlynář nicht aufgetaucht war, der die Unterschriften bringen sollte, die einige Sammler im exkommunistischen Milieu gesammelt hatten. Schließlich kam er, es zeigte sich, daß die verabredeten Zeiten nicht gestimmt hatten, und brachte über hundert Unterschriften, womit er mich sprachlos machte. Insgesamt hatten wir 243 Unterschriften, die Polizei kam nicht, wir konnten alles fertig machen und prosteten uns im kleineren Kreise mit Sekt zu. In der toten Zeit zwischen dem Abschluß der Vorbereitungsarbeiten und dem eigentlichen Ausbruch fand bei mir noch eine große Versammlung statt, wohl 25 Leute, auf der davon gesprochen wurde, wie die Charta arbeiten soll, was in welcher Situation getan werden solle und so weiter. Wir wußten, daß später so große Versammlungen wohl nicht mehr möglich sein würden. Es waren alle möglichen Leute dort, zum erstenmal seit seiner kürzlichen Entlassung aus dem Gefängnis konnte ich zum Beispiel Jaroslav Šabata begrüßen. Ich wurde aufgefordert, diese Versammlung zu leiten, und ich hatte ein etwas seltsames Gefühl, als ich ehemaligen Universitätsprofessoren, Ministern und Parteisekretären das Wort erteilte. Niemandem sonst jedoch kam das seltsam vor, so stark war schon damals, gleich am Anfang, das chartistische Gefühl der Gleichheit. Vielleicht sollte ich noch etwas zur Pluralität in der Charta sagen: es war nicht für alle leicht, mancher mußte eine langbestehende innere Aversion überwinden, aber alle schafften das, weil alle fühlten, daß es im allgemeinen Interesse liegt und wirklich etwas historisch Neues entsteht: der Keim wirklicher gesellschaftlicher Toleranz (und nicht nur das Abkommen einiger über den Ausschluß anderer wie die Nationale Front nach dem Krieg), ein Phänomen, das aus dem nationalen Gedächtnis – wie immer es auch mit der Charta ausgehen mag – nicht mehr wegzudenken ist und ein Aufruf bleiben wird, an den man jederzeit in einer neuen Situation anknüpfen und den man beantworten kann. Diesen Schritt zu tun, war für viele Nichtkommunisten nicht leicht, aber auch für manche Kommunisten war das gar nicht leicht: war doch dieses Heraustreten in Richtung auf das Leben und den wirklichen Zustand des allgemeinen Denkens, dieses Überspringen des eigenen Schattens bezahlt mit der Notwendigkeit, sich definitiv vom Prinzip der «führenden Rolle» zu verabschieden. Ausdrücklich standen wohl viele ehemalige Kommunisten nicht mehr dahinter, doch im Blut oder Unterbewußtsein hatte es noch mancher. Es war das große Verdienst von Zdeněk Mlynář, daß er mit seinem feinen politischen Gespür die Dringlichkeit dieses Schrittes erkannte und mit dem Gewicht seiner Autorität auch seine Umgebung dafür gewann.

Ist damals irgendein Tätigkeitsplan ausgearbeitet worden?

Darüber, wie die Charta eigentlich konkret arbeiten wird, wußte man lange Zeit nichts. Erst auf der großen Versammlung bei mir überwog die Ansicht, daß außer verschiedenen aktuellen Mitteilungen oder Stellungnahmen die Charta vor allem größere und allgemeinere thematische Dokumente herausgeben sollte, die unterschiedlichen Bereichen des gesellschaftlichen Lebens gewidmet waren. Nicht einmal das war im vorhinein klar, einige von uns dachten zum Beispiel, es sollten nur präzise Dokumentationen über einzelne konkrete – aber immer irgendwie typische oder signifikante – Fälle von Menschenrechtsverletzungen herausgegeben werden. Daß also die Charta ungefähr so arbeiten sollte wie später VONS (Ausschuß für die Verteidigung zu Unrecht Verfolgter), freilich mit dem Unterschied, daß sie sich nicht auf die Arbeit der Polizei und Justiz beschränkte, sondern das gesamte gesellschaftliche Leben im Blick hätte. Damals wußte man überhaupt wenig, ich zum Beispiel fürchtete, daß trotz allem, was darin gesagt wird, viele Unterzeichner die Eröffnungserklärung nur als einmaliges Manifest verstehen und keineswegs als Verpflichtung zu dauerhafter Arbeit. Das ist zum Glück nicht geschehen.

Einer der Unterschriftensammler hat mir einmal gesagt, daß Sie die Unterschriften einiger Unterzeichner nicht ver-

öffentlicht hätten. Wie viele Unterschriften gibt es Ihrer Meinung nach?

Heute sind es um die zwölfhundert, genau weiß ich das nicht, und es ist aus verschiedenen Gründen ziemlich schwer festzustellen. Am Anfang haben tatsächlich zwanzig oder dreißig Bürger die Charta unterschrieben, aber den Wunsch ausgesprochen, vorläufig ihre Unterschrift nicht zu veröffentlichen. Wir haben das respektiert, doch als sich später die Polizei auch der unveröffentlichten Unterschriften bemächtigt hatte (einige hat sie damals sogar den Propagandisten zur Verfügung gestellt, zum Beispiel die Unterschrift von Dr. Prokop Drtina), wurde diese Praxis aufgegeben. Nicht etwa, weil es weiterhin nicht möglich gewesen wäre, Unterschriften geheimzuhalten, sondern eher, weil unveröffentlichte Unterschriften nicht viel Sinn haben. Wenn jemand innerlich auf seiten der Charta steht, sie aber aus irgendwelchen Gründen nicht öffentlich unterschreiben kann, hat er ein Dutzend besserer Möglichkeiten, dies deutlich zu machen oder Konsequenzen daraus zu ziehen, als ein Papier zu unterschreiben, das dann jemand versteckt. Es gibt also keine zweite Untergrundcharta. Vielleicht sollte ich noch erwähnen, daß wir einigen Freunden sogar selbst die Unterschrift ausgeredet haben, gerade weil ihre Arbeit in dem Maße wichtig war und in der Tat im Geiste der Charta 77, daß es nicht gelohnt hätte, sie durch eine Unterschrift zu gefährden; so war es zum Beispiel bei Vlasta Třešňák und Jarda Hutka (später haben beide die Charta dann doch unterschrieben).

Was auf die Veröffentlichung der Eröffnungserklärung der Charta folgte, ist allgemein bekannt und beschrieben,

*und mit der Entwicklung der Charta und ihrer gesell-
schaftlichen Bedeutung befassen sich schon verschiedene
Fachleute. Deshalb möchte ich Sie eher danach fragen,
wie Sie Ihre erste Verhaftung und die Zeit vor Ihrer dritten
Festnahme durchlebt haben, womit ja Ihre Gefängnisjahre begannen.*

Nach der Veröffentlichung der Charta und dem Start der
Propaganda-Kampagne gegen sie (womit die Staatsmacht
gleich in den ersten Lebenstagen der Charta für ihren
Ruhm sorgte) erlebte ich eine der ziemlich wilden Wochen
meines Lebens. Olga und ich wohnten damals in Dejvice,
also auf dem Weg von Ruzyně in die Stadt, und unsere
Wohnung begann bedenklich der New Yorker Börse während der Weltwirtschaftskrise oder irgendeinem Revolu-
tionszentrum zu ähneln: nach ganztägigen Verhören in
Ruzyně kamen wir dort spontan alle zusammen, teilten
uns Neuigkeiten mit, konzipierten verschiedene Texte,
empfingen ausländische Journalisten und telefonierten
mit der Welt; zehnstündiges und längeres Trotzen dem
konzentrierten Feuer der verhörenden Beamten wechselte
mit diesem hektischen Geschehen ab, das spät in der
Nacht zu Ende ging und von unseren Nachbarn tapfer
ertragen wurde. Ohne dafür irgendwelche sachlichen
Gründe zu haben, hatte ich in den Knochen, daß dies für
mich persönlich nicht anders als mit einer Verhaftung enden könne. Die Ahnung wurde von Tag zu Tag stärker und
mündete allmählich in den intensiven Wunsch, es möchte
endlich geschehen und ich müßte nicht weiter in dieser
enervierenden Ungewißheit leben. Am 14. Januar kam ich
vom Verhör nicht mehr zurück, als man mich am späten
Abend, nachdem mein «normales» Verhör zu Ende war, in
einen großen Raum abführte, in dem verschiedene Majore

und Obristen sich zu sammeln begannen, um mich mit allen möglichen Drohungen einzuschüchtern. Sie behaupteten, Sachen über mich zu wissen, auf die mindestens zehn Jahre Gefängnis stünden, daß «der Spaß aufgehört» habe und daß die Arbeiterklasse vor Haß auf mich kocht. Irgendwann gegen Morgen ging es ab in die Zelle. ‹*Über die ersten Tage der Charta, meine Verhaftung und den ersten Gefängnisaufenthalt*› schrieb ich nach meiner damaligen Rückkehr eine etwa hundertseitige Reportage, irgendwo habe ich sie dann versteckt, und ich weiß schon lange nicht mehr, wo sie ist. Vielleicht finde ich sie einmal. Der Hauptgrund für meine damalige Verhaftung war, glaube ich, ziemlich offensichtlich: von den Sprechern war ich der jüngste, als einziger hatte ich ein Auto, insgesamt zu Recht wurde angenommen, ich sei der Hauptmotor des Geschehens und der hauptsächliche praktische Organisator; Patočka und Hájek betrachtete man offenbar als Personen von eher repräsentativer Bedeutung und als ohne Zweifel zurückhaltendere und maßvollere Leute. Man hoffte, durch meine Verhaftung die Charta organisatorisch oder arbeitsmäßig zu lähmen. Wie grausam sie sich verrechnet hatten! Sie hat wohl niemals besser funktioniert als gerade in der Zeit meiner Verhaftung! Wie ich aus Erzählungen weiß, haben ihr Patočka und Hájek all ihre Zeit gewidmet, sind selbst überall herumgefahren und haben alles eingerichtet; auf das Drängen vieler Freunde, zumindest einen Teil der Arbeit anderen anzuvertrauen, soll Patočka geantwortet haben: «Ich bin Sprecher, und gehen kann ich noch.» Damit die offizielle These, daß man der Charta politisch und nicht mit Verhaftungen entgegentrete, nicht in Zweifel gezogen werden konnte, mußte meine Verhaftung formal anders begründet werden: deshalb wurde ich an den Fall «Ornest et al.»

angehängt, in dem es um die Lieferung von einheimischen Texten an die Pariser Zeitschrift *Svědectví* ging. Die Verhöre allerdings betrafen zu 90 Prozent die Charta. Die Polizei hoffte darüber hinaus, daß es ihr durch meine Angliederung an den Fall Ornest gelingen wird, die offizielle These sachlich zu untermauern, die Charta sei vom Ausland inspiriert und gesteuert: sie hoffte zu enthüllen, daß die Eröffnungserklärung in der Welt auf Grund meiner geheimen Verbindung mit Tigrid über Ornest veröffentlicht worden sei. Das freilich hat sie nicht bewiesen und konnte es auch nicht beweisen: die Sache war nämlich ganz anders und viel einfacher organisiert. Meine damalige Verhaftung ertrug ich ziemlich schwer auf Grund des Zusammenspiels vieler Umstände, doch darüber habe ich schon an anderer Stelle unseres Gespräches gesprochen und schon manches Mal geschrieben, ich werde mich also nicht wiederholen. Am schlimmsten überhaupt war für mich die letzte Woche, als ich schon ahnte, daß ich entlassen werde und zugleich verunglimpft, und daß ich daran selbst nicht ohne Schuld bin. Damals habe ich wohl eine Stunde täglich geschlafen, und die gesamte übrige Zeit habe ich mich in der Zelle gequält und mit meiner Qual meinen Mitgefangenen gequält (einen kleinen Dieb in Selbstbedienungsläden, wo mag er jetzt stecken?). Er ertrug das insgesamt mit Ruhe, verstand mich sehr genau und versuchte mir zu helfen; wenn das möglich wäre, würde ich ihm aus Dankbarkeit irgendeinen Selbstbedienungsladen kaufen. Die Verunglimpfungen waren schlimmer, als ich erwartet hatte: sie fügten zum Beispiel hinzu, ich hätte im Gefängnis die Funktion als Sprecher niedergelegt, was nicht stimmt; ich war zwar entschlossen, sie niederzulegen (selbstverständlich in die Hände derjenigen, die mich beauftragt hatten, nicht in die Hände der Polizei), aus Gründen – das glaube ich bis heute –, die sehr vernünftig waren, im Gefängnis habe ich sie aber verständlicherweise nicht niedergelegt: ich habe bloß die unabsehbare Dummheit begangen, meine Absicht vor den Untersuchungsbeamten nicht geheimzuhalten. In den ersten Tagen nach der Rückkehr war ich in einem Zustand, den wahrscheinlich jedes Irrenhaus in der Welt für einen ausreichenden Grund für meine Aufnahme gehalten hätte. Unendliche Verzweiflung verband sich in mir mit allen banalen Anzeichen einer Nach-Gefängnis-Psychose einschließlich närrischer Euphorie; die Euphorie wurde noch verstärkt durch die Feststellung, daß draußen alles völlig anders ist, als ich mir gedacht hatte: die Charta war nicht vernichtet, sondern machte im Gegenteil gerade ihre heroische Epoche durch; ich war völlig überrascht von dem Umfang ihrer Arbeit, dem Widerhall, den sie hat, der Explosion freien Schreibens, zu der sie führte, der sagenhaften Atmosphäre der Gemeinsamkeit, die in ihrem Milieu entstanden war. Ich hatte einfach den intensiven Eindruck, daß in den paar Monaten, die ich fort war, die Geschichte einen größeren Sprung gemacht hat als in den vorhergehenden acht Jahren. (Schon lange hat sich manches von der damaligen Atmosphäre verflüchtigt, die heroische Ära der Charta ist abgelöst worden von der Ära ziviler und leidvoller Alltäglichkeit – und es hätte allen Gesetzen des Lebens und der Natur widersprochen, wenn das nicht geschehen wäre.) Aus dem psychotischen Zustand der ersten Tage und Wochen nach der Entlassung bin ich mit der Zeit natürlich herausgekommen, doch etwas von den inneren Widersprüchen und der Verzweiflung blieb in mir und zeichnete die ganzen zwei Jahre zwischen meiner Rückkehr im Mai 1977 und meiner «definitiven» Verankerung im Gefängnis im Mai 1979. Auf alle

mögliche Weise – sogar ein wenig übertrieben, krampf-
haft, wenn nicht geradezu hysterisch – engagierte ich
mich, getrieben von der Sehnsucht, mich nach meiner Ver-
unglimpfung irgendwie zu «rehabilitieren»; ich war Mitbegründer des VONS, ich wurde wieder Sprecher, ich
hatte verschiedene Polemiken (die Charta machte in dieser
Zeit ihre erste Krise durch, eine freilich gesetzmäßige und
allseitig nützliche Krise, nämlich eine Krise als neues und
tieferes Fragen nach dem eigenen Sinn), ich absolvierte sogar sechs neue Wochen in Ruzyně (das war ein mißlunge-
ner Versuch, mich auf Grund der ausgedachten Anschul-
digung öffentlicher Ausschreitungen loszuwerden), unter
anderem sehr gute Wochen: jeden Gefängnistag begriff ich
als einen Schritt zu meiner «Rehabilitierung» und freute
mich daran. Zu meiner nervösen Stimmung trug begreiflicherweise auch der stärker werdende Druck der Polizei
auf die Charta und auf meine Person bei: ich stand unter
ständiger Bewachung, hatte ständige Verhöre, die Behörden intrigierten gegen mich, nicht selten hatte ich Haus-
arrest, gewürzt mit Beleidigungen und Drohungen, «unbekannte Täter» drangen in unsere Wohnung ein und
verursachten verschiedene Schäden oder beschädigten
und zerstörten mein Auto. Es war eine aufgeregte Zeit von
Polizeiüberfällen, Flucht vor der Bewachung, Schleichen
durch Wälder, Verbergen in konspirativen Wohnungen,
Hausdurchsuchungen und dramatischem Verbrennen
oder Aufessen verschiedener Dokumente, es war – unter
anderem – auch die Zeit unserer Zusammenkünfte mit
den polnischen Dissidenten an der Grenze (den notorischen Antispaziergänger Havel zwang das, fünfmal
zu Fuß auf die Schneekoppe zu marschieren, doch es
lohnte sich: er konnte Adam Michnik, Jacek Kuroń und
andere Mitglieder des KOR kennenlernen und dauerhafte

Freundschaft mit ihnen schließen). Ich erinnere mich an so manche unwahrscheinliche Geschichte aus jener Zeit, solche, die ich bis heute zu veröffentlichen zögere, um damit niemandem zu schaden. Das alles steigerte sich, mir wurde immer deutlicher, daß es kein gutes Ende nehmen kann und ich mit größter Wahrscheinlichkeit wieder im Gefängnis lande; diesmal fürchtete ich es nicht. Ich wußte ungefähr, was mich dort erwartet, ich wußte, daß es nur an mir liegt, ob mein Aufenthalt dort von einem allgemeinen Gesichtspunkt aus einen Wert haben wird, und ich wußte, daß ich dort bestehen würde. Ich hatte mich nämlich zu der Feststellung durchgearbeitet, die wahrscheinlich ziemlich pathetisch klingt, die aber – ich schwöre! – ganz aufrichtig ist: besser, als ohne Ehre zu leben, ist es gar nicht zu leben. (Damit man mich nicht falsch versteht: das ist kein Anspruch an andere, sondern die private Feststellung eines Menschen, abgeleitet von seiner praktischen Erfahrung und praktisch für seine Zukunft dadurch, daß es ihm in Grenzsituationen bedeutend die Entscheidung über sich selbst erleichtert.) Wenn mir also damals meine Intuition gesagt hat – ähnlich wie im Jahre 1977 –, daß ich auf einen Gefängnisaufenthalt zugehe, so ging es diesmal – anders als im Jahre 1977 – nicht um die bloße Vorahnung von etwas Unbekanntem, sondern um das klare Bewußtsein, was es bedeuten wird: ruhige Unnachgiebigkeit und einige harte Jahre im Bau. Als ich dann bei dem Angriff gegen VONS tatsächlich eingesperrt wurde, fiel plötzlich alle vorhergehende Unruhe von mir ab, ich war ausgeglichen, versöhnt mit dem, was folgen wird, und meiner selbst sicher. Niemand weiß im voraus, wie er sich in einer extremen und unbekannten Situation verhalten wird (ich weiß zum Beispiel nicht, was ich täte, wenn ich physisch gefoltert würde), trotzdem, wenn wir wenigstens die Gewißheit haben, was wir in mehr oder weniger bekannten oder in etwa vorstellbaren Situationen tun werden, dann ist unser Leben sehr schön leicht gemacht. Die fast vier Jahre im Gefängnis, die auf meine Verhaftung im Mai 1979 folgten, waren freilich schon eine neue und selbständige Etappe meines Lebens.

Im Gefängnis haben Sie zwar das umfangreiche Essay-Buch ‹Briefe an Olga› geschrieben, aber darin ist aus begreiflichen Gründen nichts über das Gefängnis selbst. Was haben Sie dort eigentlich getan? Zu welcher Arbeit waren Sie eingeteilt?

Als ich im Gefängnis war, habe ich ununterbrochen darüber nachgedacht, was und wie ich einmal darüber schreiben werde; ich habe mich bemüht, all die kuriosen und zugleich rührenden, komischen und zugleich erschütternden, seltsamen und zugleich typischen Erlebnisse, die ich dort hatte, zu behalten; ich dachte darüber nach, wie ich einmal die unglaublich absurden Situationen beschreibe, in die ich dort immer geriet; ich freute mich darauf, ein zumindest Hrabal-buntes Zeugnis über die Unzahl von eigenartig verknüpften menschlichen Schicksalen zu geben, auf die ich dort getroffen bin; es quälte mich, daß ich mir nicht wenigstens telegrammartige Notizen auf einem Stück Papier machen konnte. Und als ich dann wieder draußen war, stellte ich auf einmal fest, daß ich über das Gefängnis wohl nie etwas schreiben werde. Ich kann mir das selbst nicht recht erklären; der Grund ist mit Sicherheit nicht, daß mir die Erinnerungen an das Gefängnis so verletzend diese dunkle Zeit meines Lebens vergegenwärtigen, daß sie mich so deprimierten oder alte Wunden aufrissen. Eher wirkt hier ein ganzes Bündel von anderen

Gründen: zum ersten bin ich nicht der Typ des epischen Autors, Geschichten schreiben kann ich nicht, und ich vergesse sie unwiederbringlich, kurz, ich bin nicht Hrabal. Zum zweiten: das Leben draußen beschäftigt mich zu sehr, mit seinen eigenen Themen greift es mich zu sehr an, wie ich es unmittelbar und aktuell erlebe, als daß ich fähig wäre, in die völlig andere und abgelegene Welt meiner Gefängnisjahre zurückzukehren: diese Welt verschwimmt mir in einem eigenartigen Nebel; alles darin fließt in der Gestalt eines unklaren und nicht mitteilbaren Traumes zusammen; ich fühle nicht das lebendige Bedürfnis davon zu erzählen; mir scheint es – als persönliche Erfahrung – zu sehr der Vergangenheit anzugehören, und zugleich fühle ich mich zu sehr gezwungen, mich mit der Gegenwart zu befassen, als daß ich eines Zurückgehens und einer konzentrierteren Evokation dessen fähig wäre, was gewesen ist. Zum dritten: das Wichtigste kommt mir nicht mitteilbar vor. Wirklich: als tief existentielle und tief persönliche Erfahrung kann ich das einfach nicht darstellen. Viele Dinge könnte ich mir selbstverständlich mit ein wenig Mühe vergegenwärtigen, und sicherlich könnte ich sie mehr oder weniger gut beschreiben, doch fürchte ich, daß es schließlich nur Äußerlichkeiten wären, oberflächliche Umrisse der Ereignisse, Situationen, Geschehnisse und Gestalten, nicht aber ihr inneres und persönlich durchlebtes Wesen. So daß es das Ganze eher verzerren als erfassen würde. Sie kennen das doch: irgendwann vor zwanzig oder dreißig Jahren haben wir beim Militär manche obskure Geschichte erlebt, nach Jahren erzählen wir sie auf einer Party – und dann wird uns plötzlich klar, daß zwei nicht leichte Jahre unseres Lebens in den Klumpen einiger standardmäßig im Gedächtnis bewahrten und standardmäßig mit denselben Worten beschriebenen Episoden zusammengebacken sind und daß dieser Klumpen eigentlich mit unserer zweijährigen Erfahrung und mit dem, was sie mit uns gemacht hat, gar nichts mehr zu tun hat. Einige Male habe ich versucht, zusammenhängender vom Gefängnis zu erzählen, und immer aufs neue ist mir klargeworden, daß ich – trotz der geradezu korinthenkackergenauen Schilderung aller faktographischen Details – an dem wesentlichen Gehalt dieser Erfahrung irgendwie schicksalhaft vorbeigehe, daß er hinter dieser Faktographie verborgen bleibt, ja, daß ihn diese Faktographie sogar seltsam verfälscht. Über Gefängnisse und Konzentrationslager ist schon viel geschrieben worden, und man kann in dieser Literatur auch wirklich Bücher finden, die das Erlebnis suggestiv und authentisch vergegenwärtigen (ich erinnere mich zum Beispiel an das hervorragende Bild des Konzentrationslagers in Peroutkas ‹Wolke und Walzer› oder einige Passagen aus Solženicyn oder Pecka), ich fürchte jedoch, daß ich dazu nicht imstande bin – um so mehr, als daß ich keine Lust habe, darüber zu schreiben. Und bevor man den Sinn der Angelegenheit nicht trifft, ist es besser, sich mit ihr einfach nicht zu befassen. Deshalb werde ich Ihnen auch jetzt vom Gefängnis lieber nichts erzählen. Vielleicht nur eine Antwort auf den konkreten Teil Ihrer Frage: in Heřmanice arbeitete ich zuerst am sogenannten Punktschweißer, mit dem ich Blechroste zusammenschweißte. Die Norm habe ich einige Monate lang nicht erfüllt, nicht einmal zwanzig Jahre jüngere Burschen, körperlich tüchtig und an körperliche Arbeit gewöhnt, waren imstande, sie zu erfüllen. Deshalb bin ich übrigens dieser Arbeit zugeteilt worden: meine Nichterfüllung sollte Quelle unterschiedlichster Arten sein, mich weiter zu quälen; die sogenannten Nichterfüller sind nämlich im Gefängnis Parias unter Parias, sie werden verschiedenartig bestraft, zu den verschiedensten Arbeiten nach der Arbeit herangezogen, bekommen weniger zu essen (das störte mich nicht), und das Taschengeld wird ihnen gekürzt, von den Aufsehern und einem Teil der Gefangenen dauernd der Faulenzerei beschuldigt und ihretwegen ausgelacht. Nach einigen Monaten wurde ich zu einer besseren Arbeit verlegt (der Widerspruch zwischen meiner Arbeitseinteilung und meinem Gesundheitszustand begann auffällig zu werden, und es drohte die Gefahr, daß Nachrichten darüber nach draußen dringen), das war jedoch – muß ich hinzufügen – in einer Zeit, als ich schließlich doch die Norm zu erfüllen begann und es offenbar wurde, daß dies kein Weg zu weiterem Quälen und Erpressen war. Dann arbeitete ich an einem großen Autogenschweißer, aus riesigen, dicken Blechen schnitt ich Flansche heraus, ich wechselte mich dabei mit Jirka Dienstbier ab, und beide erfüllten wir die Norm. Nach der Verlegung nach Bory (Pilsen) arbeitete ich in der Wäscherei, ein sehr exklusiver Arbeitsplatz (um so schlimmer waren dort allerdings die menschlichen Beziehungen: fast jeder denunzierte jeden), schließlich wurde ich auf eine Arbeitsstätte der Firma Kovošrot verlegt, wo ich Draht und Kabel von Isolation und Umwicklungen frei machte; das war nicht einmal das Schlimmste, wenn man sich an die Kälte und den unendlichen Schmutz gewöhnte. Die Arbeit im Gefängnis ist Sklavenarbeit und wird in der Tat als Strafe begriffen. Die Normen sind im Vergleich mit den zivilen bis doppelt so hoch. Ich muß freilich hinzufügen, daß in der ersten Besserungserziehungsgruppe, in der ich mich befand, trotz allem die Arbeit für den Gefangenen meist ein psychisches Ausruhen ist, und die Gefangenen freuen sich alle darauf: die restliche Zeit gibt nämlich bessere Bedingungen zu allseitigem Triezen, diesem zentralen Instrument der «Umerziehung».

Wie war das mit Ihren Briefen aus dem Gefängnis? Wann und wie kam der Gedanke auf, sie als Buch zu konzipieren?

Darüber werde ich lieber sprechen und darüber hinaus scheint mir, daß ich den Lesern dieses Buches eine gewisse Erklärung sogar schuldig bin. Also vor allem: als uns – Benda, Dienstbier und mich – das Schicksal aus der Untersuchungshaft in Ruzyně ins Lager nach Heřmanice wehte (zu unserer Verwunderung wehte es uns gemeinsam dorthin), befanden wir uns auf dem Gebiet der absolutistischen und von allen (also nicht nur den Gefangenen, sondern auch den Aufsehern) gefürchteten Herrschaft eines halbirren Leiters, für den wir die große Lebensgenugtuung am Ende seiner Aufseherkarriere wurden: in den fünfziger Jahren als Junge von nur wenig mehr als zwanzig Jahren war er schon Lagerleiter; von zweitausend Gefangenen hatte er mehr als fünfzehnhundert politische unter sich, lauter Professoren, Minister und Bischöfe (so hat er sich wenigstens einmal vor mir aufgespielt); und jetzt konnte er schon jahrelang – als ein Mann hohen Ranges, großer Verdienste und mit Orden behängt – seine unbegrenzten Möglichkeiten nur Taschendieben, Vergewaltigern kleiner Mädchen und im besten Falle irgendwelchen (wegen Diebstahls sozialistischen Eigentums) gefallenen Substituten vorführen – und so fand er in unserer Ankunft eine späte Selbstbestätigung: er hatte wieder politische Gefangene, dazu noch Leute aus der «zentralen Nomenklatur», nämlich allgemein bekannt aus den Sendungen ausländischer Rundfunkanstalten, durch ihre frühere öffentliche

Arbeit und aus den Hetzartikeln in *Rudé právo*. Und so hat er sich wirklich auf unsere Kosten ausgelebt. Er war tatsächlich gefährlich und unberechenbar; vielleicht sagt folgende Erinnerung etwas über seinen Charakter aus, als er einmal vor uns mit unverhohlenem Haß seufzte: «Hitler hat das anders gelöst, eine solche Bande hat er sofort vergast!» (Einmal hat er mich angebrüllt, mit welcher Lust er mich an die Wand stellen und abknallen würde; an Husák störte ihn offensichtlich, daß dieser ehemalige Knastbruder ihm solche Möglichkeiten nimmt; ich habe im Gegenteil in diesem Moment – ich gebe es zu – an Husák im Guten gedacht.) Auf mich hatte es dieser Mensch besonders abgesehen, weil er in mir die «schwache Stelle» von uns dreien erwartete; den Eindruck erweckte in ihm wohl meine verlegene Höflichkeit (Dienstbier schreibt darüber im Nachwort zu meinen Gefängnisbriefen). Warum ich aber jetzt davon spreche: ein beliebtes Gebiet seiner politischen und menschlichen Selbstverwirklichung waren unsere Briefe nach Hause. Etwas anderes als sie zu schreiben, war selbstverständlich streng verboten, uns die Briefe zu verbieten war aber unmöglich, wir hatten ein gesetzliches Recht darauf. Wir durften einmal in der Woche einen vierseitigen Brief schreiben, leserlich, ohne Verbesserungen oder Streichungen, er mußte die vorgeschriebenen Ränder einhalten und graphisch und stilistisch den Vorschriften entsprechen (so waren zum Beispiel alle Anführungszeichen, unterstrichene Wörter, Fremdwörter usw. verboten). Unsere Briefe waren ein unendlicher Grund zu Triezereien, Strafen, Beleidigungen und Erniedrigungen; er verbot uns alles mögliche, vor allem über etwas anderes als über sogenannte «familiäre Dinge» zu schreiben, aber er verbot zum Beispiel auch Humor: eine Strafe ist eine ernste Sache, und jegliches Scherzen bedeutet seine Mißachtung. (Deshalb sind, unter anderem, meine Briefe so todernst, ohne den geringsten Humor oder Ironie: wenn wir wollten, daß unsere Briefe passieren konnten, mußten wir seine verrückten Anweisungen beachten, so daß wir uns allmählich an all die Beschränkungen gewöhnten und uns ganz an sie anpaßten; in meinen Briefen – auch in denen, die ich später in Bory geschrieben habe – werden Sie zum Beispiel nicht ein unterstrichenes Wort finden.) Trotz dieser harten Zensur und dem Risiko, uns damit weitere Schwierigkeiten zu machen und trotz des verzweifelten Mangels an Platz, Zeit und Konzentration auf das Schreiben, fanden wir – alle drei – allmählich in unseren Briefen nach Hause unsere eigentliche Selbstverwirklichung, wie wohl deutlich wird, eine ziemlich komplizierte im Vergleich mit der Zensorenselbstverwirklichung des Leiters. Langsam, unter Schwierigkeiten, mit zahlreichen Mißerfolgen begannen wir in unsere Briefe vielfältige Betrachtungen oder zumindest Anläufe dazu hineinzuschmuggeln; die Hindernisse, die es gab, haben das Bedürfnis nur verstärkt; außer allem anderen, was das Schreiben für uns bedeutete, war es eigentlich auch ein Sport. Gelingt es uns, den Leiter zu überlisten oder nicht? Gelingt es uns, in diesem Brief etwas Sinnvolles zu sagen oder nicht? Es wurde eine Leidenschaft daraus. Und für mich – um nicht für die übrigen zu sprechen – wurde daraus schließlich etwas, was meinem Aufenthalt im Gefängnis Sinn gegeben hat. Man ist dort auf Grund der Sache selbst gezwungen, ein bißchen mehr über sich selbst nachzudenken, über den Sinn seines Tuns, über verschiedene Fragen des eigenen Seins – und so wurden die Briefe für mich allmählich eine Gelegenheit, auf neue Art mich selbst zu suchen und meinen Standpunkt zu den grundlegenden Fragen des Lebens. Immer mehr hat mich das mitgerissen, immer mehr bin ich dem verfallen. Schließlich war mir an fast nichts anderem mehr gelegen. Die ganze Woche lang spann ich meine Betrachtung im Kopf zusammen — bei der Arbeit, beim Turnen, vor dem Einschlafen —, und dann habe ich sie am Samstag, ständig gestört, unterbrochen, irgendwohin gerufen, in einer Art wilden Trance aufgeschrieben. Ins unreine zu schreiben ging zuerst aus Zeitgründen nicht, später habe ich auch das gelernt; wenn ich aber den Brief ins reine schrieb, konnte ich in ihm nichts mehr ändern oder streichen, geschweige denn ihn noch einmal abschreiben. Er wurde abgegeben, und es kam die kurze, aber spannende Zeit des Wartens, ob er durchgeht oder nicht. Eine Kopie konnte nicht existieren, mit der Zeit verlor ich also völlig den Überblick darüber, was ich geschrieben hatte und was nicht, was ich wann und wie geschrieben hatte, ob es abgeschickt oder zurückgehalten worden war — deshalb gibt es in den Briefen so viele Wiederholungen, wiederholte Erklärungen von etwas, was schon geschrieben war, und zugleich Lücken in den Folgerungen und Sprünge darin. Selbstverständlich begann ich mit der Zeit ein wenig im voraus zu denken, versuchte meine Betrachtungen in bestimmten thematischen Zyklen zu halten, die Motive dieser Zyklen miteinander zu verknüpfen und so — ein wenig unterbrochen — innerhalb einiger Jahre meine eigene Konstruktion aufzubauen, ähnlich wie meine Stücke. Ich habe mir verschiedene Begriffe und Kategorien ausgedacht, versuchsweise mit ihnen gearbeitet, sie in verschiedenen Kontexten überprüft, und mit der Zeit wieder verlassen oder bin im Gegenteil immer wieder zu ihnen zurückgekehrt in dem fast besessenen Bemühen, so genau wie möglich mein Gefühl und meine Erfahrungen zu berühren. Es sind im Grunde Spiralen ohne Ende, in die ich versuche, etwas einzuschließen. Sehr bald stellte ich fest, daß ein verständlicher Brief nicht durchgelassen wird, eine gewisse Chance auf Absendung hat nur ein möglichst kompliziert und verwickelt geschriebener Brief. Auch daraus wurde mit der Zeit eine unbewußte Angewohnheit: deshalb diese unendlich langen Satzgefüge, deshalb die komplizierten Formulierungen. (Wenn ich zum Beispiel «Regime» sagen wollte, mußte ich offenbar schreiben «der sozial offensichtliche Brennpunkt des Nicht-Ich», oder etwas ähnlich Dummes.) Von Beginn an war uns klar, daß unsere Briefe unter den Freunden zirkulieren und daß es so sein muß und daß es gut ist, daß es so ist, weil wir uns daran gewöhnt hatten, daß unser Kontakt mit der Familie eine öffentliche Angelegenheit ist und daß unsere in Eile und unter dem Gebrüll der Mitgefangenen geschriebenen Briefe als literarische Tatsachen und als Nachrichten an die Welt über den Zustand unseres Geistes aufgefaßt werden. Von daher war es nur ein Schritt, sie unmittelbar als Buch zu konzipieren. Noch einmal muß ich betonen, wie mühevoll die äußeren Bedingungen waren: wenn es mir zum Beispiel gelungen war, einen Brief ins unreine zu schreiben, entstand ein großes Problem: wo ihn verstecken; Konzepte durfte ich natürlich nicht haben, und Durchsuchungen waren an der Tagesordnung. In der Wäscherei in Bory arbeitete ich an einem Kalander, das ist etwas zwischen Wäschemangel und Bügelmaschine, meine Konzepte waren in den Bergen schmutziger und Millionen Spuren ungeborener Kinder tragender Wäsche verborgen; in der Mittagspause redigierte ich sie, gezwungen, mich gewandt vor den Zuträgern zu verbergen (vor allem vor der monströsen Figur eines gewissen O. J.), für die das eine herrliche Gelegenheit zum Auffliegenlassen gewesen wäre. Ich nahm selbstverständlich an, daß von meinen Briefen, wenn sie gelesen oder irgendwie im Samizdat oder anders herausgegeben würden, nur die ehrgeizigen philosophischen Passagen publiziert werden, keineswegs die sachlichen Mitteilungen an Olga – von den abstrakten Abschnitten immer durch ein Sternchen sichtbar abgeteilt –, in denen ich mit der mir eigenen Pedanterie ihr verschiedene unrealistische Aufgaben erteilte, detailliert den von mir gewünschten Päckcheninhalt beschrieb und ähnliches. Es ist ein großes Verdienst meines alten Freundes aus *Tvář*, Honza Lopatka, der das Buch meiner Gefängnisbriefe (auf meinen Wunsch) editorisch vorbereitet hat, daß er auf meine Richtlinien gehustet und in ausgewogenen Proportionen in meinen Briefen auch all diese privaten Dinge gelassen hat: nur auf Grund dieses Einfalls ist sichtbar, worum es geht, nämlich um Briefe aus dem Gefängnis und keineswegs um in der Stille des Arbeitszimmers geschriebene Essays. Vielleicht enthüllt oder vergegenwärtigt dies den existentiellen Hintergrund dieser Betrachtungen, vielleicht gibt es dem ganzen Buch Lebendigkeit oder Dramatisches, soweit es allerdings überhaupt fähig ist, etwas Derartiges zu haben. Es ist schließlich ein sehr, sehr eigenartiges Buch entstanden, bis heute ist mir nicht klar, was es eigentlich ist: eine Essaysammlung?, ein Dokument?, Dokument wovon eigentlich?, von mir?, vom Gefängnis? Einst hat mir das Schreiben einige Jahre lang das Leben gerettet und ihm einen Sinn gegeben; was aber kann das für andere bedeuten und außerhalb der Gefängniswelt? Wer hat in der Eile des gegenwärtigen Lebens und der Zeit der Digests von Digests Zeit, sich durch diese verwickelten Sätze hindurchzubeißen und nach ihrem Sinn zu forschen? Über das Gefängnis steht nichts darin, und schwerlich wird es jemandem darüber etwas sagen – und als Philosophie? Die Welt, zumindest die westliche, ist

von Tausenden von weitaus lesbareren und wahrscheinlich durchdringenderen Büchern wirklicher Philosophen
überschwemmt, die nicht in Eile und im Lärm schreiben
mußten und aus allen Büchern der Welt zitieren konnten –
was soll man in dieser Situation mit einem solch seltsamen
Buch anfangen? Ich gestehe, daß ich jeden bewundere, der
es ganz gelesen und verstanden hat; ich selbst verstehe
heute viele seiner Passagen einfach nicht mehr. Und wenn
ich hin und wieder jemanden treffe, dem das Buch wirklich etwas gegeben hat, wer in meiner mühseligen Gefäng-
nissuche nach mir selbst ein Stück seines eigenen Suchens
gefunden hat und wer das nicht nur mit Verständnis, sondern sogar mit einer bestimmten Bewegung gelesen hat,
bin ich immer wieder tief gerührt davon – vielleicht mehr
als der bewegteste Leser – und spreche dem Betreffenden
dafür meine Bewunderung und meinen Dank aus. Sie leben in Deutschland und wissen also, wie sehr der Buchmarkt dort übersättigt ist mit Zehntausenden von Titeln
aller Art und wie wenig – in der Zeit von Fernsehen und
Video – die Menschen dort lesen. Wie erklären Sie sich,
daß die deutsche Übersetzung dieses seltsamen Buches
dort mehr als viertausend Leute gekauft haben? Ich begreife das nicht, bin aber selbstverständlich froh: es sind
weitere viertausend Steinchen, aus denen meine Gewißheit zusammengesetzt ist, daß mich der Herrgott nicht
vergeblich ins Gefängnis geschickt hat.

*Glauben Sie, daß Sie die Aufgaben erfüllt haben, die Sie
sich nach der Verurteilung auferlegt haben? Sind Sie ausgeglichener zurückgekommen? Haben Sie sich psychisch
und mental rekonstituiert, wie Sie das im Brief 14 plan-
ten?*

Die Verurteilung bedeutete für mich die definitive Gewißheit, daß ich einige Jahre im Gefängnis bleiben werde.
Eine solche Gewißheit, und wenn der Mensch noch so
vorbereitet darauf ist, bedeutet jedoch einen wichtigen
Einschnitt: auf einmal ändert sich die gesamte Werte-
hierarchie, es ändert sich die Zeitperspektive, alles erhält
einen etwas anderen Sinn. Sich in der neuen Situation zu
orientieren bedeutet für mich – einen alten Bürokraten –
vor allem, einen Plan zu machen. Das war eine Sache der
momentanen Autotherapie. Ich wußte dabei, daß ich das
Gefängnis um so besser ertragen werde, je besser es mir
gelingen wird, ihm für mein persönliches Leben irgendeinen positiven Sinn einzuhauchen, es zu meinen Gunsten
zu wenden, es zu würdigen. Ich habe schon von der
krampfhaften Übertriebenheit gesprochen, in die sich in
den vorhergegangenen zwei Jahren meine Verzweiflung
verwandelt hatte. Es lag also auf der Hand, daß ich vor
allen Dingen die unendliche Zeit des Gefängnisstereotyps,
in dem ich für lange – wie ich damals glaubte – nur ein
anonymes Schräubchen der großen Gefängnismaschinerie
sein würde, dazu nutzen sollte, mich innerlich zu beruhigen, wieder das Gleichgewicht zu erlangen, Überblick zu
gewinnen. Ein wenig nostalgisch erinnerte ich mich damals an mich selbst in den sechziger Jahren als an einen
ausgeglichenen, fröhlichen Jungen, dem es gelingt, von allen Dingen die rechte ironische Distanz einzuhalten und
der nicht andauernd in irgendwelchen Traumata und Depressionen hin und her geschleudert wird. Zweifelsohne
habe ich meine Jugend ziemlich idealisiert, und meine
Vorstellungen über den sogenannten Strafvollzug waren
himmelschreiend naiv. Habe ich doch gehofft, dort Stücke
schreiben, Sprachen lernen und Gott weiß was sonst noch
zu können! Und eine noch größere Illusion war es, ich

würde dort Ruhe haben und ein «anonymes Schräubchen sein»! Das genaue Gegenteil fand statt: das Gefängnis war einzig und unendlich nervenaufreibend, und ich wurde darin von einer unendlich größeren Menge wachsamer Augen verfolgt als in den dunkelsten zivilen Zeiten. Nach einigen Tagen im Lager hatte ich begriffen, wie irre meine Pläne gewesen sind – zumindest was ihr Äußeres betrifft. Das aber bedeutet nicht, daß ich sie vollständig aufgegeben hätte. Auf einem anderen und unverhältnismäßig viel gewundeneren Pfad versuchte ich doch, mich in ihre Richtung zu bewegen oder mich in ihrem Geiste zu verhalten; eine bedeutende Stütze waren für mich dabei die Briefe, von denen wir gesprochen haben: als das einzige, was mir geblieben war, wurden sie logischerweise zu dem Bereich, in dem ich versuchte, mit mir selbst etwas zu tun, etwas zu erreichen, mir etwas klarzumachen. Ob ich ausgeglichener zurückgekommen bin, kann ich nicht beurteilen. Die krampfhafte Übertriebenheit, die ich vor der Verhaftung bei mir spürte, bin ich wohl los. Trotzdem geht es mir in manchem heute schlechter als damals: noch weniger bin ich imstande, mich spontan zu freuen, noch häufiger treten meine Spleens auf, noch verbissener erfülle ich Aufgaben, die ich mir stelle. Ich habe das schon erwähnt, als wir über meine letzten Stücke sprachen. Meine Frau sagt, ich sei im Gefängnis härter geworden. Ich weiß nicht. Aber wie dem auch sei, mir scheint, die Verschlechterung hat nur mein Innenleben, meine Intimität, mein Privatleben betroffen; in meiner Arbeit bin ich im Gegenteil wirklich ausgeglichener, ruhiger, vielleicht kann ich in ihr sogar verständnisvoller und toleranter sein, vielleicht gewinne ich in ihr größeren Überblick. Zumindest wenn ich das überblicke, was ich nach der Rückkehr getan habe, von den Stücken und Aufsätzen, die ich geschrieben hab bis zu verschiedenen weniger offensichtlichen staatsbürgerlichen Taten, dann habe ich den Eindruck, daß dies der Fall ist. (Ist doch auch ‹Largo desolato›, mein offenbar persönlichstes Stück, im Grunde eine kühl chirurgische Arbeit!) Ob mein Eindruck richtig ist, müssen freilich andere entscheiden; ich bin in dieser Sache wahrhaftig nicht derjenige, der sie zu beurteilen berufen ist! Diesen Fortschritt freilich – wenn er denn wirklich vorhanden ist – hat es nicht umsonst gegeben: er ist offensichtlich bezahlt mit jener Verminderung der Fähigkeit, als physische Person ganz einfach glücklich zu sein.

Die Emigration, die Ihnen vor dem Prozeß in der Untersuchungshaft angeboten worden ist, haben Sie zwar entschieden abgelehnt, doch trotzdem erwähnen Sie in Ihren Briefen aus dem Gefängnis häufig Träume, in denen Ihnen Miloš Forman erscheint, der erfolgreich als Filmregisseur in den USA wirkt. Ist darin nicht eine Art unterbewußter Verbindung?

Der Kontrast zwischen dem weltberühmten und zweifelsohne verdienten Erfolg dieses meines alten Jugendkameraden und meiner ärmlichen Stellung als Gefängnisinsasse hat vielleicht diese Träume beeinflußt, ich glaube jedoch nicht, daß das der Haupteinfluß war. Eine wichtigere Rolle spielten wahrscheinlich einige andere Dinge. Aber auch das ist eine bloße Vermutung; ich bin weder Freud noch Jung, Träume deuten kann ich nicht; im übrigen fürchte ich, daß niemand imstande ist, bis auf den Grund ihrer Geheimnisse zu schauen. Meine Entscheidung, die Reise in die USA abzulehnen (es wurde nicht als Emigration behandelt) und lieber das Gefängnis zu wählen, habe ich nie bedauert.

*Wenn man Ihre ‹Briefe an Olga› liest und sie etwa mit Ča-
peks ‹Briefen an Olga› vergleicht, ist man überrascht, daß
sich dort nicht ein lyrischer Brief findet, also ein wirklicher
Brief an Olga. War Ihnen Ihre Frau deswegen nicht böse?
Wären Sie bereit, etwas über sie zu sagen, über Ihre Beziehung zu ihr, darüber, was sie im Leben für Sie bedeutet hat?*

Wie das schon bei manchen Sterblichen zu sein pflegt,
auch mein Leben war von verschiedenen Gefühlsbezie-
hungen begleitet, und auf meinem himmlischen Konto ist
entschieden mehr als eine Sünde. Doch eine meiner Le-
bensgewißheiten hat – jedenfalls bisher – nichts erschüt-
tern können. Diese Gewißheit ist Olga. Wir kennen uns
dreiunddreißig Jahre, dreißig Jahre sind wir zusammen,
dreißig Jahre lang erleben wir alles mögliche und unmög-
liche miteinander; und wenn es nichts anderes gäbe, schon
allein das bindet uns begreiflicherweise aneinander und
wird uns offenbar immer binden. Wir sind von sehr unterschiedlichem Charakter: ich ein Bürgerkind und ewig ver-
legener Intellektueller, sie ein sehr urwüchsiges Proleta-
riermädchen, unsentimental nüchtern, von Zeit zu Zeit
ziemlich großmäulig und widerwärtig, kurz gesagt, eine
Person, der man kein X für ein U vormachen kann. Als
jener verlegene Intellektuelle, noch dazu aufgewachsen in
der liebevoll festen Umschlossenheit einer dominanten
Mutter, der schon allein deshalb wesenhaft eine energi-
sche Frau neben sich benötigte, die er immerzu nach etwas
fragen und die er immer auch ein bißchen fürchten
konnte, der sich also nach Abhängigkeit von jemandem
weiblichen Geschlechts sehnte und nach Stütze darin,
fand ich einst in Olga genau das, was ich brauchte: eine
mentale Antwort auf mein mentales Zittern, den nüchter-
nen Korrektor meiner verrückten Einfälle, die private

Stütze meiner öffentlichen Abenteuer. Das ganze Leben lang berate ich alles mit ihr (Spötter behaupten, daß ich von ihr auch die Zustimmung zu den Sünden fordere, mit denen ich ihr weh tue, und daß ich mit ihr auch die Probleme berate, die mir meine zeitweiligen gefühlsmäßigen Abwendungen machen); sie ist die erste Leserin meiner Texte, und wenn sie es zufällig einmal nicht ist, so ist sie entschieden die erste Autorität bei ihrer Beurteilung für mich; ihre Fähigkeit, auch die Gefühle zum Ausdruck zu bringen, die mir meine krankhafte Höflichkeit niemals auszudrücken erlaubte, rettet mich sogar manchmal vor dem Getümmel der Welt und der Gefahr, mich darin ganz aufzulösen. Ich kann mir für mich selbst idealere Lebenspartnerinnen vorstellen, trotzdem aber kann ich mir – seltsamerweise – nicht vorstellen, mit jemand anderem zu leben (womit ich manches erhabene Wesen unglücklich mache, woran ich dann genau so schwer zu tragen habe wie jenes). Olga und ich machen uns schon etwa zweihundert Jahre lang keine Liebesgeständnisse mehr, trotzdem fühlen wir beide, daß wir offenbar voneinander nicht zu trennen sind. Rechnen Sie noch etwas weiteres hinzu: die Situation des Gefangenen ist die Situation eines Kindes, alles entscheiden andere für ihn. Das Gefängnis nimmt so dem Menschen die Selbständigkeit, und die gefängnistypische Macht- und Wehrlosigkeit in Dingen der «Außenwelt» verstärkt nur seine Abhängigkeit vom Lebenspartner: als einziger Angehöriger seiner wirklichen Welt, mit dem er korrespondieren kann, den er einmal in der Zeit für einen Moment sehen darf und der für ihn daher die wirkliche Welt als ihr Zentrum vertritt, als Herrscher und fester Punkt, wird er für ihn schließlich notwendigerweise zum einzigen Fluchtpunkt aller Hoffnungen und zur einzigen Gewißheit, daß das Leben einen Sinn hat. (Die Ehefrauen von Gefängnisinsassen leiten daraus für sich meist verständlicherweise keine besonderen Ansprüche ab; von ihren Männern lassen sie sich haufenweise scheiden oder verlassen sie, ohne besonders zu berücksichtigen, daß familiäre Zerrüttungen von Gefängnisinsassen weitaus schwerwiegender empfunden werden als von den Burschen in Freiheit.) In meinen Briefen aus dem Gefängnis finden Sie wirklich nicht viele herzliche oder persönliche Passagen, die tatsächlich an meine Frau gerichtet wären und ausschließlich an sie. Trotzdem scheint mir Olga ihr wahrer, wenn auch verborgener Held zu sein (deshalb habe ich auch den Namen in den Titel des Buches gesetzt, das daraus entstanden ist). Deutet zum Beispiel das ewige Suchen eines festen Punktes, der Gewißheit, des absoluten Horizontes, von dem die Briefe voll sind, nicht selbst schon etwas an? Olga haben meine abstrakten und komplizierten Betrachtungen hin und wieder geärgert, sie ist ein durch und durch konkreter Mensch, und so darf man sich nicht über sie wundern, daß sie sich nach einer «persönlichen Note» sehnte. Ich erinnere mich, daß Kamila Bendová einmal Vašek Benda nach Heřmanice geschrieben hat, daß in meinen Briefen – im Unterschied zu seinen – nicht ein liebevolles Wort sei, Vašek ließ mich das lesen und ich habe versucht, Olga einen Liebesbrief zu schreiben. Das ergab eine seltsame Studie, die – wie Vašek sich ausdrückte – ein einziges warmes Gefühl enthielt: die Wut auf Kamila, daß sie mich dazu gezwungen hatte. Olga und ich waren es wirklich nicht gewöhnt, uns gegenseitig etwas zu gestehen; die Zurückhaltung ist uns gemeinsam, obwohl sie bei jedem von uns eine andere Herkunft hat: bei ihr im Stolz, bei mir in der Scham. Aber jetzt möchte ich mit dieser Antwort lieber Schluß machen; ich möchte nicht, daß meine Frau – wenn sie das lesen wird – allzu zufrieden ist, und ich möchte auch nicht, daß Vašek Benda sagt, das einzige Zeichen von Wärme in dieser meiner Antwort sei die Wut auf Sie, weil Sie mir diese Frage gestellt haben.

Ich glaube nicht, daß er das sagen wird. Ihre Gefängnisära ging mit ihrer vorzeitigen Entlassung aus gesundheitlichen Gründen im Jahre 1983 zu Ende. Stimmt es, daß damals Ihr Leben bedroht war? Wie war das eigentlich?

Im Herbst 1982 begann ich auf Grund verschiedener Anzeichen zu ahnen, daß man mich als Gefangenen gern losgeworden wäre. Offenbar war ihnen aufgegangen, daß ich dort für sie eine größere politische Last bin als in Freiheit. Es hatte sich gezeigt, daß das Gefängnis mich nicht aus der Bahn geworfen hatte und daß ich fähig bin, es auszuhalten, als Strafe wirkte es also nicht mehr, und das internationale Interesse an meiner Person wuchs auf Grund des Gefängnisses eher, als daß es sich verminderte: während ich in aller Stille meine tausend befleckten Bettücher täglich mangelte und dabei meine Heideggerschen Betrachtungen zusammenspann, erteilten mir verschiedene ausländische Universitäten Ehrendoktortitel, und verschiedene Staatsmänner flochten mich in ihre Gespräche mit unseren Repräsentanten ein, was ihnen sicher nicht lieb war. Im Frühjahr des nächsten Jahres sollte in Prag ein großer Friedenskongreß stattfinden, sie wollten verschiedene berühmte Schriftsteller dabei haben (soweit ich weiß, ist dann doch keiner gekommen), und es wäre ihnen nicht recht gewesen, wenn meine berühmten Kollegen dort über mich gesprochen hätten. Das erste Signal, daß sie geneigt sind, mich zu entlassen, war der unerwartete Besuch meiner Prager Obristen. Sie kamen mit dem Vorschlag, wenn ich ihnen jetzt gleich in einem Satz ein Gnadengesuch schreibe, wäre die Sache in einer Woche erledigt. Mir war klar: in einer Woche sollte Dr. Husák nach Österreich fahren, und meine Freiheit wollte er bei dieser Gelegenheit dem österreichischen Präsidenten zum Geschenk machen (er war Botschafter in Prag gewesen, wir kannten uns, er hatte mir zum Beispiel mitgeteilt, daß mir der Österreichische Staatspreis für europäische Literatur zuerkannt worden war). Dr. Husák macht freilich ungern Konzessionen, und wenn er es schon tun muß, dann will er auch seinen Gegenspieler gern mittreffen; deshalb hat er mir nicht gleich Gnade erwiesen, sondern verlangte von mir zumindest einen kleinen Kniefall in der Form des Gnadengesuchs. Mir ging das gegen den Strich, aber ich war mir nicht sicher: wenn dies das Ergebnis ausländischer Interventionen war, werden die Intervenierenden es als eine Äußerung unsinniger Dickköpfigkeit verstehen, wenn ich es ablehne, auch nur diesen einen Satz zu schreiben (diesen Anflug von Erniedrigung hat anderswo ein Gnadengesuch nicht), und in Zukunft werden sie für niemanden mehr intervenieren. Ich stellte eine kuriose Bedingung: das Recht, mich mit drei Mitgefangenen zu beraten. Mir wurde eine sieben-(ich weiß nicht, warum gerade sieben-)minütige Beratung gestattet, selbstverständlich unter Gegenwart eines Aufsehers. Ergebnis der Beratung war, ich solle kein Gnadengesuch schreiben. Ich lehnte also ab, und der österreichische Präsident hat also offenbar statt meiner eine Vase aus geschliffenem Glas erhalten. Das war aber nicht das einzige Anzeichen. Offenbar kamen auch gesundheitliche Gründe in Frage. Und ein gesundheitlicher Grund stellte sich in schlimmerer Gestalt ein, als auch nur einer von uns erwartet hatte: Ende Januar 1983 bekam ich auf einmal Sonntag nachmittags hohes Fieber, der ganze

Körper begann zu schmerzen, ich zitterte, war weder imstande zu sprechen noch zu gehen, ich wußte nicht, was mit mir geschah. In der Nacht zitterte ich dermaßen, daß die ganze Pritsche rappelte und die Mitgefangenen nicht schlafen konnten. Mein Herz schlug heftig, und ich war mir tatsächlich nicht sicher, ob ich nicht sterbe; bislang hatte ich noch nie im Sterben gelegen, und so wußte ich verständlicherweise nicht, wie man das erkennt, aber die Fürchterlichkeit meines Zustandes erweckte unabwendbar den Verdacht. Am Morgen sank das Fieber, ich meldete mich zum Arzt und fürchtete, kein Fieber mehr zu haben und wegen «unbegründeten Arztbesuchs» bestraft zu werden, wie das in Bory üblich war. Es ging gut aus: ich hatte fast 40 Grad. (Wieviel mußte ich wohl in der Nacht gehabt haben?) Sie legten mich auf die Pflegestation, ich lag dort einige Tage, mein Zustand besserte sich nicht (insgesamt eine Woche habe ich nichts zu mir genommen, und ich muß schrecklich ausgesehen haben). Ich bekam Acylpyrin, ansonsten kümmerte man sich nicht besonders um mich, sie dachten wohl, es sei eine gewöhnliche Grippe. Durch Vermittlung eines bekannten Sanitäters erwirkte ich nach etwa drei Tagen eine Untersuchung, die Lunge wurde geröntgt, sofort bekam ich Antibiotika, doch sie sagten nicht, was ich habe. Ich ahnte, daß es wieder eine Lungenentzündung ist (ich hatte sie im Gefängnis mehrfach). Sie war aber irgendwie kompliziert, das spürte ich am erhöhten Interesse an meiner Person. Dann führten sie mich eines Tages plötzlich ab (immer noch hatte ich an die 40 Grad Fieber), legten mir Handschellen an und setzten mich im Schlafanzug in den Krankenwagen. Es war eine schreckliche Fahrt, ich wurde hin und her geschleudert, der ganze Körper und die Lungen taten mir weh, und wegen der gefesselten Hände konnte ich nichts tun, nicht einmal mich ordentlich festhalten, eigentlich kaum atmen. Aber irgendeine Art von Gefängnisstolz erlaubte mir nicht, die Bitte auszusprechen, die Handschellen zu entfernen. Wir kamen auf den Pankrác, ich wurde ins Gefängniskrankenhaus gelegt, ich war wie gewöhnlich isoliert, das heißt allein in der Zelle, das war gut so. Dort wurde ich dann ordentlich untersucht und behandelt. Ich hatte wohl auch noch eine Rippenfellentzündung und noch weitere Komplikationen, zuerst sprachen sie von einer Luftblase. Die Temperatur sank, ich begann ein wenig zu essen. Alles, was ich erlebt hatte, schrieb ich Olga, einschließlich dessen, daß ich in den ersten zwei Tagen nicht wußte, ob ich nicht im Sterben liege. Ich wußte, daß auf Pankrác die Zensur milder war, deshalb habe ich das riskiert. Der Brief kam an. Olga ging gleich zu Zdeněk Urbánek, sie fuhren zum Pankrác und Olga forderte einen Besuch. Das ging selbstverständlich nicht. Sie wollte mir Obst dort lassen. Das ging auch nicht. Sie wollten Informationen. Man sagte ihr, ich sei in Ordnung. Da wurde sie böse, fuhr nach Hause und rief Pavel Kohout in Wien an. Pavel war hervorragend, in Notsituationen schaffte er es immer, sofort und sachlich und richtig zu handeln. So auch jetzt, er telefonierte mit allen möglichen Leuten, einschließlich verschiedenen Kanzlern. Interventionen begannen einzutreffen, es wurde um die Rettung meines Lebens gekämpft, das aber inzwischen auf Pankrác offensichtlich schon gerettet war (soweit es wirklich bedroht war). Parallel dazu kam man offensichtlich irgendwo zu der Ansicht, daß sich hier die gesundheitlichen Gründe für meine Entlassung anbieten. Und so traten an einem Abend, den ich im Leben nicht vergessen werde, plötzlich – ich wollte gerade schlafen gehen – einige Aufseher, eine Ärztin und irgendeine Beamtin in mein Zimmer, und die letztere teilte mir mit, das Bezirksgericht in Prag 4 habe meine Strafe unterbrochen. Ich war völlig außer mir und fragte, ob ich die Nacht noch bleiben könne. Sie sagten, das sei ausgeschlossen, ich sei eine Zivilperson. Ich fragte, was ich jetzt im Schlafanzug tun solle. Sie sagten, ein Krankenwagen warte auf mich, der mich in ein ziviles Krankenhaus bringen werde. Die Ärztin sprach mich auf einmal an Stelle «Havel» als «Herr Havel» an, was für mich ein Schock war, eine solche Anrede hatte ich jahrelang nicht gehört. Ich setzte mich in den Krankenwagen und begriff den ganzen Weg lang nicht, warum ich keine Handschellen trage, warum kein Polizist mit Hund bei mir sitzt, warum ich nicht eingeschlossen bin. Ich könnte doch jederzeit hinausspringen! – das war mein erster Gedanke. Sie überführten mich in das Krankenhaus Unter dem Laurenziberg und brachten mich auf die Intensivstation. Ich rief sofort zu Hause an, es kamen Olga, Ivan und seine Frau und brachten mir meine Sachen. Die Nachricht über meine Entlassung war bald darauf in der Abendsendung der Stimme Amerikas. Einen Tag zuvor war dort ein Appell der Charta verlesen worden, der meine Entlassung forderte. Derjenige, der meinen Brief aus dem Pankrác gelassen hat, dürfte wohl Ärger bekommen haben: auf Grund seiner Nachlässigkeit entstand eine Kampagne zu meiner Rettung, und das, was ursprünglich als großzügige und humane Geste erscheinen sollte, erschien auf einmal als feige Kapitulation vor der Kampagne und als ein Ausdruck der Ratlosigkeit vor meiner Krankheit und Angst davor, daß ich ihnen dort sterben könnte. Der Monat im Krankenhaus Unter dem Laurenziberg war wohl der schönste meines Lebens. Von der Last des Gefängnisses befreit, aber noch nicht mit der Last der Freiheit beschwert, lebte ich dort wie ein König. Von morgens bis

abends besuchten mich Freunde (einmal zählte ich fünfzehn auf einmal!) und brachten mir verschiedene Geschenke und vor allem alle möglichen Samizdat-Schriften.
Olga mußte mir jeden Tag eine Flasche Gin bringen, damit
ich aus all dem Kompott, mit dem ich andauernd im Interesse meiner Gesundheit überschüttet wurde, eine Bowle
herstellen und in der Nacht mit den Schwestern trinken
konnte (stellen Sie sich nur vor, daß Sie vier Jahre lang fast
keine Frau sehen, und auf einmal werden Sie unter zehn
frische Absolventinnen der Schwesternschule geworfen!).
Wenn ich nicht mit ihnen trank, las ich die ganze Nacht
‹Tagträume›, das grundlegende Werk dieser Zeit, alle sagten, das solle ich zuerst lesen. Aus der ganzen Welt kamen
Blumen. Das Krankenhaus war liebenswürdig zu mir, ich
hatte verschiedene Vorrechte, zum Beispiel galten in meinem Falle die Besuchszeiten nicht. Zwischen der Staatspo-
lizei, der Krankenhausverwaltung und mir gab es ein unauffälliges Abkommen, daß mir alles gestattet wird, und
ich werde dafür im Krankenhaus keine ausländischen
Journalisten empfangen und nicht mit dem Ausland tele-
fonieren. Die Welt – angefangen von meinen Nächsten
und Freunden bis zu den Ärzten, Schwestern und übrigen
Patienten – zeigte mir ihr schönstes Gesicht. Ich hatte
keine Pflichten, sondern nur Rechte. Ich war nicht im Gefängnis und kannte zugleich noch nicht die Nachgefäng-
nis-Verzweiflung des Rückkehrers, der auf das absurde
Terrain der Freiheit geworfen ist. Sogar meine Obristen,
die mich dort besuchten, waren sanft wie Honig und deu-
teten mir vorsichtig an, ich solle die Umstände meiner Erkrankung und der ärztlichen Pflege, die mir im Gefängnis
erteilt wurde, nicht weiter breittreten. Ich mußte lächeln:
das war doch das letzte, was mich in diesen Tagen interessierte! Der schöne Traum mußte zu Ende gehen. Es mußte

der Tag kommen, an dem ich hinausgehe in die Welt, wie sie wirklich ist. Ich tat das Anfang März, also etwas mehr als drei Jahre später, und auf ihrem unsicheren Boden rutsche ich jetzt noch entlang. Es begann eine neue Etappe meines Lebens, über die ich lieber irgendwann einmal spräche – mit größerem Abstand –, wenn ich besser wissen werde, was ich von ihr eigentlich denken soll.

In Ihrem Essay ‹Politik und Gewissen› aus dem Jahre 1984 berufen Sie sich auf den tschechischen Philosophen Václav Bělohradský, der an der Universität in Genua wirkt. Was macht das Werk dieses Patočka-Schülers für Sie so anziehend? Worin besteht der Zusammenhang Ihres Gedankens von der «Eigenbewegung» mit Bělohradskýs «Eschatologie des Unpersönlichen»?

Nach der Rückkehr aus dem Gefängnis geriet mir mehr oder weniger zufällig Bělohradskýs Buch ‹Krise der Eschatologie des Unpersönlichen› in die Hand und hat mich ungewöhnlich gefesselt. Manche Dinge, die ich ähnlich fühlte, hat Bělohradský auf sehr glückliche und überzeugende Weise ausgedrückt, darüber hinaus hat er sie zu einem konsistenten Ganzen verbunden, womit er mir einige Zusammenhänge deutlich machte, die mir vorher nicht klar waren. Das Buch gefällt mir auch seiner Sprache wegen. Bělohradský schreibt in einer besonderen Sprache, die reich ist an Kürzeln, Metaphern, ungewöhnlichen Assoziationen; vielfach ist das eher eine poetische als im traditionellen Sinne philosophische Sprache, deshalb darf man Bělohradský auch nicht immer beim Wort und wörtlich nehmen. Nach der Lektüre dieses Buches machte ich mich auf die Suche nach anderen Texten von ihm, die in Exilzeitschriften verstreut sind, und allmählich stellte ich

aus ihnen – und aus Texten anderer Autoren, die an Bělohradský anknüpfen oder seine Themen behandeln – ein
größeres Buch zusammen. Es heißt ‹Die Lebenswelt als
politisches Problem› und ist in der Edition Expedition erschienen. Mit Bělohradský habe ich in der Zwischenzeit
zu korrespondieren begonnen, für diesen Sammelband
hat er sogar ein Nachwort geschrieben. Der Aufsatz, den
Sie erwähnt haben, ist in der Tat von seiner Ansicht erheb-
lich beeinflußt. Mit der Eigenbewegung der Macht oder
des Systems meine ich eine blinde, unbewußte, unverant-
wortliche, unkontrollierte und unkontrollierbare Bewegung, eine Bewegung, die de facto nicht mehr Werk der
Menschen ist, sondern im Gegenteil die Menschen hinter
sich her zieht und also manipuliert. Es ist offensichtlich,
daß diese Eigenbewegung eigentlich Bewegung der unpersönlichen Macht ist, die Bělohradský beschreibt. Die Signale der Dämmerung oder der Krise der Eschatologie
dieser Macht sieht Bělohradský dabei in denselben Dingen, in denen auch ich sie sehe. Ich muß allerdings hinzufügen, daß Bělohradský im Unterschied zu mir ein Philosoph ist, dessen Ausführungen breit unterlegt und belegt
sind, ich bin nur so ein zeitweiliger Essayist oder philo-
sophierender Literat, es wäre also nicht am Platze, uns als
zwei vergleichbare Größen oder als Größen gleicher Art
zu vergleichen.

*In dem Gespräch, das ich kürzlich mit Bělohradský geführt
habe und das in der Edition Expedition unter dem Titel
‹Das Grün der Welt denken› erschienen ist, sagt er: «Ich
gehöre zu den Besiegten. Als Tscheche, als Exulant, als
Europäer, als Intellektueller, als Philosoph und als italie-
nischer Bürger… Die Rolle des besiegten Intellektuellen in
später Zeit sehe ich folgendermaßen: sich nicht verjagen*

lassen in die Geschichte, wie sie von den Siegern geschrieben wird.» Identifizieren Sie sich mit dieser Auffassung von der Rolle des Intellektuellen?

Wenn Bělohradský die ureigentliche Rolle des Intellektuellen darin sieht, sich nicht in die von den Siegern geschriebene Geschichte jagen zu lassen, dann stimme ich ihm vollständig zu. Mir scheint, er sagt mit anderen Worten dasselbe wie André Glucksmann, der französische Philosoph, der kürzlich in Prag war und mit dem ich ein langes nächtliches Gespräch hatte. Nach Glucksmann ist es die Rolle des Intellektuellen zu warnen, den Schrecken vorauszusagen, Kassandra zu sein, die von dem spricht, was jenseits der Schanzen geschieht. Ich teile eine solche Auffassung, ob nun in der Form Glucksmanns oder Bělohradskýs: auch ich glaube, daß der Intellektuelle immer wieder aufs neue beunruhigen soll, Zeugnis ablegen von der Misere der Welt, durch seine Unabhängigkeit provozieren, sich gegen allen verborgenen und offenen Druck und Manipulationen auflehnen, der hauptsächliche Bezweifler der Systeme, der Machtausübung und ihrer Beschwörungen sein, Zeuge ihrer Verlogenheit. Schon allein deshalb entzieht sich der Intellektuelle allen Rollen, die ihm irgendwer vorschreiben wollte, schon deshalb kann er Siegern nicht in ihre Geschichte passen. Der Intellektuelle paßt von seinem Wesen her nirgendwohin, überall stört er oder ragt irgendwie heraus, er ist in keine Schublade restlos einzuordnen. Unter anderem: gerade für Bělohradský gilt das offensichtlich — ständig gibt es doch im tschechischen Exil Probleme damit, wohin er eigentlich gehört. Mit sich verfestigenden Kategorien steht der Intellektuelle immer auf Kriegsfuß, die sind eher Instrumente der Sieger. Soweit also stimme ich seiner Aussage zu. Komplizierter ist das mit dem Attribut besiegt. Sicher, in gewissem Sinne ist der Intellektuelle eigentlich immer und schon im voraus besiegt: er ähnelt schließlich Sisyphos, und wie dieser ist er de facto auf immer zum Verlieren verurteilt; an einem siegenden Intellektuellen ist etwas Verdächtiges. Andererseits glaube ich, daß in einem anderen, tieferen Sinne der Intellektuelle trotz aller Niederlagen unbesiegt bleibt – wie Sisyphos. Durch seine Niederlagen siegt er eigentlich. Seine Stellung ist irgendwie doppeldeutig. Diese Doppeldeutigkeit nicht zuzulassen würde zuletzt bedeuten, einen Platz in der von den Siegern geschriebenen Geschichte zu akzeptieren. Oder sind es nicht die Sieger, die Bělohradský – und noch viel mehr mir – die Rolle des Besiegten zuschreiben? Ist nicht die einfache Bestätigung dieser Besiegtheit auch die Bestätigung ihrer Geschichte? Ich bin in einem gewissen Sinne sicherlich besiegt, in einem gewissen Sinne aber fühle ich mich überhaupt nicht besiegt; manchmal schreckt mich sogar – paradoxerweise – ein wenig das Maß meiner Unbesiegtheit und damit das Nichthineinpassen in die Geschichte der Sieger.

Hin und wieder lese ich, wie jemand die Tschechen oder Polen des Provinzialismus beschuldigt, anderswo wieder schreibt man Ihnen die Rolle vorderster Friedenskämpfer zu, aber wohl noch nie habe ich hier gelesen, daß jemand Ihren grundlegenden Gedanken von der Gefährdung der menschlichen Identität akzeptiert und sich gefragt hätte, ob sie nicht auch in der Bundesrepublik, in Schweden oder in England gefährdet ist. Niemals leider habe ich hier gehört, daß jemand gefragt hätte, ob nicht das Problem, das Sie eröffnen, ein allgemeines Problem ist. Diese Möglichkeit ziehen die Massenmedien hier nicht in Betracht. Haben Sie deswegen nicht manchmal Angst?

Ich halte mich nicht für eine so wichtige intellektuelle Autorität, daß sich alle mit meinen Gedanken beschäftigen müßten. Daß aber die Menschen im Westen die gegenwärtige Krise des Menschentums nicht in Betracht ziehen – und also auch die Krise ihres Menschentums – ist mir natürlich bekannt, und deshalb bemühe ich mich, wenn ich die Möglichkeit habe, sie anzusprechen, immer und immer wieder davon zu reden. Nehmen wir ein kleines Beispiel aus der nahen Vergangenheit, das gut die westliche Kurzsichtigkeit illustriert: jahrelang weiß der gesamte Westen, daß Gaddafi ein Terrorist ist, und jahrelang kauft er von ihm Erdöl und hilft ihm bei dessen Gewinnung. Eigentlich hat ihn sich der Westen selbst herangezogen und nährt ihn ständig. Zu einem ordentlichen Embargo hat er sich bis heute nicht aufschwingen können. Mit anderen Worten: für ein paar Barrel Öl riskieren die Menschen im Westen die eigene Sicherheit und die Destruktion der grundlegenden sittlichen Prinzipien, zu denen sie sich bekennen. Die partikulären Interessen siegen über die allgemeinen: jeder hofft, nicht von der Bombe getroffen zu werden. Und wenn die Situation unerträglich wird, schaffen sie nur das eine: Libyen zu bombardieren. Das ist die Kurzschlußreaktion eines physiologisch reagierenden Primitiven.

Im Westen kommt es allmählich zu einer Veränderung in der Auslegung des Asylrechts: Asyl wird immer deutlicher als Entweichen aus der Tyrannei aufgefaßt, aber nicht als Entweichen aus einem totalitären System. Die Sinnentleerung oder die gewaltsame atheistische und kollektive Erziehung scheinen hier auf einmal kein ausreichender Grund mehr zu sein. Wie würden Sie den westlichen Regierungen erklären, daß der totalitäre Staat für den einzelnen eine ebenso ernste Gefahr darstellt wie die Tyrannei?

Die westlichen Regierungen fragen mich nicht nach meiner Meinung, trotzdem versuche ich das zu erklären, wo ich nur kann. Auf intellektuelle oder theoretische Zustimmung treffe ich häufig, auf wirklich inneres Verständnis selten. Und ich wundere mich nicht einmal sehr darüber: einige Erfahrungen sind einfach unübertragbar und lassen sich nicht erklären; sie sind nur begreiflich, wenn man sie selber gemacht hat. Auf der anderen Seite muß ich sagen, soweit es das Asylrecht angeht, daß ich mir nicht sicher bin, ob es am Platze ist, die westlichen Regierungen nur zu verurteilen. In den meisten Ländern der Welt bestehen autoritäre oder totalitäre Regime. Alle deren Einwohner, denen diese Regime nicht passen, würden sich wohl schwerlich in die paar demokratischen Länder hineinquetschen lassen. Die westlichen Länder sind deshalb leider gezwungen auszuwählen, und es ist insgesamt logisch, daß sie denen den Vorzug geben, deren Leben unmittelbar durch irgendeine Tyrannei gefährdet ist, vor denjenigen, denen etwa – wie Sie sagen – die atheistische oder kollektive Erziehung ihrer Kinder nicht gefällt. Aber ich würde noch weitergehen: ich glaube, daß es hin und wieder nicht schaden könnte, den Menschen in den totalitären Staaten unauffällig anzudeuten, daß sie auch etwas gegen den heimischen Totalitarismus tun könnten und nicht bloß vor ihm fliehen. Wenn ich von den Menschen im Westen fordere, nicht nur an ihre partikulären Interessen zu denken und sich so zu verhalten, wie sich alle verhalten sollten, beziehungsweise so, als ob sie unmittelbar für das Schicksal des Ganzen verantwortlich wären, warum sollte ich dasselbe nicht von den Menschen in den totalitären Staaten fordern? Vielleicht klingt das sehr barsch und vielleicht meine ich das so barsch nicht, mir begannen aber – leider – nach Ihrer Frage alle meine wohlbekannten Duckmäuser, behutsamen und unauffälligen Unterstützer und Schöpfer des Totalitarismus im Kopf vorbeizudefilieren, die – als sie zufällig bei der ersten Auslandsreise Gelegenheit dazu hatten – dem Aufenthalt in einem Land, in dem es sich besser lebt, den Vorzug gaben, und die gleich darauf begannen, Rechte und Ruhm eines politischen Flüchtlings zu erwirken. Wieso halten sie dort alle möglichen Rechte für eine selbstverständliche Pflicht der Regierungen und warum haben sie hier auf alle mögliche Weise geholfen, einen Zustand zu festigen, in denen der Mensch keinerlei Rechte hat? Niemals würde ich es wagen, von jemandem zu fordern, für unsere Freiheit Blut zu vergießen. Aber hin und wieder jemanden darauf aufmerksam zu machen, daß es sinnvoller wäre, die hiesige atheistische Erziehung an Ort und Stelle zu kritisieren, als zum lieben Gott in den Westen zu fliehen, das nehme ich ruhig auf mich –

Verfolgen Sie die Exilliteratur? Was denken Sie von ihr? Was hat Sie angenehm überrascht und was, sagen wir, regt Sie auf?

Obwohl ich zur Exilliteratur wesentlich besseren Zugang habe als die meisten meiner Mitbürger, gestehe ich, daß ich sie nicht allzugut kenne und nicht systematisch verfolge. Aus den letzten Jahren erinnere ich mich – soweit es die Belletristik betrifft – an zwei große Erlebnisse. Vor allem war es der hervorragende Roman von Ferdinand Peroutka ‹Wolke und Walzer›, einer der besten tschechischen Romane der letzten Jahrzehnte, den ich kenne. Und auch ‹Ingenieur der menschlichen Seelen› von Škvorecký hat mir sehr gefallen.

Entschuldigen Sie, aber ich würde doch noch einmal auf die zweite Hälfte der Frage zurückkommen: regt Sie etwas in der Exilliteratur auf? Kommt aus dem Exil etwas, was sich als eine Art Ungehörigkeit bezeichnen ließe, oder etwas, was Sie sogar innerlich unangenehm reizt?

Aber sicher. Am ehesten in einigen Exilzeitschriften. Hin und wieder kann man dort aus der Feder verschiedener dickköpfiger Kämpfer gegen den Kommunismus schöne Dummheiten lesen. Etwa darüber, wie links wir hier alle sind (bolschewistisch-grünes Pack), und daß wir eigentlich alle maskierte Agenten Moskaus sind. Ich weiß nicht, ob ich links oder rechts bin, aber angesichts solcher Zweige rechter Spiritualität fühle ich mich unaufhaltsam nach links getrieben –

Aus Prag kommt manchmal eine sehr scharfe Kritik an Milan Kundera, die möglicherweise auch eine Reaktion auf seinen wirklich großen – vielleicht den ersten tschechischen – Welterfolg ist. (Zum Beispiel allein das letzte Buch ‹Die unerträgliche Leichtigkeit des Seins› erreichte in Italien mehr als 200 000 verkaufte Exemplare und wurde damit das am meisten verkaufte ausländische Buch in Italien nach dem Kriege; einen ähnlichen Erfolg hatte es in den USA und natürlich in Frankreich.) Eröffnet das nicht die Frage nach den Ursachen des Bruchs des heimischen literarischen Geschmacks mit dem Geschmack des übrigen Europa?

Mir ist nicht klar, warum eine abweichende Meinung über ein Buch oder einen Autor gleich den Bruch mit dem übrigen Europa bedeuten sollte – und mir ist auch nicht klar, warum ein solcher «Bruch» automatisch zuungunsten des

«Brechenden» ausgelegt werden sollte. Wie dem aber auch sei, mir scheint es besser zu sein, eine eigene Meinung zu haben, auch um den Preis des Bruchs, als dem Bruch um den Preis des Verzichts auf die eigene Meinung auszuweichen. Mir persönlich jedenfalls gefällt ein Buch unabhängig davon, in wie vielen Exemplaren es wo erschienen ist. Und überhaupt: ist es nicht gerade diese andauernde Angst davor, nicht mehr mit der Weltmeinung übereinzustimmen, die ein untrügliches Zeichen des Provinzialismus ist? So wie ich Kunderas literarische Lieben kenne, scheint mir, daß er – im Unterschied zu einigen seiner Apologeten aus dem Exil – unter diesem Typ von Provinzialismus nicht leidet.

Was denken Sie überhaupt über das Problem «Weltliteratur»?

Nichts. Höchstens, daß es um ein traditionelles tschechisches Pseudoproblem geht.

Ich will zugeben, daß es ein trügerischer, komplizierter Terminus ist, aber in die Literatur hat ihn, soweit ich weiß, Goethe eingeführt und dabei an eine Art goldenen literarischen Fonds gedacht, auf den offenbar die Menschheit lange zurückgreifen wird, um sich selbst zu begreifen, ihre Geschichte usw. Milan Kundera wird schon in einigen Ländern zu diesen Klassikern gerechnet. Erlauben Sie mir, in diesem Zusammenhang ein Zitat aus Ihrem Aufsatz ‹Anmerkungen zur Halbbildung› in Tvář anzuführen. Sie sagen dort: «Wirklich weltbedeutende Werte haben sich bei uns immer – wahrscheinlich mehr als anderswo – nicht auf dem Hintergrund unseres allgemeinen Kulturbewußtseins durchgesetzt, sondern weit häufiger im Gegen-

satz dazu.» Sie beweisen das an Mácha, Hašek, Kafka, Janáček, und ich könnte heute auch Milan Kundera hinzufügen –

Gewiß können Sie das, weil es Ihnen so vorkommt. Mir persönlich scheint Kundera nicht gerade ein Außenseiter der tschechischen Kultur zu sein: er war doch lange Jahre der Liebling der Leserschaft, bis heute kennt ihn hier jeder, in seiner Jugend ist er mit dem höchsten Staatspreis für Literatur ausgezeichnet worden, und wenn er hier erscheinen könnte, hätten seine Bücher ohne Zweifel ähnliche Auflagen wie im Westen. Was meinen Aufsatz betrifft, den Sie zitieren, würde ich hinzufügen, daß ich heute – dreiundzwanzig Jahre nach seiner Niederschrift – mit dem Begriff «Weltbedeutung» wahrscheinlich vorsichtiger operieren würde. Er verliert für mich nämlich ähnlich wie das Wort Sozialismus seine Bedeutung.

In dem Sammelband Ihrer Texte aus den Jahren 1969 bis 1979 ‹Über die menschliche Identität› ist ein Teil Ihrer Polemik mit Milan Kundera aus den Jahren 1968 und 1969 abgedruckt, es fehlt dort aber Kunderas Antwort aus Host do domu *unter dem Titel ‹Radikalismus und Exhibitionismus›, in dem Milan Kundera mit Ihrem Standpunkt polemisiert. Kundera war immer ein Verteidiger und Vertreter der Siege oder erfolgreichen Kompromisse und ironisierte die, die glauben, daß die «Niederlage der gerechten Sache im Lichte der Explosion die gesamte Ärmlichkeit der Welt beleuchtet und den ganzen Ruhm des Charakters des Autors». Entsteht durch die Auslassung des Textes nicht der Eindruck, daß Sie der so gestellten Frage ausweichen?*

Zum ersten: das Buch, das Sie erwähnen, wurde von Vilém Prečan und Alexander Tomský in der Zeit zusammengestellt, in der ich im Gefängnis saß, die Texte haben also sie ausgewählt, nicht ich. Zum zweiten: ihre Auswahl ist von herausgeberischer Logik: es ist eine Sammlung meiner Texte, und soweit dort auch Texte anderer Autoren vertreten sind, so ausschließlich die, auf die ich polemisch reagiert habe, nicht also die, mit denen andere auf meine Stellungnahmen reagierten. Zum dritten: der Frage, um die es Ihnen geht, weiche ich selbstverständlich nicht aus. Kunderas a priori skeptische Beziehung zu allen staatsbürgerlichen Akten, die ohne Hoffnung auf unmittelbaren Effekt sind und also als bloßer Ausdruck des Bemühens ihrer Autoren erscheinen können, ihre eigene Brillanz zu demonstrieren, kenne ich gut und teile sie nicht. In der ‹Unerträglichen Leichtigkeit des Seins› ist eine Szene, in der Tomáš' Sohn seinen Vater um die Unterschrift unter eine bestimmte Petition für politische Gefangene bittet und sein Vater für sich selbst begründet, warum er nicht unterschreibt: es ist offensichtlich, daß sie den politischen Gefangenen nicht hilft, und darum geht es eigentlich auch nicht – vor allem ist es ein Mittel, mit dem die Autoren auf sich selbst aufmerksam machen wollen und sich selbst vergewissern wollen, daß sie immer noch in die Geschichte eingreifen, wobei sie das in einer Situation tun, in der sie schon alles verloren haben und mit dieser Petition eigentlich nichts riskieren. An Stelle einer weniger auffälligen, aber wirksamen Hilfe für die Familien der Betroffenen schmarotzen sie eigentlich am Unglück der politischen Gefangenen und bauen sich mit ihrer Hilfe ein eigenes Denkmal, ohne Rücksicht darauf, ob sie damit deren Stellung nicht noch verschlechtern. Vom Gesichtspunkt des Romans aus ist nicht wichtig, von welcher konkreten Petition diese Episode inspiriert ist und ob es wirklich um eine überflüssige Petition ging oder nicht. Ich will jetzt allerdings nicht über den Roman sprechen, sondern über die Wirklichkeit. Alle Zusammenhänge weisen ziemlich durchsichtig darauf hin, daß Kundera in dieser Sache von der ersten größeren Schriftstellerpetition nach dem Beginn der «Normalisierung» inspiriert ist und daß sein Tomáš mehr oder weniger seine eigene Meinung wiedergibt (das bestätigt übrigens auch Ihr Zitat). Ich erinnere mich gut an die Petition, ich war einer derjenigen, die Unterschriften für sie sammelten. Es war eine höfliche und vorsichtige Bittschrift, die die ergangenen Urteile überhaupt nicht in Zweifel zog, sondern nur an die Großzügigkeit des Präsidenten appellierte und ihn um eine Weihnachtsamnestie für politische Gefangene bat. (Unter anderem: heute würde wohl kein Chartist eine solche Petition wegen ihres kompromißbereiten Tones unterschreiben.) Die Schriftsteller waren damals noch nicht so scharf unterteilt in verbotene und erlaubte, und es war überhaupt nicht klar, wer das unterschreiben würde und wer nicht. Es haben auch einige unterschrieben, die heute als offiziell gelten. Es war der erste bedeutende Akt der Solidarität in der Ära Husák, etwas damals ganz Neues. Die Petition hat eine sehr feindselige Reaktion der Macht hervorgerufen, einige der Unterzeichner haben nach dieser Reaktion ihre Unterschrift sofort widerrufen. Alle, die nicht unterschrieben oder ihre Unterschrift widerrufen haben, argumentierten ähnlich wie Tomáš in Kunderas Roman: niemandem werde damit geholfen, die Regierung werde nur gereizt, es sei eine Exhibition der schon eindeutig Verbotenen, die auf diese Weise – indem sie ihre Gutmütigkeit ausnutzen – auch diejenigen in ihre Versenkung mitziehen wollen, die sich noch an der Oberfläche halten. Der Präsident hat selbstverständlich keine Amnestie erteilt, und so saßen Šabata, Hübl und die anderen weiter. Nur die Schönheit unseres Charakters wurde beleuchtet. Es könnte also scheinen, als ob die Geschichte den Kritikern dieser Petition recht gegeben habe. War es wirklich so? Ich würde das nicht sagen. Vor allem: als nach Jahren die damaligen Gefangenen wieder zurückkamen, sagten sie übereinstimmend, daß die Petition für sie eine große Genugtuung war, dank derer sie das Gefühl hatten, daß ihr Gefängnisaufenthalt Sinn hat: er hilft die zerschlagene Solidarität zu erneuern. Sie wußten besser als wir draußen, daß die Bedeutung dieser Petition die Frage überschreitet, ob sie entlassen werden oder nicht, sie wußten, daß sie nicht entlassen werden. Aber das Bewußtsein, daß man von ihnen weiß, daß jemand auf ihrer Seite ist und nicht zögert, auch in einer Zeit allgemeiner Apathie und Resignation sich öffentlich ihrer anzunehmen, hatte für sie unschätzbaren Wert. Wenn schon aus keinem anderen Grund, dann hatte allein wegen dieses ihres Gefühls diese Petition Sinn (aus eigener Erfahrung weiß ich, wie die Nachrichten von Solidarität einem im Gefängnis zu leben helfen). Aber sie hatte noch einen anderen, sehr viel tieferen Sinn: sie war der Anfang der staatsbürgerlichen Aufrichtung, des Prozesses, der in die Charta 77 mündete und in allem, was die Charta tut. Und dieser Prozeß hat seine unbestreitbaren Ergebnisse. Petitionen hat es seit dieser Zeit Hunderte gegeben. Selbstverständlich hat die Regierung auf keine einzige reagiert. Aber auf die veränderte Situation, die dieser nicht endende Strom schließlich geschaffen hat, muß sie doch irgendwie reagieren. Es sind indirekte, bescheidene, langfristige Ergebnisse. Aber es gibt sie. Betrachten wir nur einmal folgendes: die Gefangenen zu Anfang der siebziger Jahre erhielten hohe Strafen für Nichtigkeiten, und fast niemand zu Hause und in der

Welt beachtete dies, deshalb übrigens konnten sie die Strafen so leicht bekommen. Heute, nach fünfzehn Jahren bienenfleißiger und Don-Quichotte-artiger Arbeit derjenigen, die nicht zögern, immer wieder solche Petitionen zu schreiben, wie es die war, von der ich hier spreche, und zwar ohne Rücksicht auf den ständig über ihnen schwebenden Verdacht, sie seien bloße Exhibitionisten, die «die gesamte Ärmlichkeit der Welt und den ganzen Ruhm ihrer Charaktere beleuchten» wollen, nach alldem genügt es heute, daß hier jemand aus politischen Gründen für 48 Stunden festgenommen wird – und es schreiben fast alle bedeutenden Zeitungen in der Welt darüber. Oder: es ist gelungen, internationales Interesse zu erwecken. Die Regierung muß dieses Interesse in Betracht ziehen. Sie kann sich nicht mehr erlauben, was sie sich damals erlauben konnte. Sie kann nicht hoffen, daß man ihr nicht auf die Finger sehen wird, daß niemand wagen wird, sie zu kritisieren. Sie muß – wenn auch ungern – mit dem Phänomen der eigenen Schande rechnen. Was seine weiteren Folgen hat: man kann heute weit mehr. Machen Sie sich das nur klar: Hunderte von Leuten tun heute Dinge, die zu Anfang der siebziger Jahre nicht ein einziger von ihnen zu tun gewagt hätte. Wir leben wirklich schon in einer anderen Situation. Und nicht etwa, weil die Regierung von sich aus toleranter geworden wäre. Sie mußte sich einfach gewöhnen. Sie mußte dem dauernden Druck von unten nachgeben. Und also auch dem Druck all der scheinbar selbstmörderischen oder exhibitionistischen bürgerlichen Handlungen. Menschen, die gewöhnt sind, die Welt nur von «oben» zu sehen, pflegen ungeduldig zu sein: sie wollen den augenblicklichen Effekt sehen. Was diesen Effekt nicht hat, erscheint ihnen töricht. Sie haben kein großes Verständnis für Taten, deren Wert erst nach Jahren deutlich wird und die aus sittlichen Beweggründen getan werden und also auch das Risiko mit einkalkulieren, daß sie ohne Effekt bleiben. (In dem Aufsatz, den Sie erwähnen, hat mir Kundera sehr übelgenommen, daß ich soviel über das Risiko spreche – er hat wohl sogar gezählt, wievielmal ich das Wort benutzt habe. Ja, ich habe es oft benutzt, das war eine stilistische Ungelenkheit, deren ich mich schäme, doch ich schäme mich nicht, daß ich auf das Faktum des Risikos als eines Mangels an apriorischer Gewißheit des Erfolgs aufmerksam gemacht habe.) Wir leben leider unter Bedingungen, unter denen die Bewegung zum Besseren häufig von Taten abgesichert wird, die sich nicht davor fürchten, im Gedächtnis der Menschheit nur in der Gestalt zu bleiben, in der diese Petition aus der ‹Unerträglichen Leichtigkeit des Seins› erscheint: als exhibitionistische Akte Verzweifelter. Ungern möchte ich Kundera unrecht tun, doch kann ich mich des Gefühls nicht erwehren, daß seiner Konzeption des von Asien geraubten Europa, des geistigen Friedhofs, der Herrschaft des Vergessens und der Geschichte als unerschöpflicher Quelle grausamer Scherze durchaus die Vorstellung entspricht, bei uns sei alles immer noch so wie zu Anfang der siebziger Jahre und daß alle diese Petitionen immer deutlicher ihrer absurden Hoffnungslosigkeit überführt werden. Und daß sie daher immer deutlicher nur verzweifelte Gesten verkrachter Existenzen sind, die auf diese Weise auf sich aufmerksam machen, in tragischer Weise aller sinnvolleren Mittel beraubt. Selbstverständlich: jede Petition, ja, jede Unterschrift kann einen Hauch dessen in sich haben, was Kundera verlacht. Schon deshalb kann ich ihm dieses Auslachen nicht übelnehmen – und um so weniger im Roman. Ich werfe ihm etwas anderes vor: daß er die andere Seite all dieser Dinge nicht sieht und fast programmatisch nicht sehen will, die weniger offensichtliche, verborgenere, aber hoffnungsvollere. Nämlich die langfristige Bedeutung, die sie haben oder haben können. Mir scheint, als wäre er ein wenig der Gefangene seines eigenen Skeptizismus, der es ihm nicht möglich macht zuzulassen, daß es hin und wieder Sinn hat, sich als Staatsbürger tapfer zu verhalten. Daß dies sogar Sinn hat, obwohl der Mensch dabei lächerlich aussieht oder aussehen kann. Seine panische Angst vor der Lächerlichkeit und vor dem Pathos begreife ich wohl, sie ist insbesondere verständlich vor dem Hintergrund der großen Lektion, die ihm seine persönliche Erfahrung mit dem Kommunismus gegeben hat. Mir scheint jedoch, daß ihn diese Angst daran hindert, die geheimnisvolle Vieldeutigkeit menschlichen Handelns unter totalitären Verhältnissen wahrzunehmen. Die komplette Skepsis ist die psychologisch insgesamt verständliche Folge der Verluste illusionistischer Begeisterung. Sie kann jedoch leicht nur zur anderen Seite derselben falschen Münze werden. Deshalb kann sie dem Menschen leicht die Aussicht auf die hoffnungsvollere Dimension der Dinge verdecken – oder bescheidener: auf ihre Doppeldeutigkeit.

Vielleicht ließen sich die Vorbehalte der tschechischen intellektuellen Öffentlichkeit gegenüber Kundera, ein wenig vereinfacht, in einem Satz zusammenfassen: Kunderas Erfolg ist damit erkauft, daß er zu sehr dem Bild entgegenkommt, das sich der Westen vom Osten macht. Eigentlich will der Westen auch diese Bagatellisierung der «Proteste» hören, um seine eigene mangelnde Aktivität begründen zu können. Kundera, wenn ich ihn zitieren darf, antwortet darauf aber, daß wir vom Westen zuviel auf einmal verlangen, daß wir dann für den Westen un-

verständlich sind, so daß wir überhaupt nichts mehr mit-
teilen oder nur sehr wenig, und das dazu noch einem sehr
kleinen Kreis von Leuten –

Wahrscheinlich werde ich Ihre Erwartungen enttäuschen,
aber jetzt muß ich zur Abwechslung mal für Kundera eintreten. Ich glaube nicht, daß seine Hauptintention der er-
folgreiche Platz auf den Bestsellerlisten ist und daß er fähig
wäre – unter dem Vorwand der Verständlichkeit –, ihm
seine Überzeugung zu opfern. Schon deshalb kann ich
nicht glauben, daß er fähig wäre, seine Ansicht über Proteste oder Akte der Solidarität in unserem Teil der Welt nach
dem angenommenen Interesse der westlichen Leserschaft
einzurichten. Er sieht die Dinge einfach so und würde sie
offensichtlich auch so sehen, wenn er hier lebte und ihm
der westliche Buchmarkt nicht so am Herzen liegen
müßte. Seine Ansicht ist übrigens seine Sache, und der
Umstand, daß ich eine etwas andere Ansicht habe, bedeutet nichts anderes, als daß das eben so ist.

Bald wird es hundert Jahre her sein, daß Gordon Schauer
dem tschechischen Volk Fragen gestellt hat, zu denen wir
manchmal zurückkehren. Zuletzt hat sie deutlich Milan
Kundera auf dem Schriftstellerkongreß 1967 in Erinne-
rung gerufen. Ich möchte sie jetzt im Original zitieren, wie
sie in der Zeitschrift Čas am 20. 12. 1886 erschienen sind:
«Was ist die Aufgabe unserer Nation? Welches ist unsere
Aufgabe in der Geschichte der Menschheit? Wie steht es um
unsere nationale Existenz? Sind wir in unserem nationalen
Sein wirklich so sicher? Lohnt unsere nationale Existenz
wirklich die Anstrengung, ist ihr kultureller Wert so groß?
Ist unser nationaler Fonds von der Art, daß er Kämpfern in
jenem äußersten Falle genügend moralische Stärke bieten

kann?» Wie würden Sie heute auf diese Fragen antworten? Und gelten diese Fragen überhaupt noch?

Ich persönlich quäle mich mit solchen Fragen nicht. Mein Tschechentum ist für mich eine selbstverständliche Gegebenheit, ähnlich wie die Tatsache, daß ich blonde Haare habe oder daß ich im zwanzigsten Jahrhundert lebe. Lebte ich während der nationalen Wiedererweckung, wäre das Tschechentum für mich möglicherweise noch eine Sache der Wahl, und ich würde mich vielleicht mit der Frage quälen, ob es «die Anstrengung lohnt». Ich lebe aber heute; das Problem, die Nation zu entwickeln oder aufzulösen, muß ich nicht lösen; diese Dinge haben schon andere entschieden; ich habe also andere Sorgen. Die Hauptsorge ist die, die alle Leute überall haben: was soll ich mit meinem Leben anfangen, wie soll ich mit meinen menschlichen, existentiellen, sittlichen, staatsbürgerlichen Dilemmata fertig werden und sie tragen? Daß ich sie zufälligerweise als Tscheche in der Tschechoslowakei habe und nicht etwa als Argentinier in Argentinien, hängt offensichtlich damit zusammen, daß jeder von uns – wie Schwejk sagt – von irgendwo ist und daß es dem lieben Gott aus irgendwelchen Gründen gefallen hat, daß ich die Welt und mich selbst hier und nicht in Argentinien quäle. Oder: mein oder unser Tschechentum fühle ich nicht als ein brennendes oder akutes Problem, und mir scheint, wenn unser nationales Schicksal von etwas abhängt, dann vor allem davon, wie wir unseren menschlichen Aufgaben gerecht werden. Hier sollte ich vielleicht zurückkommen auf meine alte Polemik mit Milan Kundera, die Sie in Erinnerung gebracht haben: sie betraf nämlich gerade die Frage unseres Tschechentums, unseres nationalen Schicksals. Mich hat damals gestört, daß Kundera – und das tat bei weitem nicht nur er – anfing, die sowjetische Okkupation und die tschechoslowakische Adaption an sie mit unserem nationalen Los zu erklären: als ob die Sowjets nicht hierhergekommen wären, um ihre Art der Ordnung in einem ungehorsamen Dominium wiederherzustellen, sondern um das seit jeher bestehende tschechische Los zu erfüllen, und als ob aus demselben Grunde die Vertreter unseres Staates die Moskauer Protokolle hätten unterzeichnen müssen. Die Folge dieser Ereignisse – das tschechische Schicksal – wurde als ihre Ursache ausgegeben. Ich habe nichts gegen historische Parallelen und Betrachtungen über den Sinn unserer Nationalgeschichte, mich stört nur, wenn sie dazu dienen sollen, die Aufmerksamkeit von den lebendigen, sittlichen und politischen Dilemmata der Zeit abzulenken, also von genau dem, was zu lösen unsere Nationalgeschichte zu machen und ihr eventuell einen Sinn zu geben bedeutet. Die Frustration der ehemaligen Kommunisten wegen des Ergebnisses all dessen begreife ich vollständig und respektiere sie, nur gefällt es mir nicht, wenn sie ihren Aufprall auf dem harten Boden der Wahrheit dadurch abfedern wollen, daß sie auf das jahrhundertealte tschechische Schicksal hinweisen und sich so – strenggenommen – eigentlich die Hände in Unschuld waschen: die Verantwortung für die Geschichte hat schließlich die Geschichte! Etwas von diesem historischen Alibismus können wir in Kunderas Texten bis heute finden: wie derjenige, der einst glaubte, das «Steuer der Geschichte in der Hand zu halten» und der dann mit Bitterkeit erkannte, daß die Geschichte in eine andere Richtung geht als er gewollt hat, ist er dann – ein bißchen wie in einem Kurzschluß – zu dem Schluß gekommen, daß niemand das Steuer der Geschichte hält. Von daher seine Dämonisierung der Geschichte: als ob sie von Zeitalter zu

Zeitalter irgendwo hoch über uns wanderte, in irgendeiner fatalen Überwelt, als ob sie ihren eigenen, von uns unabhängigen und gänzlich unerforschlichen Gang hätte, als ob sie irgendeine hinterhältige Gottheit wäre, die uns nur andauernd zerstören, betrügen, mißbrauchen oder – im besten Falle – sich einen Spaß mit uns machen kann. Mir erscheint das als eine zu weit gehende Extrapolierung der eigenen Enttäuschung. Die Geschichte ist doch nicht «woanders»! Sie ist hier, wir alle machen sie, Kundera mit seinen Romanen, Sie mit Ihren Gesprächen, die Chartisten mit ihren Petitionen; unser alltägliches gutes oder schlechtes Tun ist ihr konstitutiver Bestandteil; das Leben ist nicht außerhalb der Geschichte, und die Geschichte ist nicht außerhalb des Lebens. Aber zurück zur «tschechischen Frage»: ich behaupte nicht, daß sie nicht existiert. Ich empfehle nur, sie nicht als einen universellen Aufhänger zu pflegen, an dem wir jede Unannehmlichkeit des Lebens ablegen können, oder als ein abstraktes Teufelchen, dem man alle unsere konkreten menschlichen Malheurs zuschieben kann. Allzu häufig habe ich die «tschechische Frage» in dieser Rolle gesehen, als daß ich nicht sehr gut aufpaßte, wenn ich etwas über sie sagen soll.

Sehen Sie in den achziger Jahren irgendwo einen Hoffnungsschimmer?

Zuerst sollte ich wohl sagen, daß ich die Hoffnung, über die ich ziemlich häufig nachdenke (besonders in besonders hoffnungslosen Situationen, wie zum Beispiel im Gefängnis), vor allem, ursprünglich und hauptsächlich als einen Zustand des Geistes, nicht einen Zustand der Welt begreife. Hoffnung haben wir entweder in uns oder wir haben sie nicht, sie ist eine Dimension unserer Seele und ist in ihrem Wesen nicht abhängig von irgendwelchem Beobachten der Welt oder Abschätzen von Situationen. Hoffnung ist keine Prognostik. Sie ist Orientierung des Geistes, Orientierung des Herzens, die die unmittelbar gelebte Welt übersteigt und irgendwo in der Ferne verankert ist, hinter ihren Grenzen. Als bloßes Derivat von etwas Hiesigem, irgendwelcher Bewegungen in der Welt oder deren günstiger Signale scheint sie mir einfach nicht erklärlich zu sein. Ihre tiefsten Wurzeln spüre ich also irgendwo im Transzendenten, ebenso wie die Wurzeln der menschlichen Verantwortung, ohne daß ich fähig wäre – im Unterschied zum Beispiel zu den Christen –, über dieses Transzendente etwas Konkreteres zu sagen. An dieser meiner Überzeugung – eigentlich ist es mehr als Überzeugung, es ist innere Erfahrung – ändert nichts das Maß, in dem dieser oder jener Mensch eine Verankerung seiner Hoffnung zugibt oder in welchem Maße er sie bestreitet: der überzeugteste Materialist und Atheist kann von dieser inneren, echten und im Transzendenten (nach meiner – nicht seiner – Meinung!) verankerten Hoffnung mehr haben, als zehn Metaphysiker zusammen. Das Maß der Hoffnung in diesem tiefen und starken Sinne ist nicht das Maß unserer Freude am guten Lauf der Dinge und unseres Willens, in Unternehmen zu investieren, die sichtbar zu baldigem Erfolg führen, sondern eher das Maß unserer Fähigkeit, uns um etwas zu bemühen, weil es gut ist, und nicht nur, weil es garantiert Erfolg hat. Je ungünstiger die Situation ist, in der wir unsere Hoffnung bewähren, desto tiefer ist diese Hoffnung. Hoffnung ist eben nicht Optimismus. Es ist nicht die Überzeugung, daß etwas gut ausgeht, sondern die Gewißheit, daß etwas Sinn hat – ohne Rücksicht darauf, wie es ausgeht. Ich denke also, daß wir die tiefste und wichtigste Hoffnung, die einzige, die uns

220

trotz allem an der Oberfläche zu halten, zu guten Taten anzuhalten imstande ist, und die die einzige echte Quelle der Großartigkeit des menschlichen Geistes und seines Bemühens, von «anderswoher» nehmen. Und diese Hoffnung vor allen Dingen ist es auch, die uns die Kraft gibt zu leben und es immer immer aufs neue zu versuchen, seien die Bedingungen äußerlich auch so hoffnungslos wie zum Beispiel die hiesigen. Das also mußte ich vorausschicken. Und jetzt zu dem, was Sie wohl hauptsächlich hören wollten, nämlich zum «Zustand der Welt» und der Menge und der Arten hoffnungsvoller Anzeichen darin. Ich glaube, daß man auch hier bescheidene Gründe zur Hoffnung finden kann. Berufeneren überlasse ich Überlegungen dazu, was von Gorbatschow und überhaupt «von oben» zu erwarten ist, also vom Geschehen in der Sphäre der Macht. Darauf habe ich mich nie in erster Linie konzentriert, eher hat mich immer interessiert, was «unten» geschieht, was man vom Geschehen «unten» erwarten kann, was gewonnen und ertrotzt wird. Jede Macht ist Macht über jemanden und immer reagiert sie irgendwie – ob ihr das gefällt oder nicht, und meist eher unwillkürlich als programmatisch – auf den Zustand des Geistes und die Art des Verhaltens derjenigen, über die sie herrscht, immer kann man in ihrem Tun einen Reflex dessen finden, was «unten» ist. Im luftleeren Raum herrscht niemand, die Ausübung der Macht wird bestimmt von Tausenden von Interaktionen zwischen der Welt der Mächtigen und der Welt der Machtlosen, um so mehr, als diese Welten niemals durch eine scharfe Linie voneinander getrennt sind: jeder ist eigentlich zu einem Teil seiner selbst in der einen und zu einem anderen in der anderen. Ja, und wenn ich also unvoreingenommen jenes Geschehen «unten» beobachte, muß ich sagen, daß ich auch hier eine zwar langsame und unauffällige, trotzdem aber unbezweifelbare und unzweifelhaft hoffnungsvolle Bewegung finde. Nach den siebzehn Jahren scheinbarer Unbewegtheit und Leichenstarre ist die Situation immerhin doch anders als zu Beginn. Vergleichen wir, wie die Gesellschaft sich heute verhält, wie sie sich äußert, was sie wagt – oder was ihre signifikanten Minderheiten wagen –, mit ihrem damaligen Zustand, müssen wir die Unterschiede sehen. Als ob die Menschen allmählich wieder zur Besinnung kämen, sich aufrichteten, sich aufs neue für die Dinge zu interessieren begännen, vor denen sie sich damals so energisch verschlossen hatten, es tauchen wieder Inselchen von Selbstbewußtwerdung und Selbstbefreiung auf, es erscheinen und mehren sich die damals so brutal zwischen ihnen zerrissenen Bindungen. Es wächst eine neue Generation heran, nicht traumatisiert vom Schock der sowjetischen Okkupation: das ist für sie schon Geschichte, und Dubček ist für sie so etwas wie für uns beide etwa Kramář. Es geschieht einfach etwas im gesellschaftlichen Bewußtsein, sei es auch mehr in den unter der Oberfläche liegenden Schichten als in den unmittelbar offenliegenden. Und das alles übt einen unauffälligen Druck auf die gesellschaftliche Macht aus. Ich denke hierbei nicht an den offenbaren Druck der öffentlichen Kritik der Dissidenten, sondern an den unauffälligen Druck des allgemeinen Zustands des Geistes und seine vielfältigen Äußerungen, an die sich die Macht unabsichtlich adaptiert – und das auch dann, wenn sie ihm entgegentritt. Man macht sich diese Dinge besonders anschaulich klar, wenn man aus dem Gefängnis zurückkommt, wenn man die Erfahrung des scharfen Schnitts zwischen der Situation erlebt, die man in sich selbst fixiert hat aus der Zeit vor der Verhaftung und der Situation, wie sie im Moment der Rückkehr ist. Ich habe das an mir selbst beobachtet und auch andere haben es mir bestätigt. Immer aufs neue waren wir überrascht davon, wie viele neue Dinge geschehen, wieviel mehr die Leute wagen, um wieviel freier sie sich verhalten, um wieviel größer und weniger verborgen ihr Hunger nach Wahrheit ist, nach einem aufrichtigen Wort, nach wirklichen Werten. Etwa nur die unaufhaltsame Entwicklung der unabhängigen Kultur: wenn es noch vor zehn Jahren hier kein Periodikum des Samizdat gab und eines zu gründen für selbstmörderisch gehalten wurde, heute gibt es Dutzende, und mit Beiträgen von Leuten, die noch kürzlich berühmt für ihre Vorsicht waren; wieviel neue Samizdat-Titel und -Editionen gibt es, wieviel unbekannte und unwahrscheinliche Menschen schreiben alles mögliche ab, welcher Aufmerksamkeit erfreut sich das alles in der Öffentlichkeit! Das läßt sich mit dem Anfang der siebziger Jahre einfach nicht vergleichen. Wieviel neue Dinge gibt es aber auch in der Sphäre der öffentlichen oder erlaubten Kultur bzw. an ihren Rändern, in dieser äußerst wichtigen grauen Zone zwischen der offiziellen und der unabhängigen Kultur, und wie beginnen diese noch unlängst so scharf voneinander getrennten Kreise sich zu durchdringen! Wenn Sie sich in einem Konzert eines jungen Liedermachers oder einer nicht konformen Gruppe befinden oder unter den Zuschauern eines der heutigen kleinen Theater, dann haben sie das Gefühl, daß die jungen Leute, die Sie dort sehen, in einer Art von eigener und ganz anderer Welt leben als sie etwa in den Zeitungen, dem Fernsehen oder dem Rundfunk erscheint, daß diese beiden Welten einfach schicksalhaft aneinander vorbeigehen, in gewisser Hinsicht bei weitem radikaler, als das analoge Geschehen der sechziger Jahre an der Welt der damaligen Ideologie vorbeiging. Wenn über mich etwas im ausländischen Rundfunk gesagt wird, kann ich sicher sein, daß das von einer unverhältnismäßig breiteren Öffentlichkeit registriert wird als etwa ein Angriff in *Tvorba* gegen mich. Nicht nur, daß es hier – im Unterschied zu der Zeit von vor zehn Jahren – ein Instrument der dauernden und unabhängigen Kontrolle der Macht in der Form der Charta 77 gibt, es gibt auch ganz neue Phänomene. Etwa die Jazz-Sektion – das ist geradezu ein Modellfall. Es geht nicht um ein programmatisches Oppositionsunternehmen, ein Dissidentenunternehmen, es ist nichts, was als bewußter Akt politischer Konfrontation entstanden wäre. Diese Leute haben einfach ihre Arbeit gut gemacht, sie haben nur das gemacht, was theoretisch jeder machen könnte. Das Regime spürte, daß die innere Ladung dieser Arbeit, ihr «außerhalb» und ihre geistige Freiheit es bedrohen und indirekt überführen, und spürte darin darüber hinaus eine skandalöse Lücke im System der allgemeinen Manipulation. Es begann also der Jazz-Sektion auf die Füße zu treten. Die Sektion gab nicht nach und führt schon im dritten Jahr einen tapferen Kampf um ihre Existenz – als ein Organismus, der ursprünglich Bestandteil der offiziellen Struktur war! Ein wenig erinnert das an die alte Geschichte von *Tvář*, von der ich gesprochen habe. Wiederum gibt es hier den Präzedenzfall eines neuen Verhaltensmodells, einen Aufruf an andere und Anleitung für sie. Es gibt freilich mehr Beispiele für derartiges Aufrichten auf sehr verschiedenen Ebenen und in sehr verschiedenen Milieus. Etwas Derartiges war noch unlängst undenkbar. Oder denken wir nur an das Erwachen und die schnelle Verbreitung der Religiosität unter der Jugend, wie es zum Beispiel die Wallfahrt nach Velehrad gezeigt hat. Das ist nicht mehr zufällig, sondern gesetzmäßig: die lange, unendliche und unveränderliche Leere des sozialistisch-konsumorientierten Herdenlebens, seine geistige

Leere und sittliche Sterilität wendet notwendigerweise den Blick junger Menschen irgendwohin in die Weite und die Höhe, zwingt sie, nach dem Sinn des Lebens zu fragen, ein sinnvolleres System von Werten und Maßstäben zu suchen, inmitten der verschwommenen und in Einzelheiten aufgelösten Welt des Besorgens und Trachtens nach einem wirklichen sittlichen Fluchtpunkt zu forschen, nach etwas Reinerem und Wahrhaftigerem. Diese Menschen sehnen sich einfach danach, aus der allgemeinen Eigenbewegung herauszutreten, wieder ihre natürliche Welt zu finden und die Hoffnung für diese Welt. Gegen die «Eschatologie des Unpersönlichen» stellen sie einfach eine andere Eschatologie. Aber auch unmittelbar im Milieu der Charta oder der Dissidenten ist heute schon manches anders, als es noch vor einigen Jahren war. Ohne daß die Macht ihre Meinung über die Charta geändert hätte, mußte sie sich doch irgendwie an sie gewöhnen. Heute ist die Charta schon ein fester Bestandteil des gesellschaftlichen Lebens, wenn sie in ihm auch eine äußerste Stellung darstellt, die die Gesellschaft eher als den letzten Horizont ihres Beziehens wahrnimmt und den letzten Fluchtpunkt verschiedener Maßstäbe, denn als unmittelbaren Aufruf zur Nachfolge. Heute kann man sich kaum mehr vorstellen, daß es Zeiten gegeben hat, in denen die Charta nicht existierte – eine solche Vorstellung ruft das Gefühl des Vakuums und totaler Realitivität der Werte hervor. Oder VONS: einige von uns sind wegen der Arbeit in diesem «staatsfeindlichen Zentrum» eingesperrt und verurteilt worden. VONS ist deswegen nicht zusammengebrochen, auf unsere Plätze kamen augenblicklich neue Leute und arbeiteten weiter, wir sind auch nicht zusammengebrochen, haben unsere Strafen abgesessen, VONS existiert bis heute und arbeitet bis heute eifrig – und schwerlich wird es noch jemandem einfallen, ihn zu verfolgen. Offiziell bleibt das zwar immer noch eine «staatsfeindliche Organisation» (das wird diese stolze Macht schwerlich einmal widerrufen), trotzdem hat sie selbst aus dieser Bezeichnung eine wertlose Phrase gemacht: was ist denn das für eine «staatsfeindliche Organisation», die schon im neunten Jahr öffentlich wirken kann? Das Recht auf VONS haben wir uns sozusagen ersessen. Für einen Beobachter von außen sind all diese Veränderungen möglicherweise zu vernachlässigen. Er fragt: Wo sind die unabhängigen Gewerkschaften mit mehr als zehn Millionen Mitgliedern? Wo sind Ihre Abgeordneten? Warum verhandelt Husák nicht mit Ihnen? Wie kommt es, daß Ihre Vorschläge von der Regierung nicht behandelt und verwirklicht werden? Für den Menschen hier, dem nicht alles völlig gleichgültig ist, sind das jedoch keine vernachlässigenswerten Veränderungen. Und können es nicht sein: er ist auf sie angewiesen als auf das Hauptversprechen der Zukunft; er hat es nämlich schon lange gelernt, von anderswoher nichts zu erwarten. Ich kann mir zum Schluß die Frage nicht verkneifen: geben denn nicht all diese kleinen, aber hoffnungsvollen Anzeichen der Bewegung der tiefen inneren Hoffnung, die nicht auf Prognosen angewiesen ist und die der ursprüngliche Ausgangspunkt dieses ungleichen Kampfes gewesen ist, Wert und lohnen sie? Gäbe es heute überhaupt «draußen» all diese kleinen Hoffnungen, wenn es nicht diese große Hoffnung «innen» gäbe, ohne die man nicht würdig und sinnvoll leben kann, um so weniger immer wieder neu dieses «hoffnungslose Unternehmen» antreten kann, mit dem in der Regel die guten Dinge ihren Anfang nehmen?

Ihr ganzes Leben lang haben Sie sich für diskriminierte Schriftsteller, Musiker, Gläubige eingesetzt. Kommt diese Ihre radikale Haltung zur Diskriminierung aus der eigenen Erfahrung des Diskriminierten oder aus einer abstrakten philosophischen Überzeugung, daß die Freiheit unteilbar ist?

So arg diskriminiert habe ich mich nun wieder nicht gefühlt; ich glaube nicht, daß ich je unter einem Gefühl, daß mir Unrecht getan würde, gelitten habe; meine Diskriminierungen habe ich eher sportlich aufgefaßt als ein Stück Schicksal und Erfahrung, die man nutzen kann, oder – später – als Folge dessen, was ich gewählt hatte. Als bewußtes Motiv der Solidarität mit anderen konnte mir schon allein deshalb meine eigene Diskriminierung kaum dienen; welchen Einfluß sie in meinem Unterbewußtsein gespielt hat, weiß ich natürlich nicht. Um so weniger habe ich solche Dinge aus einer theoretischen Überzeugung heraus getan. Für mich war es immer eine menschliche Selbstverständlichkeit, also etwas im Grunde von meiner eigenen persönlichen Geschichte und meinen philosophischen Ansichten Unabhängiges. Soweit ich irgendwann einmal darüber nachgedacht habe, was mich zu solchen und ähnlichen – nicht immer und für jeden ganz selbstverständlichen – Selbstverständlichkeiten zwingt, war das ein nachträgliches Nachdenken. Und wenn zum Beispiel eines der Grundthemen meiner Briefe aus dem Gefängnis die Frage ist, warum der Mensch sich eigentlich bemüht, verantwortlich zu handeln, dann ist das, wozu ich gelange, nur die Reflexion meiner Erfahrung mit mir selbst, nicht also eine derart mächtige intellektuelle Erleuchtung, daß sie ohne weiteres imstande wäre, mich zu bestimmten praktischen Taten zu veranlassen.

Eine etwas andere Frage: Haben Sie irgendwann im Leben einmal ernsthafter über Selbstmord nachgedacht? In den Briefen aus dem Gefängnis lehnen Sie ihn zwar ab, aber das bedeutet doch, daß Sie mehrmals daran gedacht haben. Halten Sie Selbstmord für eine Lösung?

Wer würde nicht über Selbstmord nachdenken! Selbstverständlich habe ich das mehrfach getan und denke eigentlich immer noch darüber nach – aber nur so, wie wohl jeder Mensch darüber nachdenkt, der des Denkens fähig ist. Zum Beispiel wie über ein Seil, das ständig über mir ist, und an das ich mich jederzeit halten kann, wenn ich nicht mehr imstande bin weiterzugehen. Allerdings, wenn ich das auch nur einmal tue, wird das wirklich definitiv und das letzte Mal sein, ich bin dann zwar definitiv von allen Sorgen des Lebens befreit – aber zugleich auch von allen Freuden. Ich persönlich kann allerdings noch leben und muß also nicht zu diesem Rettungsseil greifen: Selbstmord habe ich bisher nie versucht, und es scheint mir unwahrscheinlich, daß ich das in nächster Zeit versuchen würde. Ich will im Gegenteil versuchen, trotz allem zu leben. Und das ermöglicht mir – paradoxerweise – gerade die Alternative des Selbstmords: das Bewußtsein, immer Gelegenheit dazu zu haben, gibt einem doch die Kraft, es nie zu versuchen. Oder ist das Leben etwas anderes als das ständige Verschieben des Selbstmords auf einen späteren Zeitpunkt? Ich kann nicht auf die Frage antworten, ob der Selbstmord eine Lösung ist; für diejenigen, die ihn begangen haben, war er offenbar eine Lösung. Es stimmt, die Lösung ist ein wenig kurzschlußartig – aber das erscheint eben uns so, die wir uns bislang nicht ans Leben gegangen sind. Doch was wissen wir davon? Haben wir überhaupt das Recht, so von oben herab mit etwas abzurechnen, was wir gar nicht kennengelernt haben? (Damit meine ich nicht nur den Akt des Selbstmords selbst, sondern vor allem das konkrete Leid, das ihm beim Selbstmörder vorangegangen ist, die Tiefe seines Unglücks und die Tiefe seiner Unfähigkeit, mit diesem Unglück zu leben.) Im Gefängnis mußte ich häufig verschiedenen Mitgefangenen den Selbstmord ausreden, ich habe das für meine Pflicht gehalten und hätte schwere Gewissensbisse gehabt, wenn sich jemand das Leben genommen hätte, den ich daran hätte hindern können (einmal war ich sogar vierzehn Tage im Loch, weil ich versucht hatte, jemanden am Selbstmord zu hindern – unser halbverrückter Leiter brüllte mich an, ich solle mich gefälligst nicht in seine Art der Lagerleitung einmischen). Wenn ich aber ganz aufrichtig sein soll, die Argumente, die ich bei derartigen Überzeugungsversuchen anwandte, hätten mich – in der Situation dessen, der überzeugt werden soll – wohl schwerlich beeindrucken können! Es ist wirklich sehr schwer zu sagen, warum der Mensch eigentlich leben soll! Sicher: wir haben uns das Leben nicht gegeben, wir haben also nicht das Recht, es uns zu nehmen. Wenn uns aber jemand darauf antwortet, er habe Gott um dieses Leben nicht gebeten? Und wenn er Ihnen sagt, ihm sei es gleichgültig, wer ihm das Leben gegeben hat, wenn er es leben muß und nicht derjenige, der es ihm gegeben hat? Oder wenn er einwendet, wenn ihm der Herrgott dieses Leben gegeben habe, dann habe er vergessen, ihm die entsprechende Natur dazuzugeben, um ein solches Leben aushalten zu können? Zum Glück geht es in diesen Dingen nicht um die Kraft der Argumente, sondern einfach um die Kraft zum Leben – und die kann man jemandem häufig mit ziemlich blöden Argumenten geben. So daß es durchaus möglich ist, daß in dem Moment, in dem mir der Atem ausginge, auch mich geschickt angebrachte «blöde Argumente» retten könnten. Wie dem auch sei, ich bin nie imstande gewesen, den Selbstmord zu verurteilen; eher neige ich dazu, ihn zu achten. Nicht nur wegen des unbezweifelbaren Mutes, der zu einem zu Ende gebrachten Selbstmord notwendig ist, sondern auch, weil die Selbstmörder – in einem gewissen Sinne – den Wert des Lebens sehr hoch ansetzen: ihnen scheint das Leben eine zu wertvolle Sache zu sein, als daß es dadurch entwertet werden dürfte, daß es vergeblich, leer, ohne Sinn, ohne Liebe, ohne Hoffnung gelebt wird. Manchmal kommt mir in den Sinn, ob Selbstmörder nicht eine Art traurige Wächter des Sinnes des Lebens sind –

Man sagt, Sie seien konvertiert. Wenn es stimmt, bedeutet das, daß Sie dieses mystische Erlebnis erlangt haben, das Sie in Ihren Briefen aus dem Gefängnis für die wahrscheinliche Voraussetzung einer wirklichen inneren Konversion halten?

Ich weiß nicht, wieweit ich konvertiert bin, das hängt davon ab, wie wir den Begriff Konversion verstehen. So wie ich ihn begreife, würde ich eher sagen, daß ich nicht konvertiert bin. Auf keinen Fall bin ich ein sogenannter «praktizierender Katholik» geworden: ich gehe nicht regelmäßig in die Kirche, bei der Beichte (ich meine der «institutionellen») bin ich seit der Kindheit nicht mehr gewesen, ich bete nicht, und wenn ich in der Kirche bin, bekreuzige ich mich nicht. Im Gefängnis habe ich an geheimen Messen teilgenommen, doch nicht am Abendmahl. Daß etwas Geheimnisvolles über mir ist, ein Brennpunkt alles Sinnvollen und eine höchste sittliche Autorität; daß das Ereignis, das man Welt nennt, seine tiefere Ordnung und seinen Sinn hat (daß es also nicht nur ein Haufen unwahrscheinlicher Zufälle ist); daß auch ich mit meinem Leben mich auf etwas hin richte, was bei weitem mich selbst und den mir bekannten Horizont der Welt überschreitet; daß ich mit allem, was ich tue, irgendwie seltsam die Ewigkeit berühre – das alles habe ich eigentlich schon immer gespürt. Zusammenhängender habe ich allerdings erst im Gefängnis angefangen, darüber nachzudenken, wo ich auch versucht habe, diese meine grundlegende Erfahrung mit der Welt und mir selbst auf bestimmte Weise zu beschreiben und zu analysieren. Doch das bedeutet noch nicht, daß ich mich verändert habe – und die Konversion ist doch vor allem Veränderung. Vielleicht verstehe ich heute meine katholischen oder protestantischen Freunde besser (ich habe auch mehr Kontakt mit ihnen, daher vielleicht die Annahme, ich sei konvertiert). Nur daß eben eine wirkliche Konversion, so, wie ich sie verstehe, an Stelle eines unbestimmten «Etwas» ganz unzweideutig den persönlichen Gott einsetzen und innerlich Christus völlig akzeptieren würde als den Sohn Gottes und zugleich alles, was daraus folgt, also auch die Liturgie. Und diesen Schritt habe ich nicht getan. Ob dazu jenes «mystische Erlebnis» notwendig ist, dessen bin ich mir nicht mehr so sicher – einige sehr tiefgläubige Freunde haben mir gesagt, sie hätten ein solches Erlebnis nie gehabt und zu ihrem Glauben oder ihrer Konversion nichts Derartiges nötig gehabt. Wie dem aber auch sei, ich halte mich für «gläubig» nur in dem Sinn, in dem ich diesen Begriff in meinen Briefen verwendet habe: ich glaube, daß dies alles – das All und das Leben – nicht «von selbst» ist, ich glaube, daß nichts unwiederbringlich verschwindet, um so weniger unsere Taten, womit ich mir meine Überzeugung erkläre, daß es Sinn hat, im Leben nach etwas zu streben, nach etwas mehr als nur danach, was sichtbar wieder hereinkommt oder sich auszahlt. In einen derart definierten Glauben passen allerdings viele Leute, und es wäre wohl nicht verantwortlich (und das tun wohl auch, soweit ich weiß, die progressivsten Theologen nicht), sie alle automatisch für gläubige Christen zu halten. Ich kann mich bemühen, im Geiste der christlichen Moral zu leben (allzugut gelingt mir das allerdings, muß ich sagen, nicht), aber das heißt noch nicht, daß ich wirklich gläubiger Christ bin. Ich bin mir einfach wirklich nicht sicher, daß Christus der Sohn Gottes ist und nicht nur bildlich Gottmensch (als eine Art «Archetyp» des Menschen), aber in dem tiefen und verpflichtenden Sinne, in dem das für einen Christen gilt.

Einige Ihrer Schauspiele haben Sie schon aufgezählt. Was haben Sie sonst noch in Ihrem Leben geschrieben?

Von frühester Jugend an schreibe ich unterschiedlichste Artikel, Betrachtungen, Aufsätze. Die ältesten, aus den fünfziger Jahren, sind nicht erschienen (und ich möchte das auch nicht). Sie sind zu Hause in einem maschinenschriftlichen Band zusammengefaßt; darunter ist zum Beispiel ein größerer Aufsatz über Hrabal aus der Zeit, als seine Texte nur im Manuskript existierten, wahrscheinlich überhaupt die erste Analyse Hrabals. In den sechziger Jahren habe ich regelmäßig verschiedene Betrachtungen zum Theater, Porträts von Schauspielern und Regisseuren und allgemeine Artikel über die Kunst, überwiegend in der Zeitschrift *Divadlo,* veröffentlicht. Darüber hinaus habe ich ziemlich viele Beiträge für Theater- oder Ausstellungsprogramme, Vorworte und Nachworte, kleinere Glossen geschrieben; wenn ich das alles finden und ordnen sollte, ich würde es wohl kaum schaffen. In dem schon erwähnten Buch ‹Protokolle› ist meine Sammlung typographischer Poesie ‹Antikoden› erschienen. Meine Essays, Aufsätze, Feuilletons und verschiedene Äußerungen aus den siebziger Jahren sind in dem Buch ‹Über die menschliche Identität› zusammengefaßt, von dem wir schon gesprochen haben; die umfangreichste und wohl wichtigste darin enthaltene Arbeit ist der Essay ‹Macht der Ohnmächtigen› aus dem Jahre 1978. Von den ‹Briefen an Olga›, der Sammlung meiner Briefe aus dem Gefängnis, war ebenfalls schon die Rede. Der Schlußzyklus von sechzehn Briefen aus dem Gefängnis kam vorher separat unter dem Titel ‹Aufruf zur Transzendenz› heraus, mit einer bemerkenswerten Studie von Sidonius. Es gibt auch schon eine ganz schöne Reihe von Artikeln, die ich nach meiner Rückkehr aus dem Gefängnis geschrieben habe, von den wichtigeren würde ich wohl nennen ‹Politik und Gewissen›, ‹Verantwortung als Schicksal›, ‹Thriller›, ‹Anatomie einer Zurückhaltung›; von meinem persönlichen Standpunkt aus ist ziemlich wichtig das umfangreiche Interview, das ich kurz nach meiner Rückkehr ausländischen Zeitungen gegeben habe und das tschechisch als Beilage der Zeitschrift Listy erschienen ist. Vielleicht werden eines Tages auch diese Texte zu einem Buch zusammengefaßt. Ich denke nach, was ich vergessen haben könnte. Zum Beispiel meine Diplomarbeit auf der AMU (Analyse meines Schauspiels ‹Erschwerte Möglichkeit der Konzentration›) und den sechzigseitigen Kommentar zum Stück ‹Die Retter› vom Anfang der siebziger Jahre, es ist eine ziemlich gründliche Abhandlung über das Thema der Krise der menschlichen Identität (ich glaube, daß ich dieses mein grundlegendes dramatisches Thema zum erstenmal gerade in diesem Text so benannt habe); der Kommentar ist wahrscheinlich wesentlich besser als das Stück, das er betrifft. Zum Schluß und der Vollständigkeit halber möchte ich zumindest noch erwähnen, daß ich Verfasser und Mitverfasser einer Unzahl von verschiedenen Gruppenstellungnahmen, Erklärungen, Dokumenten u. ä. bin, vor allem in den letzten Jahren, nach dem Auftreten der Charta 77.

Wie würden Sie die Ästhetik Ihrer Schauspiele beschreiben? Haben Sie Ihrer Meinung nach etwas Gemeinsames, und was charakterisiert Sie als dramatischen Autor am meisten?

Auf diese Frage zu antworten bedeutet, für einen Augenblick aus sich selbst herauszutreten und sich selbst von außen zu betrachten, was nicht gerade eine leichte Aufgabe ist. Ich werde es versuchen, allerdings wird mein Selbstporträt nur eine flüchtige Skizze sein, begrenzt auf einige wenige auffällige Züge – wie ich selbst sie wahrnehme. Ich fange bei äußerlichen Dingen an: in meinen Stücken finden Sie schwerlich irgendein feines Gewebe von Atmosphäre, Stimmungen, Umrissen oder eine reiche Skala nuancierter psychologischer Situationen oder Durchblicke in die geheimnisvoll komplizierte Bewegung der menschlichen Seele; Sie finden in ihnen nicht einmal kunstvolles Verbergen ihres inneren Aufbaus, des «Wie», und um so weniger können sie Ihnen als fließende, spontane, dem natürlichen Lauf des Lebens entsprechende Reihe von Geschehnissen erscheinen. Ich bin als Autor Konstrukteur, ich bekenne mich zur Konstruktion der Stücke, mache sie absichtlich übersichtlich, betone, enthülle sie, vielfach gebe ich ihnen geradezu geometrisch geradlinige und regelmäßige Umrisse – das alles in der Hoffnung, daß das nicht als Ungelenkheit oder Selbstzweck empfunden wird, sondern daß darin auch ein bestimmter Sinn gespürt wird. Wie ich schon in anderem Zusammenhang gesagt habe, habe ich kein musikalisches Gehör und bin wahrhaftig kein großer Musikkenner. Trotzdem glaube ich, daß gerade durch die verstärkte Betonung der Komposition in meine Stücke etwas Musikalisches oder dem musikalischen Denken Nahestehendes eintritt. Viel Spaß machen mir solche Dinge wie alle möglichen symmetrischen und schließlich symmetrisch asymmetrischen Verwicklungen und Verknüpfungen von Motiven, ihre Entwicklung in Phasen und Rhythmen, spiegelbildliches Kombinieren der Motive mit ihren Antimotiven; immer wieder neige ich zur analogen Struktur der Dialoge: das Zurückgeben von Repliken, ihre Wiederholung, Veränderung, die Übernahme von Repliken einer Person durch eine andere und deren gegenseitigen Austausch, rückwärts oder gegenläufig laufende Dialoge, die Betonung des rhythmischen Wechsels der Konversationsmotive und also der zeitlichen Dimension, das alles kann man in mehr oder weniger großem Maße in meinen Stücken finden. In einem – dem ‹Berghotel› – habe ich sogar versucht, dies alles in einem derartigen Maße zur Geltung zu bringen und zu entwickeln, daß es zum eigentlichen Thema des Stückes wurde; es war also in gewissem Sinne ein Stück über sich selbst, was freilich seine «Meta-Bedeutung» hatte oder besser gesagt haben sollte. Schon bei der ersten, äußerlichen Betrachtung kann man also feststellen, daß meine Stücke bewußt, absichtlich und offenliegend konstruiert, schematisch, maschinenartig sind. Das ist nicht so, weil ich mich irgendwann am Anfang meines Schreibens kaltblütig entschlossen hätte, so und nur so seltsam zu schreiben; es folgte irgendwie von selbst aus meinen Neigungen und Vorlieben, aus meinem Naturell. Den Sinn dieser Dinge kann man auf verschiedene Weise gelehrt auslegen, zum Beispiel mit dem Bemühen, so deutlich wie möglich die innere Mechanik einiger gesellschaftlicher und psychologischer Prozesse und den mechanischen Charakter der Manipulation des Menschen in der modernen Welt zu zeigen, die mit dem wissenschaftlichen und zuletzt technischen Ursprung dieser Manipulation zusammenhängt. Ich wehre mich nicht gegen solche Erläuterungen, sie sind legitim, auch ich fühle und will das wirklich irgendwie so, nur füge ich wieder hinzu, daß am Anfang nicht die Absicht war, aus diesen oder jenen «ideellen» Gründen so und so zu schreiben; so einfach geht das nicht; ein bestimmtes Autorennaturell neigt eben dazu, und durch das, wozu es neigt, berührt es etwas weiteres, beziehungsweise das, wozu es neigt, führt es von selbst zu diesem weiteren. Alles, was überhaupt Wert hat, bedeutet immer noch etwas weiteres, ohne Rücksicht auf des Autors intellektuelle Absichten. Etwas anderes sollte ich hier vielleicht noch erwähnen, das Interesse an der Sprache. Es interessiert mich ihre Ambivalenz, ihr Mißbrauch, sie interessiert mich als Urheber des Lebens, der Schicksale und Welten, die Sprache als die wichtigste Fertigkeit, die Sprache als Ritual und Zauberformel; das Wort als Träger der dramatischen Bewegung, als Legitimation, als Mittel der Selbstbestätigung und Selbstdurchsetzung. Mich interessiert die Phrase und ihre Bedeutung in der Welt, wo die verbale Wertung, die Eingliederung in den phraseologischen Kontext, die sprachliche Interpretation vielfach wichtiger sind als die Wirklichkeit selbst, und so selbst zur hauptsächlichen Wirklichkeit werden, während die «wirkliche Wirklichkeit» nur ihr Derivat ist. Über das ‹Gartenfest› ist einmal geschrieben worden, sein Hauptheld sei die Phrase. Die Phrase organisiert das Leben, die

Phrase enteignet die Menschen ihrer Existenz, die Phrase wird zum Herrscher, Verteidiger, Richter und Gesetz. Es macht mir Spaß, verschiedene rhetorisch geschmückte Reden zu schreiben, in denen mit kristallklarer Logik Unsinn verteidigt wird; es macht mir Spaß, Monologe zu schreiben, in denen glaubwürdig und suggestiv lauter Wahrheiten ausgesprochen werden und die dabei von Anfang bis Ende verlogen sind. Und noch mehr Spaß macht es mir, Reden zu schreiben, die auf des Messers Schneide balancieren, der Zuschauer identifiziert sich mit den darin erklärten Wahrheiten, doch fühlt er zugleich den fast nicht kenntlichen Hauch der Lügenhaftigkeit, den diese Äußerungen in der gegebenen Situation und den Zusammenhängen haben – und bleibt auf Dauer beunruhigt von der Ungewißheit, wie das eigentlich gemeint war. In der ‹Versuchung› zum Beispiel erklärt Faustka Margarethe seine Ansichten zu den Grundfragen des Seins und sagt Dinge, die fast identisch sind mit dem, was ich selbst denke und was ich mit sehr ähnlichen Worten, ganz ernsthaft und vollständig dahinterstehend, anderswo sage, zum Beispiel in meinen Briefen aus dem Gefängnis oder in diesem unserem Gespräch. Trotzdem ist in diesen Erklärungen des Faustka etwas leicht Falsches. Er sagt das nämlich – wie sollte uns das nicht entgehen – so ein wenig, um Margarethe zu bezaubern, was ihm auch gelingt. Seine Wahrheiten, zu denen er zweifelsohne auf völlig ehrenhafte Weise gekommen ist, mißbraucht er nur kaum merklich. Ist es dann aber noch die Wahrheit? Ist aber nicht gerade ein solcher kaum merklicher Mißbrauch der Wahrheit und der Sprache der wirkliche Anfang aller Armseligkeit Faustkas und aller Armseligkeit der Welt, in der wir leben? Dem Zuschauer sollte es in diesen Dingen nicht ganz klar werden, gerade die Ambivalenz sollte ihn beunruhigen, um so mehr, als er aus eigener Erfahrung – zumindest wenn er ein Mann ist – sehr gut wissen muß, daß wir manchmal die wichtigsten Wahrheiten am schönsten gerade dann formulieren, wenn wir uns auf den Weg des Bezauberns der Damen machen. Ich erinnere mich, als die ‹Benachrichtigung› gespielt wurde und die Hauptperson im Schlußmonolog ihren sittlichen Zusammenbruch mit der ganzen Absurdität der Welt und der Entfremdung verteidigt, beschrieben mit dem damals neu entdeckten existentialistischen Jargon, hat mich jemand gefragt, wie ich das eigentlich gemeint habe, ob ich den sittlichen Zusammenbruch ernsthaft habe verteidigen wollen oder ob ich mich mit dem Verspotten dieser Redeweise von der gegenwärtigen Belebung des Marxismus durch die moderne Philosophie distanzieren wolle. Der Betreffende war beunruhigt, und ich konnte mir nichts Besseres wünschen. Die Phrase ist immer Phrase; es gibt keine fortschrittlichen oder reaktionären Phrasen; je «fortschrittlicher» die Phrase ist und je weniger sie als Phrase aussieht, um so mehr interessiert sie mich. Die Mechanisierung der dramatischen Form, von der ich gesprochen habe, weist auf einen Charakterzug hin, der wohl im Hinblick auf die Ästhetik meiner Stücke der wichtigste ist. Nämlich darauf, daß die Stücke, nimmt man alles nur in allem, weit mehr als auf dem Handeln der Personen und der Bewegung des Geschehens auf der Bewegung der Bedeutungen, Motive, Gedanken, Argumente, Begriffe, Thesen und Worte beruhen. Es ist so, als ob dies alles das eigentliche Geschehen belebe und schließlich trage und so zum wirklichen Quell des Dramatischen würde. Daraus folgt allerdings notwendigerweise, daß alle diese Stücke in erheblichem Maße zeichenhaft, kürzelhaft, schematisch sind. Ein wenig sind es Puppenspiele. Ein wenig belebte Spieluhren. Mancher

Kritiker und mancher Regisseur oder Schauspieler hat sich damit sehr schwer getan, mancher von ihnen rief nach Psychologie, nach lebensvoller Buntheit und Saftigkeit, nach Geheimnis, nach Zufall, nach Unregelmäßigkeit. Es schien ihnen dies alles kühl berechnet, nach Plan geschrieben, aus Allgemeinem zusammengesetzt, ihnen fehlte darin die Lücke für das Geheimnis, das Wunder, die Unvorhersehbarkeit, die Hoffnung, die unwiederholbare Einzigartigkeit des Lebenden. Ich habe das völlig verstanden, zugleich aber habe ich mir das meine gedacht. Vielleicht sollte ich noch über die Frage nachdenken, wovon die Stücke eigentlich handeln. Ob ich will oder nicht, ob ich das plane oder nicht, immer kehrt in meine Stücke — fast obsedant und also in keinem Falle zufällig, sondern aus dem Wesen der Aspekte der Welt heraus, die mich als ihren Vermittler gewählt haben — ein Grundthema zurück: nämlich das Thema der menschlichen Identität. Es ist dies ein traditionell mit dem Theater verbundenes Thema: im letzten handelt eigentlich jedes Theater davon, wer als was erscheint und was er wirklich ist; den Prozeß des Erscheinens, des Enthüllens, des Erkennens des wahren Antlitzes des Menschen finden wir in jedem Theater von der Antike bis heute; die Frage nach der Identität ist schon im Phänomen der Maske gegenwärtig, genau so wie im Phänomen der Verkleidung. In meinen Stücken kommt dieses in seinem Wesen theaterhafte oder dramatische Thema freilich in seiner etwas spezielleren Gestalt vor: als Thema der Identität in der Krise. Es geht also nicht mehr nur um die Identität, die durch die Maske, Verstellung oder gesellschaftliche Rolle verborgen ist, sondern um eine zerfallende und zusammenbrechende, verschwimmende und verschwindende Identität. Die Krise ist um so schlimmer, als sie nicht reflektiert wird. In meinem ersten Stück, ‹Das

Gartenfest›, ist das Thema unmittelbar ins Sujet projiziert: die Hauptperson Hugo geht in die Welt hinaus – in der Art des Hans im Glück (Archetyp des Wanderers) – und trifft dort auf die Phrase als deren zentrales Prinzip. An die Phrase adaptiert er sich also allmählich (er «lernt»); er identifiziert sich mit ihr, je besser er sich mit ihr identifiziert, desto höher steigt er; und als er auf dem Gipfel ist, zeigt sich, daß er sich in der Phrase völlig aufgelöst und so selbst verloren hat. Das Stück endet damit, daß Hugo sich selbst besuchen geht. Nicht etwa, um sich selbst wiederzufinden, sondern um seine Position noch mehr durch die Annäherung mit jemandem sehr Wichtigen zu festigen – daß er dabei zu sich selbst geht, ist nur ein «Mißverständnis», wenn auch ein symbolisches: er hat von seiner Bedeutung gehört und nicht wissend, daß es seine Bedeutung ist, geht er zu sich selbst. Seine Orientierung auf die Phrase bringt ihn zu sich selbst als ihrer besten Verkörperung. Indem er sich selbst besucht, verliert er sich definitiv. In vielfältigen, weniger offensichtlichen Gestalten kommt dieses Motiv des Verlustes seiner selbst in allen weiteren Stücken wieder. Was könnte ich über sie noch sagen? Vielleicht, daß sie in keiner Weise avantgardistisch sind. Darin bin ich der Tradition des absurden Theaters treu. Der Vorhang geht auf, auf der Bühne ist ein Zimmer mit einigen Türen (ich liebe das Geheimnis der Tür, dieser Grenze der Räume, dieses Vermittlers der Ankünfte und Abgänge, das Tor des Seins und Nichtseins auf dem Theater), jemand kommt, grüßt und geht weiter. Keinerlei Hereinziehen des Zuschauers auf die Bühne oder Eindringen der Schauspieler in den Zuschauerraum, keinerlei Zauber, kein Heraustreten aus der Rolle oder ähnliches. Ein normales Stück, in dem eines aus dem anderen folgt. Am Anfang stehen genaue Regeln und Konventionen. Erst danach, nachdem sie installiert sind, kann langsam der Prozeß ihres eventuellen Umdrehens und Umwendens, Travestierens und Verletzens, der Verletzung ihres Verletzens, des Mißbrauchens beginnen. Immer habe ich behauptet, wo alles erlaubt ist, überrascht nichts mehr. Das Drama setzt Ordnung voraus. Und sei es nur, damit es – diese Ordnung verletzend – mit etwas überraschen kann.

Wie würden Sie sich mit dem Vorwurf auseinandersetzen, auf den Sie gestoßen sind, in Ihren Stücken fehle die Überschreitung, der Raum für das Geheimnis, die Vieldeutigkeit des Lebens?

Etwa durch einen Vergleich mit der bildenden Kunst. Stellen wir uns ein surrealistisches oder postsurrealistisches oder irgendein ähnliches Bild vor, auf dem zum Beispiel eine Station der Metro ist, in der eine rätselhafte Wildhexe umhergeht, von irgendwoher steckt ein Teufelchen sein Kinn herein, auf dem Boden liegt ein zerschlagenes Ei, irgendwo lehnt ein Regenschirm. Wenn das Bild gut ist, geht von ihm etwas Magisches, Geheimnisvolles aus, finden wir in ihm etwas von den dunklen und rätselhaften Regungen unserer eigenen Psyche oder des Unterbewußten, beim Blick darauf frösteln wir leicht, weil wir hier unsere eigenen archetypischen Vorstellungen vergegenwärtigt fühlen. Diese Hinweise auf das Geheimnis sind hier allerdings thematisiert, sind im Sujet selbst, sind sozusagen gemalt. Man kann sich aber ein anderes Bild vorstellen, sagen wir von der Art der Op-art oder geometrischen Abstraktion, auf dem nichts offensichtlich Rätselhaftes gemalt ist, es sind bloß ein paar konzentrische Kreise oder bunte Vierecke, alles hat seine durchsichtige Ordnung, es gibt nicht eine einzige Anomalie, die Fragen hervorriefe.

Es könnte scheinen, daß ein solches Bild kein Geheimnis habe, daß es ein Computer nach irgendeinem Programm malen könnte, daß hier kein Durchblick in irgendeine Weite ist, daß dieses Bild eigentlich überflüssig ist, weil man es denken oder aussprechen kann. Ich bin überzeugt, daß auch ein solches Bild – ohne fließende Uhren oder angeschlagene Eier – sein Geheimnis haben kann. Das Geheimnis ist jedoch irgendwo in seinem Subtext, in dem, was nicht in ihm ist, irgendwo in den Lücken seiner Kreise, in der Zusammensetzung seiner Elemente, in der Rätselhaftigkeit ihres Sinnes, in der Frage, was sie sind und bedeuten, woher sie kommen. Ist nicht die Existenz selbst dieser geometrischen Elemente ein großes Geheimnis? Sind das irgendwelche Urformen des Seins? Oder Urformen unseres Denkens? Oder vielleicht des Denkens Gottes? Warum gibt es sie überhaupt? Was wollen sie uns mitteilen? Woher kommt ihre Ordnung? Ist das die Ordnung der Schöpfung oder des Todes? Was ist zwischen diesen Kreisen, in ihnen, hinter ihnen, um sie herum? Nichts? Sind sie selbst überhaupt etwas oder nur eine andere Modalität desselben Nichts? Hat sie der menschliche Geist aus dem All abstrahiert, oder sind das nur seine verrückten Ideen? Wovon ist eigentlich der Mensch besessen, der so etwas malt? Was will er uns sagen? Was ist das Eigenartige, was er weiß? Ist das eine Friedensbotschaft des Seins oder Ausdruck reiner Verzweiflung? So und ähnlich könnte ich immer weiter fragen. Ich glaube, daß jedes wirkliche Kunstwerk in sich irgendein Geheimnis trägt, und sei es nur in seinem Bau, im Rätsel seiner Komposition, des gegenseitigen Kontaktes, dem Zusammentreffen und Aneinandervorbeigehen der Formen, im Rätsel dieses strukturellen Geschehens. Jedes wirkliche Kunstwerk weist über sich hinaus, reicht über sich und seinen Autor hinaus, schafft um sich selbst herum ein eigenartiges Kraftfeld, mit dem es das menschliche Denken und die menschlichen Nerven in eine unklare und schwerlich im voraus vom Autor einzuplanende Bewegung versetzt; die Strahlen, die von ihm ausgehen, können nie genau berechnet werden, und bis an ihr Ende kann man nie sehen. Sie werden zwar schwächer, führen aber ins Unendliche. Wenn ich nicht hoffte, daß auch meine Stücke etwas Derartiges haben, wie auch immer sie das erreichen, würde ich sie nicht schreiben.

Wie würden Sie denjenigen antworten, die Ihnen vorwerfen, daß Ihre Stücke, besonders die letzten, durch und durch pessimistisch sind, ausweglos, ohne den geringsten Hoffnungsschimmer? Würden Sie zugestehen, daß die Welt Ihrer Stücke ein wenig im Widerspruch zu Ihrer staatsbürgerlichen Haltung und Ihrem Leben steht?

Ich würde sagen, daß die Aufgabe des Theaters, wie ich es verstehe und wie ich es zu machen versuche, nicht ist, jemandem das Leben durch die Vorführung positiver Helden zu erleichtern, in die er kühn seine ganze Hoffnung legen könnte, ihn aus dem Theater mit dem sorglosen Gefühl zu entlassen, die Helden würden etwas für ihn erledigen. Das wäre meiner Meinung nach ein Bärendienst. Ich habe schon davon gesprochen, daß die echte, wirkliche und grundlegende Hoffnung jeder in sich selbst finden muß. Die kann man an niemanden delegieren. Mein Ehrgeiz ist es nicht, den Zuschauer mit einer barmherzigen Lüge zu beruhigen und ihn fälschlicherweise mit dem Angebot aufzumuntern, daß ich etwas für ihn lösen werde. Damit würde ich ihm wahrlich nicht helfen. Ich versuche etwas anderes: ihn so drastisch wie möglich in die Tiefe

243

der Frage zu werfen, der er nicht ausweichen sollte und der er sowieso nicht entgeht, seine Nase in die eigene Armseligkeit zu stecken, in meine Armseligkeit, in unsere gemeinsame Armseligkeit. Nur der Ausweg, nur die Lösung, nur die Hoffnung haben Wert, die wir selbst finden, in uns selbst und für uns selbst. Eventuell mit Gottes Hilfe. Die jedoch vermittelt das Theater nicht, es ist keine Kirche. Das Theater sollte – mit Gottes Hilfe – Theater sein. Und es sollte dem Menschen helfen mit der Erinnerung daran, daß es spät wird, daß die Situation ernst ist, daß man nicht säumen solle. Die Umrisse des Schreckens induzieren den Willen, ihm entgegenzutreten. Wie Jirous über die ‹Versuchung› geschrieben hat: die Hoffnung des Stückes liegt in der Erkenntnis, daß man mit dem Teufel keinen Pakt schließen darf. Diese Erkenntnis muß freilich der Zuschauer vollziehen – ich verhelfe ihm dazu nur dadurch, daß ich ihm vorführe, wie es ausgeht, wenn der Mensch mit dem Teufel einen Pakt schließt. Ich wiederhole Glucksmann: unsere Sendung ist es zu warnen, Schrecken vorherzusagen, klarsichtig zu erkennen, was böse ist. Angesichts des konzentrierten Bösen kann dem Menschen am ehesten einfallen, was gut ist. Ihm das auf der Bühne zu zeigen bedeutet im letzten, ihm die Möglichkeit einer solchen Erkenntnis –als seines eigenen existentiellen Aktes – zu nehmen. In der ‹Versuchung› sagt Fistula: «Konkrete Ratschläge gebe ich nicht, und ich richte für niemanden etwas ein. Höchstens rege ich hin und wieder etwas an.» Diese Replik könnte ich für mein Credo als Autor ausgeben. Einrichten muß sich das jeder in sich selbst. Soweit ich ihn dazu provoziere, daß er sich mit erhöhter Dringlichkeit klarmacht, daß etwas eingerichtet werden muß, habe ich meine Aufgabe erfüllt. Die Menschen an ihr Dilemma zu erinnern, die Bedeutung der weggeschobenen und verdrängten Frage zu betonen, vorzuführen, daß es wirklich etwas gibt, was gelöst werden muß. Den Menschen vor sich selbst zu stellen. Nur die Auswege, die er dann selbst findet, werden die richtigen sein. Sie werden nämlich persönlich erlebt und persönlich garantiert sein. Sie werden seine eigenen sein, Akt seiner Schöpfung und Selbstschöpfung. Vielleicht werden Sie einwenden, daß es Zeiten gegeben hat, in denen das Drama nicht ohne große positive Helden ausgekommen ist, wenn es auch tragische Figuren waren. Sicherlich. Es hat sie gegeben. Das Drama spiegelt immer in besonderer Weise das Wesentliche seiner Zeit. Heute ist nicht die Zeit großer Helden, wenn sie auftauchen, sind sie verlogen, lächerlich und sentimental. Das ist keine Verschwörung der Dramatiker. Fragen Sie die heutige Welt, warum das so ist. Und ein letztes: die Leute können meist Theaterstücke nicht lesen (und warum sollten sie das auch können? Wäre dann nicht das Theater überflüssig?). Sie können nicht – neben vielen anderen Dingen – für ihr privates Leseerlebnis das radikal andere kollektive Theatererlebnis einsetzen. Im Zuschauerraum ist wirklich alles ein wenig anders als zu Hause im Sessel! Unzählige Male mußte ich im Theater am Geländer, als ich Aufsicht während der Vorstellung hatte, meine Stücke anschauen, und ich hatte also Gelegenheit, ziemlich genau die Reaktion des Publikums zu studieren. Und immer wieder aufs neue wurde mir klar, in welchem Maße dort alles andere Dimensionen erhält. Wenn man ein Stück liest, in dem das Böse benannt wird, in dem alles schlecht ausgeht und in dem es nicht eine positive Gestalt gibt, kann man davon leicht ausschließlich deprimiert sein. Sieht man jedoch dasselbe Stück im Theater, in der erregenden Atmosphäre des gemeinsamen Einverständnisses, dann hat man auf einmal ein ganz anderes

Gefühl. Auch die härteste Wahrheit, wenn sie laut und öffentlich vor allen ausgesprochen wird, wird auf einmal zu etwas Befreiendem: in der schönen und nur dem Theater eigenen Ambivalenz verbindet sich hier Schrecken (warum verbergen, daß auf der Bühne noch schrecklicher als bei der Lektüre) mit etwas ganz Neuem und bei der Lektüre nicht zu Erkennendem: mit der Freude (kollektiv erlebt und nur kollektiv erlebbar) daran, daß es «endlich einmal gesagt wird», daß es draußen ist, daß die Wahrheit laut und öffentlich artikuliert worden ist. In der Ambivalenz dieses Erlebnisses ist doch das, was seit Menschengedenken mit dem Theater verbunden ist: Katharsis. Jan Grossman hat einmal über meine Stücke geschrieben, daß ihr positiver Held der Zuschauer sei. Das bedeutet nicht nur, daß der Zuschauer auf dem Nachhauseweg, bewegt von dem, was er gesehen hat, einen wirklichen Ausweg zu suchen beginnt (nicht als die allgemein übertragbare Lösung eines Kreuzworträtsels, sondern als den nicht übertragbaren Akt des eigenen existentiellen Aufwachens), sondern es bedeutet auch, daß er dieser «positive Held» schon im Theater wird, als Teilnehmer und Mitschöpfer an der Katharsis, mit den anderen die befreiende Freude daran teilend, daß das Böse entlarvt worden ist. In der Demonstration der Misere der Welt wird hier – paradoxerweise – ein höchst erhebendes Erlebnis hervorgerufen. Schon irgendwo hier ist also der Beginn der Hoffnung, aber der wirklichen, keineswegs der Hoffnung der Happy-Ends. Damit das Stück das aber wirklich hervorruft, muß es dazu irgendwie innerlich disponiert sein; Schrecken an sich und jeder nur mögliche Schrecken führen noch nicht automatisch zur Katharsis; irgendwelche geheimnisvollen Enzyme müssen im Stück zirkulieren. Wie das zu machen ist, ist aber in dem gegebenen Fall meine Sorge – möge man mich nach dem Ergebnis beurteilen. Dem Theaterergebnis allerdings. Was den Widerspruch zwischen der Welt meiner Stücke und meinem staatsbürgerlichen Wirken angeht: ich habe mich diesem Thema schon in meinen Briefen aus dem Gefängnis gewidmet, und ein wenig habe ich es auch schon in diesem Gespräch berührt. Deshalb also nur kurz: wenn ich die triviale Wahrheit übergehe, daß die Kunst andere Gesetzmäßigkeiten hat als das bürgerliche Leben oder essayistische Betrachtungen, dann muß ich aufs neue auf das Komplementäre des Sinnes und des Sinnlosen hinweisen: je tiefer das Erlebnis der Nichtgegenwart des Sinnes ist, also der Absurdität, desto energischer wird Sinn gesucht; ohne lebendigen Kampf mit der Erfahrung der Absurdität gäbe es nichts, worauf man sich richten könnte; ohne das tiefe innere Sehnen nach dem Sinn gäbe es umgekehrt keine Verwundung durch das Sinnlose.

Sie haben sich jetzt als Dramatiker gewertet, wie würden Sie sich als Mensch werten? Der nahende fünfzigste Geburtstag könnte vielleicht Grund zu ein wenig Nachdenken über sich selbst sein –

Das erste, was ich – vor diese ein wenig teuflische Aufgabe gestellt – sagen würde, und offensichtlich das einzige, was ich in diesem Moment dazu zu sagen fähig bin, ist, daß mein Leben, meine Arbeit, meine Stellung und mein Wirken mir aus einer verdächtig großen Menge von Paradoxen zusammengesetzt erscheinen. Schauen Sie es sich nur an: ich mische mich in alles mögliche ein – und in nichts bin ich eigentlich Fachmann. Im Laufe der Jahre gelangte ich in die Stellung von so etwas wie einem politisch Tätigen – und dabei bin ich nie Politiker gewesen, habe es nie sein wollen und habe nicht einmal die entsprechenden Voraussetzungen dafür. Von Widersachern und Gönnern werde ich als ein politisches Phänomen angesehen, obwohl nichts von dem, was ich tue, für wirkliche Politik gehalten werden kann. Häufig philosophiere ich – und was bin ich denn für ein Philosoph? Meine philosophische Bildung ist, obwohl ich von Jugend an gern philosophische Bücher lese, mehr als dürftig und insgesamt Stückwerk. Hin und wieder schreibe ich über Literatur – und wenn ich etwas ganz bestimmt nicht bin, dann ist das ein Literaturkritiker. Hier und dort mische ich mich sogar in die Musik ein – und dabei kann meine Musikalität höchstens ein Quell allgemeiner Heiterkeit sein. Sogar in dem, was ich für meinen hauptsächlichen und eigentlichen Beruf halte, nämlich im Theater, bin ich kein wirklicher Fachmann: die Theaterfakultät habe ich in Eile und ohne viel Interesse absolviert, Stücke und Bücher über das Theater lese ich ungern, in die meisten Theater zu gehen macht mir keinen Spaß, ich habe bloß eine Art persönlicher Vorstellung davon, was für eine Art Theater ich gern machen würde, und im Geiste dieser Vorstellung schreibe ich meine Stücke. So daß ich mir überhaupt nicht sicher bin, ob ich innerlich das Theater als meine eigentliche, einzige und durch nichts zu ersetzende Berufung akzeptiere – ich kann mir ganz gut vorstellen, wenn mich irgendeine Gelegenheit mit sich risse, könnte ich mich mit derselben Energie einer anderen Disziplin widmen. Als Theaterprofessioneller, schicksalhaft mit dem Theater verbunden und in nicht erlahmender Weise nur zu ihm getrieben, empfinde ich mich entschieden nicht. Und bevor ich Dramaturg in einem beliebigen Theater würde, bloß weil ich dazu ausgebildet bin, ginge ich lieber wieder zurück in die Brauerei. Übrigens komme ich mir auch als dramatischer

Autor leicht verdächtig vor: ich kann in der mir eigenen Weise in den Grenzen meiner eng bemessenen Poetik schreiben – stünde ich jedoch vor einer Aufgabe, die nur ein bißchen abweichend wäre, würde ich wahrscheinlich schmählich scheitern. Im ganzen also: obwohl vielerorts gegenwärtig, gehöre ich eigentlich nirgendwo fest hin, weder was die Anstellung, die Fachkenntnisse, die Ausbildung und Bildung, den Komplex der Anlagen und Fähigkeiten noch die schicksalhafte Bestimmung betrifft. Ich behaupte nicht, daß nicht auch derart vom einen zum anderen flatternde Existenzen, die nirgendwo eindeutig zu Hause sind, die beunruhigen, notwendig sind. An der paradoxen Spannung zwischen der Ernsthaftigkeit, mit der ich hier und dort akzeptiert werde und der tatsächlichen Amateurhaftigkeit meines Wirkens wo auch immer ändert das freilich nichts. Damit allerdings hören meine privaten Paradoxe nicht auf, sondern fangen erst an. Nur einiges, zufällig herausgegriffen: ich habe ein ziemlich unruhiges Leben gewählt und selbst stifte ich irgendwie immer Unruhe – und dabei sehne ich mich nach nichts mehr als nach Ruhe. Ungewöhnlich gern habe ich Harmonie, Bequemlichkeit, allgemeine Übereinstimmung, Frieden und freundschaftlich verständiges Einverständnis aller mit allen (am liebsten wäre es mir, wenn sich alle für immer gern hätten), Spannungen, Konflikte, Mißverständnisse, Unklarheiten und Chaos ertrage ich sehr schwer – und dabei war meine Stellung in der Welt und ist sie bis heute immer äußerst kontrovers: ich bin in einer lebenslangen Konfrontation mit der Macht, verschiedenen Institutionen und Organisationen, ich habe den Ruf eines ewigen Rebellen und Aufrührers, dem nichts heilig ist, und auch meine Stücke sind alles andere als ein Bild des Friedens und der Ruhe. Ich bin ein sehr unsicherer Mensch, fast neurotisch, gerate leicht in Panik, bin furchtsam und schrecke ständig vor etwas auf, auch vor dem Klingeln des Telefons, ständig zweifle ich an mir und häufig beschuldige ich mich masochistisch und verfluche mich – und dabei erscheine ich manchen (und sogar in gewisser Weise mit Recht!) als ein selbstsicherer und sich seiner Sache gewisser Mensch, beneidenswert ausgeglichen, ruhig abwägend, ausdauernd, zäh, sachlich und sachlich auf seinem Standpunkt beharrend. Ich bin ein rationaler Systematiker, ein Liebhaber der Ordnung, diszipliniert und zuverlässig, zeitweilig fast bürokratisch pedantisch – und gleichzeitig bin ich ein überempfindlicher, ein wenig sentimentaler Mensch, den von jeher alles Geheimnisvolle, Magische, Irrationale, Unerklärliche, Groteske und Absurde, alles, was sich der Ordnung entzieht und sie in Frage stellt, angezogen hat. Ich bin eine sehr gesellige Person, die immerzu unter Menschen ist, immerzu etwas organisiert, Leute zusammenbringt, ein fröhlicher Bursche, manchmal in der Konversation Zierde der Gesellschaft, ein Flaneur mit Sinn für die verschiedenen Freuden und Sünden des Lebens – und dabei bin ich am liebsten allein, und mein Leben ist eine nicht endende Flucht in die Einsamkeit und stille Sammlung. Auf ein weiteres Paradox haben Sie vor einer Weile aufmerksam gemacht, und obwohl ich in diesem Fall nachweisen kann, daß dies eigentlich kein Paradox ist, gestehe ich zu, daß es so erscheinen kann: ich schreibe gnadenlos skeptische, ja sogar grausame Stücke – und dabei verhalte ich mich in anderen Dingen beinah wie Don Quichotte und ein ewiger Träumer, töricht immerzu für irgendwelche Ideale kämpfend. Ich bin im Grunde scheu und schamhaft – und bin dabei auf so manchem Forum als Aufrührer bekannt geworden, der nicht zögert, den anderen auch die härtesten Dinge ins Gesicht zu sagen. Oder eine andere Sache, ich habe sie schon in einem anderen Zusammenhang berührt: für viele bin ich eine ständige Quelle der Hoffnung – und dabei verfalle ich jeden Augenblick in Depressionen, Ungewißheit und Zweifel, und meine eigene innere Hoffnung muß ich ständig heftig suchen, mühevoll beleben, aus mir selbst heraus gewinnen, so daß es gar nicht so aussieht, als ob ich soviel abzugeben hätte. Für die Rolle eines Verteilers von Hoffnung und Aufmunterer meiner Umgebung eigne ich mich wahrhaftig nicht besonders gut, eigentlich sehne ich mich selbst ständig nach Aufmunterung. Ich gelte als fester, tapferer, wenn nicht gar dickköpfiger Mensch, der nicht gezögert hat, sich für das Gefängnis zu entscheiden, als ihm weitaus verführerischere Alternativen angeboten wurden – und über diesen meinen Ruf muß ich ziemlich lächeln: eigentlich fürchte ich mich ständig vor etwas, und mein angeblicher Mut und mein Durchhaltevermögen kommen aus der Angst: nämlich der Angst vor dem eigenen Gewissen, das mich so gern quält, für wirkliches und eingebildetes Versagen! Und mein ganzes heldenhaftes Gefängnis war im Grunde nur eine einzige Kette von Befürchtungen, Ängsten und Schrecken: ein wenig wie ein Kind, immer schon im voraus erschrocken und mit aufgerissenen Augen, verwirrt gegenwärtig auf dieser Erde, das Leben fürchtend und ewig an der Echtheit seiner Verankerung in der Ordnung der Dinge zweifelnd, habe ich das Gefängnis wohl schwerer ertragen, als es die Mehrheit derer ertragen hätte, die mir ihre Anerkennung aussprechen. Hat es doch ausgereicht, daß auf dem Flur das bekannte Brüllen: «Havel!» ertönte, und ich verfiel in Panik; einmal bin ich danach sogar derart verwirrt aufgesprungen, daß ich mir den Kopf am Fenster aufgeschlagen habe! Und bei alledem und trotz alledem weiß ich, wäre es notwendig, würde ich wieder dorthin gehen, und ich würde es wieder aushalten! In der Aufzählung solcher und ähnlicher Paradoxe könnte ich noch lange fortfahren, doch meine Unlust, mich öffentlich mit meiner eigenen Person zu befassen, gewinnt langsam die Oberhand über den guten Willen, Ihnen wahrheitsgemäß zu antworten, ich schließe also mit Fragen, die ich mir von Zeit zu Zeit über diesen Paradoxen stelle: Wie paßt das alles zueinander? Wie hängt das zusammen? Wie ist es möglich, daß sich das alles gegenseitig nicht ausschließt und aufhebt, sondern im Gegenteil gedeihlich zusammenlebt und sogar zusammenarbeitet? Was soll das alles bedeuten? Was soll ich davon denken? Wie ist es möglich, daß dieses äußerst seltsame Gewirr der kuriosesten Gegensätze überhaupt lebensfähig ist – und angeblich sogar erfolgreich!

Zum Schluß vielleicht noch eine Frage: Wie stellen Sie sich mit einem derartigen Bewußtsein seiner selbst Ihre Zukunft vor? Was, glauben Sie, erwartet Sie? Worauf hoffen Sie und was erwarten Sie?

Ich glaube, die Paradoxe werden weitergehen. Wie immer bisher, werde ich mich auch weiterhin mit Widerwillen an leeres Papier setzen, werde dem Schreiben auf alle mögliche Weise ausweichen, werde permanent Angst haben vor den ersten Worten, die dort erscheinen, werde mir künstlich zum Schreiben Mut machen, werde verzweifeln, weil es nicht geht – und doch werde ich schließlich immer ein neues Stück schreiben: die rätselhaften Dämonen in mir, die sich diese Quälerei für mich ausgedacht haben, werden wohl nie Ruhe geben und erreichen schließlich immer, was sie wollen. Wie immer bisher werden mich alle die Erwartungen ärgern – so häufig unangemessen und manchmal auch verrückt –, mit denen man mich belastet, und all die Rollen, von repräsentativen bis zu denen des Samariters, die mir vorgeschrieben werden; wie immer bisher, werde ich mich gegen all dies auflehnen und mein Recht auf Ruhe reklamieren – und wie immer bisher, werde ich schließlich all diese Aufgaben erfüllen und werde daran sogar aufrichtig Freude haben. Wie immer bisher, werde ich mich ständig mit etwas quälen, vor etwas fürchten und Angst haben, in Panik geraten, mich beschuldigen und verfluchen, jeden Augenblick verzweifeln – und wie immer bisher, wird schließlich immer Verlaß auf mich sein, und ich werde immer dort zu sehen sein, wo mein Platz ist. Alles werde ich ausbaden, aber alles werde ich seltsamerweise überleben, und schließlich werde ich wieder überall dort Unruhe stiften, wo es notwendig ist. Mir bleibt nichts übrig als diese Vorhersage und zugleich unser Gespräch abzuschließen mit dem Versuch, das letzte und offensichtlich paradoxeste Paradox meines Lebens zu artikulieren: ich verdächtige mich, daß mir irgendwo ganz tief innen dieses ganze paradoxe Leben eigentlich schrecklich viel Spaß macht.

Nachbemerkung

Havels Bemühen, die Vielschichtigkeit der Welt unabhängig von allen Ideologien zu erforschen und sein Widerwillen gegen das Klischee, die Phrase und alle festgelegten Schemata brachten mich zu der Absicht, ihn ein wenig «aus der Ferne zu verhören». Das umfangreiche Gespräch, das daraus entstand und das von seiten Havels nicht des Hauchs einer versuchsweisen «Zwischenbilanz des Lebens» entbehrt, hervorgerufen von seinem nahenden fünfzigsten Geburtstag, verstehe ich als einen Bestandteil des größeren Zyklus meiner Gespräche mit den Zeugen der «Widerlegbarkeit der Welt». Bisher wird er von vier Büchern gebildet: ‹Von der Widerlegbarkeit der Welt› (Gespräche mit Bělohradský, Gruša, Preisner, Král, Němec, Chvatík, Vladislav, Vaculík, Richterová, Brousek, Kolář und Vašíček; im Manuskript); ‹Das Grün der Welt denken› (Gespräch mit Bělohradský; erschienen in der Prager Edition Expedition); ‹Die Kunst zu altern› (Gespräch mit Gruša; vorgesehen von der Londoner Edition Rozmluvy) und dieses ‹Fernverhör› (zuerst ebenfalls in der Edition Expedition erschienen). Im Herbst 1985 tauschten wir schriftlich die ersten Fragen und Antworten aus; die Arbeit ging jedoch zu langsam vonstatten, so daß wir die Methode änderten: zwischen Weihnachten und Silvester 1985 sprach Václav Havel etwa vierzehn Stunden lang Antworten auf meine 50 Fragen auf zehn Tonbänder, womit die Basis des Buches entstand. Die Antworten habe ich niedergeschrieben, bearbeitet und mit weiteren Fragen an Havel geschickt, der unser Gespräch im Mai des Jahres 1986 definitiv redigiert hat. Für bereitwillige Hilfe, vor allem bei der Beschaffung älterer Havel-Texte, danke ich Dr. Vilém Prečan, und für Verständnis für dieses Projekt spreche ich ebenso Klaus Juncker, dem ehemaligen Leiter des Rowohlt Theater-Verlages und langjährigen Freund Havels, meinen Dank aus. Die Korrespondenz der Autoren sowie die Tonbänder mit den Antworten Havels werden im «Dokumentationszentrum zur Förderung der unabhängigen tschechoslowakischen Literatur» aufbewahrt.

K. H.

Zu einigen Personen

EDUARD BASS, 1888–1946, Journalist und Schriftsteller, Mitbegründer der *Lidové noviny* (Volkszeitung), eine der bedeutenden Zeitungen der Zwischenkriegszeit. Dt.: ‹*Zirkus Umberto*›, Prag 1954, und ‹*Der Komödiantenwagen*›, Prag 1958.
S. 12, 27

VÁCLAV BĚLOHRADSKÝ, 1944, Philosoph, Autor von Essays mit philosophisch-ästhetischer Thematik, Soziologe. Wissenschaftlicher Mitarbeiter an der philosophischen Fakultät der Karls-Universität in Prag 1968, Mitarbeiter der literarischen Zeitschrift *Sešity*, 1969 nach Italien emigriert, dort an der Universität in Genua Professor für Soziologie.
S. 17, 148, 200 f, 255

VÁCLAV BENDA, 1946, Mathematiker und Philosoph katholischer Prägung. Dr. phil., bis 1977 Tätigkeit als Programmierer. – Unterzeichner der Charta 77, Gründungsmitglied des VONS, Sprecher der Charta 1979; festgenommen im Mai dieses Jahres und vier volle Jahre im Gefängnis; erneut Sprecher 1984. – Seine Essays und Aufsätze werden im Samizdat und im Ausland veröffentlicht.
S. 81, 193 f

JAN BENEŠ, 1936, literarischer Autodidakt, 1966 wegen der Zusammenarbeit mit *Svědectví* subversiver Tätigkeit angeklagt, im Prager Frühling begnadigt, kurz nach der Invasion emigriert. Lebt in den USA. Dt.: ‹*Der zweite Atem*›, Zürich 1974.
S. 29, 115

VÁCLAV ČERNÝ, 1905, Literaturkritiker und -theoretiker, Herausgeber des *Kritický měsíčník* (Kritische Monatsschrift) (1938–1948), der zu ihrer Zeit führenden Literaturzeitschrift. Eingestellt während der Nazi-Zeit und dann definitiv 1948. 1951 bei stalinistischen Säuberungen von der Karls-Universität, an der er Professor war, entlassen, 1968 rehabilitiert, 1970 zwangspensioniert. Seither zirkulieren seine Schriften im Samizdat oder erscheinen im Ausland. Zweimal im Gefängnis, während der Nazi-Zeit und während des stalinistischen Terrors. Neben Patočka der wichtigste Repräsentant der tschechischen geistigen Unabhängigkeit.
S. 16, 28, 147, 159, 165 f

JINDŘICH CHALUPECKÝ, 1910, Initiator und führender Repräsentant der Gruppe 42 (1942–1948). Nach 1948 Veröffentlichungsverbot, seit 1956 schrittweise und je nach Möglichkeiten als Vermittler moderner Kunst tätig. Nach 1969 zirkulieren seine Texte ausschließlich im Samizdat.
S. 37, 46

JIŘÍ DIENSTBIER, 1937, Journalist und Publizist, Hochschulausbildung. 1969 vom Tschechoslowakischen Rundfunk entlassen, aus der KPTsch und dem Journalistenverband ausgeschlossen, bis 1979 Tätigkeit als Dokumentarist. – Unterzeichner der Charta 77, Gründungsmitglied des VONS (Ausschuß zur Verteidigung zu Unrecht Verfolgter), Charta-Sprecher 1979, im Mai desselben Jahres verhaftet und drei Jahre im Gefängnis, erneut Sprecher 1985. Seit der Entlassung aus dem Gefängnis Heizer. – Seine Theaterstücke, Artikel und Essays aus dem Bereich der internationalen Politik werden im Samizdat und im Ausland veröffentlicht.
S. 180 f

PROKOP DRTINA, 1900–1980. Mitarbeiter des Präsidenten Eduard Beneš in den letzten Jahren der ersten Republik, mit dem zusammen er nach England emigrierte. Unter dem Decknamen Pavel Svatý war er maßgeblich an den einflußreichen

Sendungen der BBC in tschechischer Sprache beteiligt. Nach dem Krieg in der Tschechoslowakei Justizminister, als Mitglied des Parteivorstandes der Nationalen Sozialisten Berater des Präsidenten, nach Beneš' Erkrankung eine der wichtigsten politischen Persönlichkeiten des demokratischen Lagers. Nach der Machtübernahme durch die Kommunisten 1948 Selbstmordversuch. Verhaftet, langjährige Gefängnisstrafe, pensioniert, lebte zurückgezogen, verfaßte seine Memoiren, deren Auftauchen im Westen im Prozeß Ornest et al. Václav Havel zugeschrieben wurde. Im Zusammenhang damit wurde Drtina wieder einmal Opfer einer Hetzkampagne.
S. 170

IVO DUCHÁČEK, vor dem Krieg Abgeordneter für die (katholische) Volkspartei, bedeutsames Mitglied des Widerstandes im Ausland, nach dem Krieg Vorsitzender des Auslandsausschusses der Verfassunggebenden Versammlung, 1948 emigriert.
S. 28

EDITION HINTER SCHLOSS UND RIEGEL, Manuskriptabschriften der von verbotenen tschechoslowakischen Autoren verfaßten Werke. Im Unterschied zu anderen Formen des Selbstverlags in Ostblockstaaten übernehmen hier die Autoren die persönliche Verantwortung für ihre Texte, indem sie ihre zu Büchern gebundenen Manuskripte signieren und in einer kleinen Anzahl von Kopien zirkulieren lassen. Bis heute etwa 300 Titel.
S. 148

PAVEL EISNER, 1889–1957, Schriftsteller und Übersetzer. Herausragender Vermittler zwischen den drei kulturellen Bereichen des Vorkriegs-Prag, dem tschechischen, deutschen und jüdischen. Dt.: *Tschechische Anthologie – Vrchlický, Sova, Březina*, 1917. ‹*Die Tschechen*› (Eine Anthologie aus fünf Jahrhunderten, 1928).
S. 28, 91

LADISLAV FIKAR, 1920–1975, Lyriker, Übersetzer, Literatur- und Theaterkritiker, Verlagslektor. Als solcher in den liberaleren Perioden der tschechoslowakischen Nachkriegsentwicklung an der Herausgabe unabhängiger und literarisch bedeutsamer Texte beteiligt. Dasselbe gilt für seine Tätigkeit im Rahmen des tschechischen Staatsfilms und für die Erfolge der sog. Tschechischen Schule des Films der sechziger Jahre in der Tschechoslowakei.
S. 114

JOSEF LUDVÍK FISCHER, 1894–1973, Philosoph und Soziologe, Universitätsprofessor in Brünn und Olmütz, nach 1948 Berufsverbot. Dt.: *Über die Zukunft der europäischen Kultur*, München 1929.
S. 12, 27, 37

MILOŠ FORMAN, 1936, Filmregisseur, führende Persönlichkeit der sog. «Tschechischen Schule»: *Der schwarze Peter*, 1964, *Die Lieben einer Blondine*, 1965, *Der Feuerwehrball*. Seit 1968 in den USA, drehte dort *Einer flog über das Kuckucksnest*, *Hair*, *Amadeus*.
S. 35 f, 64, 190

EDUARD GOLDSTÜCKER, 1913, Literarhistoriker, Germanist und Politiker. In der Jugendbewegung der Kommunistischen Partei, während des Krieges im britischen Exil, trat in den diplomatischen Dienst, erster und letzter tschechoslowakischer Botschafter in Israel, als Zionist verhaftet und im Zusammenhang mit Slánský zu lebenslanger Haft verurteilt, nach Stalins Tod rehabilitiert, schließlich zum Professor für Germanistik an der Karls-Universität ernannt, befaßte sich vor allem mit der Wiederentdeckung der Prager deutschen Literatur, initiierte die sog. Konferenz von Liblice (1963), die Vorbote des Prager Frühlings war und zu einer zeitweilig geduldeten Rezeption des Werkes von Franz Kafka in der Tschechoslowakei führte. 1968 wurde er Vorsitzender des tschechoslowakischen Schriftstellerverbandes, 1969 Emigration nach England. Dt.:

‹Franz Kafka aus Prager Sicht›, 1963. ‹Franz Kafka. Nachwir-
kungen eines Dichters›, Mitverf., 1984.
S. 124

JAN GROSSMAN, 1925, Literaturkritiker und -theoretiker, Theaterregisseur, Verlagslektor. Als Herausgeber unbeliebter Autoren mußte er diese Tätigkeit 1959 aufgeben. Wichtig noch
seine Dramatisierung von Hašeks ‹Bravem Soldaten Schwejk›.
Nach 1969 teilweises Berufsverbot, er darf nur außerhalb
Prags inszenieren.
S. 60f, 70, 246

JIŘÍ GRUŠA, 1936, Lyriker, Prosaist und Übersetzer, Mitbegründer der Zeitschriften *Tvář* und *Sešity,* die in den sechziger Jahren die junge literarische Generation repräsentierten. 1969
wegen Teilveröffentlichung des angeblich pornographischen
Romans ‹Mimner› (deutsche Fassung ‹*Mimner oder das Tier
der Trauer*›, Köln 1986) strafrechtlich verfolgt. 1978 wegen
seines im Samizdat erschienenen Romans ‹Dotazník› (dt.:
‹*Der 16. Fragebogen*›, Hamburg 1980) verhaftet, nach zwei
Monaten entlassen, anläßlich eines Amerika-Aufenthalts
1981 ausgebürgert. Lebt in Bonn. (Dt. noch: ‹*Stunde namens
Hoffnung*› [Hg.], Frankfurt 1978, ‹*Verfemte Dichter*› [Hg.],
Köln 1983, ‹*Janinka*›, Köln 1984.)
S. 94, 147, 255

JIŘÍ HÁJEK, 1913, Diplomat, Politiker, Historiker. Vor dem
Krieg sozialdemokratischer Jugendfunktionär. Während der
Nazi-Zeit im KZ, 1945–1948 Abgeordneter der SPTsch
(linker Flügel), nach Auflösung der Partei Mitglied des ZK
der KPTsch, seit 1946 Professor für Geschichte. 1955/1965
Diplomat an der UNO-Mission der ČSSR, 1965–1968 Un-
terrichtsminister, 1968 Außenminister, 1970 Ausschluß
aus der KPTsch, Zwangspensionierung, politische Tätigkeit
in der Opposition. Mitbegründer und einer der ersten drei
Sprecher der Charta 77. Dt.: ‹*Signal auf Krieg (Mnichov)*›,
1938, ‹*Begegnungen und Zusammenstöße*›. Erinnerungen

des ehemaligen tschechoslowakischen Außenministers, 1986.
S. 161f, 172

JIŘÍ HÁJEK, 1919, Literaturkritiker, nach stalinistischen Anfängen versuchte er nach 1960 mit seinem Literaturmagazin *Plamen* zumindest teilweise den Reformkurs einzuschlagen. Mit
dem anwachsenden Einfluß der Reformer verlor er 1968 seinen Posten, tauchte dann in den siebziger Jahren wieder auf
als Chefredakteur der Wochenschrift *Tvorba,* aber unter den
neuen Zuständen war seine durchaus marxistische Haltung
nicht orthodox genug, man machte ihn zum Professor für Literatur an der Karls-Universität.
S. 45

LADISLAV HEJDÁNEK, 1927, Philosoph evangelischer Prägung,
Essayist und Publizist. Nach Universitätsstudium 1951
verfolgt, Hilfsarbeiter, Dokumentarist und Bibliothekar.
1968–1971 Philosophisches Institut Prag. Entlassen. 1972
wegen «subversiver Tätigkeit» im Gefängnis, danach Nachtwächter, Heizer. Mitbegründer der nichtoffiziellen philosophischen Seminare, Unterzeichner der Charta 77, zeitweilig
ihr Sprecher. Veröffentlichte ‹*Dopisy příteli*› (Briefe an einen
Freund, nur tschechisch und italienisch).

VLADIMÍR HOLAN, 1905–1980, neben Halas und Seifert der
vielleicht stärkste tschechische Lyriker der letzten Zeit. Nach
1948 zunächst Veröffentlichungsverbot, später halb geduldet.
Seitdem nahm er nicht mehr am öffentlichen Leben teil. Dt.
u. a.: ‹*Eine Nacht mit Hamlet*›, Hamburg 1966, ‹*Rückkehr*›,
1980.
S. 36

MILADA HORÁKOVÁ, 1901, Abgeordnete des tschechoslowakischen Parlaments der Vorkriegszeit für die Nationale Soziali-
stische Partei, während der Nazi-Zeit im Widerstand und im
KZ, nach dem Krieg wieder für dieselbe Partei im Parlament,
bekämpft mutig die sich anbahnenden Mißstände in den von

den Kommunisten beherrschten Ministerien, besonders im Innenministerium, bleibt nach dem Putsch 1948 im Lande, wird bald verhaftet und in einem der skandalösesten Prozesse der Justizgeschichte zum Tode verurteilt und am 8. 6. 1950 trotz Protesten aus aller Welt hingerichtet. Berühmt auch für ihr tapferes Auftreten vor dem Tribunal, im Gegensatz zu Slánský u. a.
S. 121

BOHUMIL HRABAL, 1914, Prosaist, Lyriker, Drehbuchautor, literarischer Autodidakt. Er arbeitete in verschiedenen Berufen. Seine literarische Laufbahn begann mit der Einstampfung seines ersten Buches ‹Ztracená ulička›, 1949. Sein zweites Buch, ‹Perlička na dně›, konnte erst nach 1963 erscheinen. Er wurde damit zu einem der wichtigsten Prosaautoren der Nachkriegszeit. Sein erzählerischer Stil, den er selbst als «pábení», babbeln, bezeichnet, basiert teilweise auf surrealistischem Spiel der Assoziationen und der Sprachhaltung böhmischer Kleinstadtbevölkerung. Es handelt sich zumeist um lyrische Grotesken mit philosophischem Unterton. Dt. u. a.: ‹Tanzstunden für Erwachsene und Fortgeschrittene›, 1977, ‹Schneeglöckchenfeste›, 1981, ‹Bohumil Hrabals Lesebuch›, 1981, ‹Bambini di Praga›, 1982, ‹Erzählungen›, 1982, ‹Die Schur›, 1983, ‹Schöntrauer›, 1984, ‹Harlekins Millionen›, 1984, ‹Kluby Poesie›, 1984, ‹Sanfte Barbaren›, 1986.
S. 38, 64, 177 f, 233

JAROSLAV HUTKA, 1947, Liedermacher, Prosaist, Lyriker. Mitglied der Gruppe Šafrán, 1977 unerlaubter unternehmerischer Tätigkeit beschuldigt, schrittweise Berufsverbot, Umsiedlung nach Holland 1978.

IVAN (MARTIN) JIROUS, Spitzname Magor, 1944, Kunsttheoretiker (theoretische Begründung der völligen Unabhängigkeit der «zweiten [nichtoffiziellen] Kultur») und Kritiker, später auch Lyriker. Hierher gehören besonders: ‹Magoroy labutí

písně (Magors Schwanengesänge), lyrische Verarbeitung seines langjährigen Gefängnisaufenthalts.
S. 84, 91, 153 f, 161, 244

Eva Kantůrková, 1930, Journalistin und Schriftstellerin, 1970 Berufsverbot, Beteiligung an der Charta 77, im Gefängnis von Sommer 1981 bis Frühjahr 1982. Dt.: ‹Verbotene Bürger›, Frauen der Charta 77, 1982.
S. 9

Ivan Klíma, 1931, Prosaist, Dramatiker und Essayist, verbrachte einen Teil seiner Kindheit im KZ Theresienstadt. Redakteur von *Literární noviny,* maßgeblich an der Rolle beteiligt, die diese Zeitung in den Jahren 1966—1969 spielte. 1969/ 70 Studienaufenthalt in den USA, seit 1970 Publikationsverbot. Seine Werke erscheinen im Samizdat oder im Ausland. Dt.: ‹Liebende für eine Nacht – Liebende für einen Tag›. Erzählungen, 1971, ‹Der Gnadenrichter›. Roman, 1973, ‹Machtspiele›. Roman, 1977, ‹Kristina und die Pferde›, 1978. Theaterstücke u. a.: ‹Ein Schloß, Klara und zwei Herren›, ‹Konditorei Miriam›, ‹Ein Bräutigam für Marcella›, ‹Doppelzimmer›, 1971.
S. 146 f

Pavel Kohout, 1928, Lyriker und Dramatiker. Nach seinen stalinistischen Anfängen als Lyriker entwickelte er sich zu einem der meistgespielten Autoren zeitkritischer Stücke, nahm an den virulenten Ereignissen um 68 teil, erhielt Berufsverbot, beteiligte sich an Samizdat-Publikationen. Nachdem er einer Einladung des Burgtheaters gefolgt war, wurde er 1979 ausgebürgert. Seitdem lebt er in Wien. Dt. Prosa: ‹Aus dem Tagebuch eines Konterrevolutionärs›, 1969, ‹Weißbuch in Sachen Adam Juráček…›, 1970, ‹Die Henkerin›, 1982, ‹Die Einfälle der hl. Klara›, 1985.
S. 43, 48, 121, 124, 146, 154, 161, 163, 197

Jiří Kolář, 1914, Lyriker und Collagist, gelernter Tischler, in

vielen Berufen tätig, 1941 erscheint eine erste Gedichtsammlung ‹Geburtsurkunde›. Weitere Gedichtsammlungen, z. B. ‹Sieben Kantaten›, ‹Werschowitzer Äsop›, wurden teilweise publiziert, 1952 wegen eines Manuskriptes inhaftiert, nach Stalins Tod entlassen. Er sammelt Dokumente der Großstadtfolklore und beginnt erneut mit Collagen. Seit Ende der fünfziger Jahre widmet er sich der «evidenten Poesie». Während sein graphisches Werk weltweite Anerkennung findet, ist er in der Tschechoslowakei verboten, 1977 Unterzeichnung der Charta 77, 1978 Ausreise nach Paris, später ausgebürgert. Dt.: ‹Die Weisheiten des Herrn April›, 1963, ‹Suite›, 1980.
S. 37 f, 147

OTOMAR KREJČA, 1922, führender Regisseur der Nachkriegszeit, Vorsitzender des Verbandes der Theaterkünstler in der Zeit des Prager Frühlings, künstlerischer Direktor des Theaters hinter dem Tor, mit dem er international bekannt wurde. Nach der Schließung des Theaters Berufsverbot, auf Druck der internationalen Öffentlichkeit erhielt er Möglichkeiten, außerhalb der Tschechoslowakei zu arbeiten, z. B. in Düsseldorf, Wien u. a.
S. 64

JIŘÍ KUBĚNA, 1936, Lyriker, Studium der Kunstgeschichte. Arbeitet in der Denkmalschutzbehörde in Brünn. Publizierte in *Tvář*. Schon in den sechziger Jahren an der Herausgabe von Samizdat-Publikationen beteiligt. Seine Texte zirkulieren im Samizdat.
S. 35 f, 38, 98

MILAN KUNDERA, 1929, Lyriker, Prosaist, Dramatiker, Essayist, Übersetzer. 1958 beendete er das Studium an der Filmfakultät der AMU (Akademie der musischen Künste), später wirkte er dort als Assistent und dann Dozent. 1970 verlor er seine Anstellung, 1975 Gastprofessor in Rennes, seitdem in Frankreich, 1979 ausgebürgert. Während seines Exils wurde er zum meistübersetzten tschechischen Autor überhaupt. Dt.:

‹Das Leben ist anderswo›, 1974/1980, ‹Abschiedswalzer›, 1977/1980, ‹Der Scherz›, 1979, ‹Das Buch vom Lachen und Vergessen›, 1980, ‹Die unerträgliche Leichtigkeit des Seins›, 1984, ‹Das Buch der lächerlichen Liebe›, 1986.
S. 41, 207 f

PAVEL LANDOVSKÝ, 1936, Film- und Bühnenschauspieler, Dramatiker und Feuilletonist. Bekannt geworden im Činoherní klub (Schauspielklub), geriet wegen der aufrechterhaltenen persönlichen Freundschaft zu Havel in Schwierigkeiten, seit 1976 Berufsverbot, Unterzeichnung der Charta 77, mehrmals verhaftet und im Gefängnis. 1978 Erlaubnis, als Gast im Wiener Burgtheater aufzutreten, dann ausgebürgert. Dt.: ‹Wegen Desinfektion geschlossen›. Schauspiel, 1981.
S. 150

JIŘÍ LEDERER, 1922–1983, Reporter, 1972, 1974, 1977–1981 im Gefängnis, danach im Exil. Dt.: ‹Tschechische Gespräche› (Gespräche mit nach 1969 verbotenen tschechischen Schriftstellern), Rowohlt 1979.
S. 15, 78, 148

JOZEF LETTRICH, 1905–1969, war während der ersten Republik in der Agrarpartei tätig, während des Krieges gehörte er zu den führenden Persönlichkeiten des Widerstandes in der Slowakei, 1945–1948 Vorsitzender des Slowakischen Nationalrats und Vorsitzender der Demokratischen Partei, der stärksten politischen Kraft zwischen 1945 und 1948, Auseinandersetzungen mit den slowakischen Kommunisten unter Husák, emigrierte 1948 in die USA.
S. 28

ANTONÍN JAROSLAV LIEHM, 1924, Film- und Literaturkritiker, Publizist. Als Angehöriger der Generation der jungen kommunistischen Intellektuellen wurde er 1948 als Vierundzwanzigjähriger zum stellvertretenden Leiter der Presseabteilung des Außenministeriums, wurde aber bald auf Grund damali-

ger kulturpolitischer Auseinandersetzungen versetzt. In der
Folge machte er einen politischen Ernüchterungsprozeß
durch. Seit 1961 leitet er in *Literární noviny* die Film- und
Auslandsredaktion. Während des Prager Frühlings gehörte er
zu den maßgeblichen Persönlichkeiten des Blattes. 1969 in die
USA emigriert, als Filmfachmann an verschiedenen Universitäten tätig, lebt seit 1982 in Paris, Herausgeber der internationalen Kulturzeitschrift *Les lettres.*
S. 115f

VĚRA LINHARTOVÁ, 1938, Schriftstellerin und Kunsthistorike-
rin, verkörpert eine tschechische Parallele zum französischen
Nouveau roman, dt. u. a.: ‹*Diskurs über den Lift*›, 1967,
‹*Haus weit*›, Frankfurt 1968, ‹*Chimäre oder Querschnitt
durch die Zwiebel*›, Berlin 1970, ‹*Mehrstimmige Zerstreu-
ung*›, München 1971, ‹*Zehrbilder*›, 1986.
S. 38, 109

JAN LOPATKA, 1940, Literaturkritiker und Herausgeber. Nach
1979 Publikationsverbot. Arbeitete in verschiedenen Berufen,
zuletzt Techniker. 1977 Unterzeichnung der Charta. Eine der
führenden Persönlichkeiten der tschechischen Selbstverlage.
Lebt in Prag.
S. 95, 186

VÁCLAV MAJER, 1902–1972, tschechischer sozialdemokratischer Politiker, Minister der Londoner Exilregierung,
1945–1948 Ernährungsminister und Mitglied des Parteiprä-
sidiums. Profilierter Gegner jeder Zusammenarbeit mit der
KP. 1948 Flucht in die USA. 1948–1972 Vorsitzender der
Tschechischen Sozialdemokratie im Exil.
S. 28

ZDENĚK MLYNÁŘ, 1930, Politologe und Politiker. 1955/56
Mitarbeiter der Generalstaatsanwaltschaft, 1958–1963
Wissenschaftlicher Sekretär des Staatsrechtlichen Instituts
der Akademie der Wissenschaften, 1964–1968 Sekretär

der Rechtskommission beim ZK der KPTsch, 1968 ZK-Sekretär, zurückgetreten im November 1968; danach Wissenschaftlicher Mitarbeiter am Nationalmuseum (als Entomologe), 1970 Parteiausschluß, 1977 Mitunterzeichner der Charta 77 und Verlust seines Arbeitsplatzes, 1978 befristete Ausreisebewilligung nach Wien und kurz danach Ausbürgerung. Lebt in Wien. Dt.: ‹Nachtfrost›, 1978, ‹Der Prager Frühling›, 1983, ‹Krisen und Krisenbewältigung im Ostblock›, 1983.
S. 159, 161 f, 167, 169

MILAN NÁPRAVNÍK, 1931, Lyriker, Maler surrealistischer Prägung, Absolvent der Filmfakultät der AMU, Redakteur beim tschechoslowakischen Fernsehen, seit 1968 im Exil in Köln. Von 1956–1965 Mitglied der nicht offiziellen «Surrealistischen Gruppe», an deren Samizdat-Tätigkeit er beteiligt war. 1968 organisierte er zusammen mit deutschen Surrealisten eine Ausstellung imaginativer Kunst in Bochum. Dt.: ‹Kassiber›, 1969, ‹Beobachtungen des stehenden Läufers›, 1970, ‹Der Wille zur Nacht›. Gedichte, 1980.
S. 109

JIŘÍ NĚMEC, 1932, Philosoph katholischer Prägung, seine Publizistik, Essayistik und Übersetzungen sind vorwiegend in Tvář erschienen, Teilnahme an den Seminaren Patočkas, seit 1958 arbeitete er als Logopäde, nach Unterzeichnung der Charta 77 entlassen, verfolgt und später verhaftet, schließlich ausgesiedelt. Heute in Wien, an der Herausgabe der Werke Patočkas in deutscher Sprache beteiligt.
S. 76, 157 f, 255

OTA ORNEST, 1913, Schauspieler, Theaterregisseur, stammt aus berühmter böhmischer Künstlerfamilie, sein Bruder war der Dichter Jiří Orten, 1939 nach England emigriert, nach der Rückkehr im Prager Theaterleben aktiv, wurde zum Intendanten der Prager Stadt-Theater. Die Säuberungen nach 1968 hat er überstanden, er bemühte sich, deren Folgen in

seinem Wirkungsbereich zu dämpfen, konnte reisen, und kam so in Kontakt mit der tschechischen kulturellen Emigration nach 1948 und 1968. Deswegen verhaftet und «subversiver Tätigkeit» beschuldigt. Öffentliche Selbstkritik im Fernsehen, auf Grund dessen milder bestraft, lebt zurückgezogen in Prag.
S. 172 f

JAN PALACH, Student der Karls-Universität, dessen Selbstmord (er verbrannte sich am 16. Januar 1969 auf dem Wenzelsplatz) aus Protest gegen die Anwesenheit der sowjetischen Truppen in der Tschechoslowakei große Erschütterung hervorrief. Sein Grab wurde nach zwei Jahren beseitigt.
S. 138

JAN PATOČKA, 1907–1977, Philosoph. Gestorben 1977 nach einem Verhör durch den Staatssicherheitsdienst. Nach seiner Promotion an der Karls-Universität 1932 verbrachte er einige Jahre als Stipendiat an deutschen Universitäten, wo er in engeren Kontakt zu Husserl kam, dessen Phänomenologie zu einer Konstante in seiner Gedankenorientierung wurde. Nach dem Krieg Rückkehr an die Karls-Universität, nach 1948 seines Postens enthoben, Beschäftigung als Bibliothekar, 1968 kehrt er an die Universität zurück und wird 1972, als er das Ehrendoktorat der TH Aachen erhält, wieder entlassen. 1976 tritt er für die verfolgten Künstler des tschechischen Underground ein. Dt.: ‹Jan Amos Komenský›, 1984. Eine Werkauswahl in deutscher Sprache ist in Vorbereitung.
S. 37, 164 f, 172

FERDINAND PEROUTKA, 1895–1978, Journalist, Schriftsteller, Mitbegründer der Zeitschriften *Přítomnost* (Gegenwart) und nach 1945 *Dnešek* (Heute), 1939–1945 im KZ Buchenwald, seit 1948 im Exil, Begründer der Rundfunkstation Radio Free Europe, gestorben in New York.
S. 12, 16, 27 f, 179, 206

JAN PROCHÁZKA, 1929–1971, Prosaist, Jugendbuch- und Drehbuchautor, begann als Funktionär des staatlichen Jugendverbandes und Leiter eines Staatsgutes. Seit 1959 Drehbuchautor, Dramaturg und Leiter einer Produktionsgruppe im Filmstudio Barrandov, 1962 Kanidat des ZK der KPTsch, 1968–1969 stellvertretender Vorsitzender des ZK des Schriftstellerverbandes. Nach 1969 Publikations- und Berufsverbot, 1970 einer der ersten Verleumdungskampagnen der Nachinvasionszeit ausgesetzt. Dt.: ‹Lenka›, 1969/1986, ‹Es lebe die Republik›, 1969/1975, ‹Solange uns Zeit bleibt›, 1971, ‹Jitka›, 1972, ‹Milena›, 1973, ‹Der alte Mann und die Tauben›, 1981.
S. 29, 101, 121, 124

JAROSLAV ŠABATA, 1927, Psychologe. Dr. phil., Habilitation in Psychologie. 1968 Sekretär des Bezirksausschusses der KPTsch in Brünn. Nach Ausschluß aus der KPTsch Arbeiter. 1971 verhaftet und zu sechseinhalb Jahren verurteilt, auf Bewährung entlassen im Dezember 1976. – Unterzeichner der Charta 77, Sprecher 1978, wieder im Gefängnis 1978–1980; erneut Sprecher 1981.
S. 168, 212

JOSEF ŠAFAŘÍK, 1905, Philosoph phänomenologischer Prägung und Essayist, seit 1948 Berufsverbot, seine zahlreichen Texte erschienen sporadisch in abgelegenen Zweckpublikationen und zirkulieren im Samizdat.
S. 27f

ŠAFRÁN, ursprünglich Gruppe nicht konformer tschechischer Musiker, heute Bezeichnung für den von dem emigrierten tschechischen Musikmanager Jiří Pallas in Stockholm gegründeten Schallplattenverlag für unabhängige tschechische Pop- und Folk-Musik.
S. 150

GORDON HUBERT SCHAUER, 1862–1892, Literaturkritiker, Mitarbeiter der Zeitschrift Čas des jungen Masaryk, mit dem

er die sogenannte «Tschechische Frage» stellte – eine kritische Auseinandersetzung mit der damaligen tschechischen Gesellschaft und ihren historischen Wurzeln.
S. 216

OLGA SCHEINPFLUGOVÁ, 1902–1968, Lyrikerin, Prosaistin, Schauspielerin, auch in den Stücken ihres Mannes Karel Čapek, ‹Český román› (1946), bringt auf historischem Hintergrund Erinnerungen an das Zusammenleben mit Karel Čapek.
Dt.: ‹Königreich an Drähten›, Berlin (Ost) 1967.
S. 28

JAROSLAV SEIFERT, 1901–1986, Lyriker, Nobelpreis für Literatur 1984, dt. u. a.: ‹Im Spiegel hat er das Dunkel›, 1982, ‹Auf den Wellen von TSF›, Wien 1985, ‹Alle Schönheit dieser Welt›, München 1985, ‹Der Himmel voller Raben›, München 1986, ‹Der Regenschirm von Picadilly› und ‹Pestsäule›, München 1985.
S. 35 f, 42, 116, 159

JOSEF ŠKVORECKÝ, 1924, Prosaist und Übersetzer (Faulkner, Hemingway), in der kurzen Zeit des ersten Prager Tauwetters um 1958 wurde sein seit Jahren vorhandenes Manuskript ‹Zbabělci› (dt.: ‹Feiglinge›, 1968) publiziert, ein Roman, der die letzten Tage des Zweiten Weltkriegs (einschließlich der Racheakte der tschechischen an den deutschen Bürgern) schildert. Die außerordentlich offene Schilderung des bisher einseitig glorifizierten «Aufstandes des tschechischen Volkes» führte zu einer Pressekampagne gegen Škvorecký und seiner zeitweiligen Ausschaltung aus dem literarischen Leben. Seit 1963 veröffentlichte er seine weiteren Werke ‹Legenda Emöke›, 1963 (dt. ‹Legende Emöke›, 1966), ‹Babylonský příběh›, 1967, ‹Lvíče›, (dt.: ‹Junge Löwin›, 1975), ‹Hořkej svět›, 1969. Sein Roman ‹Tankový prapor› (Panzerbataillon) wurde nach dem russischen Einmarsch eingestampft. Mit diesem Buch eröffnete er seine Tätigkeit als Verleger tschechischer Literatur im kanadischen Exil in Toronto.

Sein Verlag 68 Publishers spielt seitdem eine wichtige Rolle bei der Verbreitung der tschechischen unabhängigen Literatur.
S. 38, 64, 124, 206

JURAJ SLÁVIK, 1890–1969, tschechoslowakischer Politiker, während des Zweiten Weltkrieges Mitglied der Exilregierung in London, seit 1946 Botschafter in Washington. Hat dieses Amt nach der Machtübernahme der Kommunisten aus Protest niedergelegt. Blieb in den USA. Im Exil weiterhin politisch aktiv. 1969 in Washington gestorben.
S. 28

KAREL STEIGERWALD, 1945, Dramatiker und Drehbuchautor, Absolvent der AMU, Schüler Kunderas. Seine Stücke werden überwiegend außerhalb Prags aufgeführt. Besondere Aufmerksamkeit erregte seine satirische Parabel auf die tschechische Revolution 1848 ‹Dobové tance› (Epochentänze).
S. 88 f

JIŘÍ SUCHÝ, 1931, Schauspieler, Sänger, Lyriker und Textdichter, Begründer des Theaters Semafor, wo er die Tradition des «Befreiten Theaters» fortsetzte. Nach 1969 hatte er ständige Schwierigkeiten und nie mehr die Möglichkeit zur vollen Entfaltung seines Talents.
S. 54 f

PAVEL TIGRID, 1917, Journalist. Während des Krieges im britischen Exil, dort journalistisch tätig, nach der Rückkehr Gründung der Zeitschrift Obzory (Horizonte), maßgebende Persönlichkeit des demokratischen Lagers, als solche nach 1948 wieder in die Emigration. Herausgeber der Exilzeitschrift Svědectví (Paris). Dt.: ‹Arbeiter gegen den Arbeiterstaat›, Köln 1984.
S. 28 f, 173

JOSEF TOPOL, 1935, künstlerisch profiliertester Dramatiker der

sechziger Jahre, Mitbegründer des Theaters hinter dem Tor, das von einer Gruppe von Regisseuren, Schauspielern, Dramaturgen und Autoren, die das offizielle Nationaltheater verlassen hatten, um freier arbeiten zu können, gegründet worden war. Er blieb dort als Autor und Dramaturg bis zur Schließung im Jahre 1972. Seither Veröffentlichungsverbot. Seine Werke zirkulieren seitdem im Samizdat. Arbeitete als Steinmetz, jetzt Invalide. Dt. aufgeführt: ‹Fastnachtsende›, 1968. Dt. erschienen: ‹Katze auf dem Gleis› in ‹Modernes tschechisches Theater›, 1968, Hörspiel ‹Die Stunde der Liebe›.
S. 38, 65, 109, 147

JAN TREFULKA, 1929, Prosaist, Literaturkritiker und Drehbuchautor, studierte Ästhetik. Wurde 1950 aus der KPTsch ausgeschlossen, dann in verschiedenen Berufen tätig. 1962 Redakteur und 1969 Chefredakteur des Brünner Monatsheftes *Host do domu,* nach Einstellung des Heftes Berufs- und Publikationsverbot, arbeitete als Nachtwächter und Hilfsarbeiter. War der erste Literaturkritiker, der sich mit der stalinistischen Propagandadichtung auseinandersetzte (Polemik «Trefulka gegen Kohout», 1954). Seine Werke erscheinen im Samizdat oder fremdsprachig: ‹O bláznech jen dobré› (dt. ‹Der verliebte Narr›, Frankfurt 1979). Mitunterzeichner der Charta 77, lebt in Brünn.
S. 100f, 146

VLASTIMIL TŘEŠŇÁK, 1950, Liedermacher, Prosaist und Maler. Mitglied der Gruppe Šafrán (s. Anm.), 1974 Berufsverbot, 1982 nach Schweden ausgesiedelt, lebt in Frankfurt. Dt.: ‹Adam und Söhne› (Bilder von Třešňák, Begleittexte von Pavel Kohout, 1986).
S. 91, 170

JAN TŘÍSKA, 1936, Theater- und Filmschauspieler, berühmt geworden besonders bei dem Regisseur Krejča, nach der Schließung des Theaters hinter dem Tor Berufsverbot, erzwungene

Selbstkritik, die ihm eine bedeutungslose Anstellung in einem Bezirkstheater und schließlich die Möglichkeit zur Flucht verschafft. Heute als Schauspieler in den USA.
S. 133 f

PETR UHL, 1941, Publizist. Studium des Maschinenbaus, Ende der sechziger Jahre aktiv in der Studentenbewegung, trotzkistische Orientierung, nach dem Einmarsch 1968 Gründung der «Bewegung der revolutionären Jugend», Gefängnis, Mitunterzeichner der Charta 77, wieder verhaftet, zu fünf Jahren Gefängnis verurteilt, Gründer der «Informationen über die Charta – Infoch», des bis heute im Samizdat erscheinenden Bulletins.
S. 161, 163 f

ZDENĚK URBÁNEK, 1917, Schriftsteller und Übersetzer, konnte nach 1948 nur durch Übersetzungen am literarischen Leben teilnehmen. Besonders wichtig seine Übersetzungen von Shakespeare, Joyce, Whitman und Faulkner. In den siebziger Jahren Berufsverbot, Unterzeichner der Charta 77.
S. 36, 38, 91, 109, 146, 197

LUDVÍK VACULÍK, 1926, Publizist, Feuilletonist und Romancier. Gelernter Schuhmacher, dann Studium der Politik und Sozialwissenschaften, Jugenderzieher, später Redakteur am Rundfunk sowie am Wochenblatt *Literární noviny* (Literaturzeitung). Verfaßte 1968 das bekannte Prager Manifest der 2000 Worte. Seither freier Schriftsteller. Publikationsverbot in der ČSSR. Verlegerische Tätigkeit im Rahmen der Edice Petlice. Dt.: ‹Das Beil›, 1966, ‹Meerschweinchen›, 1970, ‹Tagträume›, 1981. Viele Feuilletons zu Tagesthemen. Lebt in Prag.
S. 106, 124, 146, 161, 255

EDVARD VALENTA, 1901–1978, Journalist und Schriftsteller, Redakteur von *Lidové noviny* und später *Dnešek* von Peroutka. Sein Roman ‹Jdi za zeleným světlem› (Folge dem grünen Licht, 1956) stellte die literarische Kontinuität zur Zeit

vor der kommunistischen Machtübernahme her und bewirkte
so den ersten großen literarischen Skandal in der Tschechoslowakei nach 1948.
S. 28

IVAN VYSKOČIL, 1929, Prosaist, Dramatiker, Hörspielautor
und Schauspieler. Studierte Kriminalpsychologie und arbeitete als Erzieher in Erziehungsheimen. Von 1957 – 1959 lehrte
er Psychologie an der Prager Musischen Akademie, zugleich
wurde er zum künstlerischen Leiter des Schauspielensembles
des gerade gegründeten Theaters am Geländer. Seit 1963 versuchte er mit wechselndem Erfolg, eigene Theater zu gründen.
Nach 1969 durfte er Text-appeals nur unregelmäßig auf dem
Lande oder in Prager Vorstädten vorführen. Dt.: ‹Knochen›,
1968.
S. 55, 57 f, 66, 74, 77

JAN WERICH, 1905 – 1980, Schauspieler und Schriftsteller, eine
der bedeutendsten Theaterpersönlichkeiten der Tschechoslowakei, gemeinsam mit J. Voskovec begann er im Jahre 1926
im Dada-Theater und später im «Befreiten Theater» seine
avantgardistisch-dadaistischen Komödien zu inszenieren, die
im Laufe der Zeit einen satirisch-politischen, antifaschisti-
schen Charakter gewannen. Während des Krieges in den USA
in der Emigration. Nach 1948 blieb Werich allein in der
Tschechoslowakei und wurde allmählich zu einer Schlüssel-
persönlichkeit der intellektuellen und künstlerischen Kontinuität des tschechischen Theaters. Der von ihm und Voskovec
entwickelte Stil, intellektuell anspruchsvoll und zugleich spie-
lerisch und sprachschöpferisch, inspirierte fast alle sogenannten «Kleinen Theater» der sechziger Jahre.
S. 50 f

JAN ZÁBRANA, 1931 – 1984, Lyriker und Übersetzer. Nachdem
beide Eltern als Staatsfeinde zu Anfang der fünfziger Jahre zu
langjährigen Haftstrafen verurteilt worden waren, schlug er
sich als Übersetzer aus dem Russischen durch und wurde all-

mählich zum wichtigsten Vermittler aus dem Bereich der russischen (‹Dr. Schiwago›, 1968), dann auch aus der englischen Literatur, besonders der Beat-Generation. Er schrieb Kriminalromane und glänzende Lyrik, die während des Prager Frühlings erscheinen konnte (‹Schwarze Ikonen›). Nach 1969 wiederum nur Übersetzer.
S. 37f

PETR ZENKL, 1884–1975, tschechischer nationaler sozialistischer Politiker, 1937–1939 und 1945/46 Primator (Oberbürgermeister) der Stadt Prag. Während des Krieges im KZ. 1945–1948 Abgeordneter und Vorsitzender der Tschechischen Nationalen Sozialistischen Partei. Ab 1949 im Exil in den USA.
S. 28

Václav Havels Werk
in deutschen Übersetzungen

1. Dramatische Werke

Das Gartenfest (Zahradní slavnost) Spiel
Deutsch von August Scholtis
Uraufführung: 3.12.1963, Prag, Theater am Geländer
Deutsche Erstaufführung: 2.10.1964, Berlin, Schiller-Theater

Die Benachrichtigung (Vyrozumění) Schauspiel
Deutsch von Eva Berkmann
Uraufführung: 26.7.1965, Prag, Theater am Geländer
Deutsche Erstaufführung: 13.12.1965, Berlin, Schiller-Theater

Erschwerte Möglichkeit der Konzentration (Ztížená možnost soustředění) Stück in zwei Akten
Deutsch von Peter Künzel
Uraufführung: 11.4.1968, Prag, Theater am Geländer
Deutsche Erstaufführung: 14.11.1968, Berlin, Schiller-Theater

Die Retter (Spiklenci) Schauspiel
Deutsch von Peter Künzel
Uraufführung: 8.2.1974, Baden-Baden, Theater der Stadt

Die Gauneroper (Žebrácká Opera) nach John Gay. Schauspiel
Deutsch von Peter Künzel
Uraufführung: 4.3.1976, Triest, Teatro Stabile
Deutsche Erstaufführung: 16.10.1976, Celle, Schloß-Theater

Audienz (Audience) *Vernissage* (Vernisáž) Kurzdramen
Deutsch von Gabriel Laub
Uraufführung: 9.10.1976, Wien, Burgtheater

Das Berghotel (Horský Hotel) Schauspiel
Deutsch von Gabriel Laub
Uraufführung: 23.5.1981, Wien, Burgtheater

Protest (Protest) Schauspiel
Deutsch von Gabriel Laub
Uraufführung: 17.11.1979, Wien, Burgtheater
Gemeinsame deutsche Erstaufführung: 1.12.1979, Göttingen,
Deutsches Theater, Lübeck, Bühnen der Hansestadt, Münster,
Zimmertheater

Der Fehler (Chyba) Einakter
Deutsch von Joachim Bruss

Largo Desolato (Largo desolato) Schauspiel
Deutsch von Joachim Bruss
Uraufführung: 13.4.1985, Wien, Burgtheater
Deutsche Erstaufführung: 30.11.1985, Göttingen, Deutsches
Theater

Versuchung (Pokouseni) Schauspiel
Deutsch von Joachim Bruss
Uraufführung: 23.5.1986, Wien, Burgtheater

Fledermaus auf der Antenne (Motýl na anténá) Fernsehspiel
Deutsch von Gabriel Laub
Erstsendung: 25.2.1975, Norddeutscher Rundfunk

Der Schutzengel (Anděl strážný) Hörspiel
Deutsch von Gabriel Laub
Erstsendung: 2.3.1969, Süddeutscher Rundfunk

2. Politische Essays

Offener Brief an Gustáv Husák vom 8. April 1975
Deutsch von Gabriel Laub
In: Drei Stücke, Rowohlt Taschenbuch Verlag, Reinbek bei
Hamburg, 1977

Versuch, in der Wahrheit zu leben. Von der Macht der Ohn-
mächtigen
Mit einem Vorwort von Hans-Peter Riese. Deutsch von Gabriel
Laub
rororo-aktuell, Reinbek bei Hamburg, 1980

Ich bin einfach auf der Seite der Wahrheit gegen die Lüge.
Ein erstes Interview nach der Entlassung aus dem Gefängnis.
Frankfurter Rundschau, 12.4.1983

Euer Frieden und unserer – Anatomie einer Zurückhaltung.
Deutsch von Joachim Bruss
Kursbuch 81, September 1985

Politik und Gewissen. Über politische Alternativen in unserer
Zeit
Deutsch von Joachim Bruss
Kontinent, Heft 2/1986

Geteilt in der Politik, doch ungeteilt und unteilbar im Geiste.
Von der Vision einer friedvollen gesamteuropäischen Gemein-
schaft
Erasmus-Preis-Rede vom 13.11.1986. Deutsch von Joachim
Bruss
Frankfurter Allgemeine Zeitung, 14.11.1986

Wofür es sich zu leiden lohnt. Die Charta 77 und die Würde des
Menschen im Totalitarismus
Deutsch von Joachim Bruss
Die Welt, 21.2.1987

3. Buchveröffentlichungen

Zwei Dramen (Das Gartenfest, Die Benachrichtigung)
Essays und Antikoden
Mit einem Vorwort von Jan Grossman
Rowohlt Taschenbuch Verlag, Reinbek bei Hamburg, 1967

Drei Stücke (Audienz, Vernissage, Die Benachrichtigung)
Offener Brief an Gustáv Husák
Mit einem Vorwort von Gabriel Laub
Rowohlt Taschenbuch Verlag, Reinbek bei Hamburg, 1977

Versuch, in der Wahrheit zu leben
Von der Macht der Ohnmächtigen
Mit einem Vorwort von Hans-Peter Riese
rororo-aktuell, Reinbek bei Hamburg, 1980

Briefe an Olga
Identität und Existenz. Betrachtungen aus dem Gefängnis
Für die deutsche Ausgabe bearbeitet von Jiří Gruša
rororo-aktuell, Reinbek bei Hamburg, 1984

Largo Desolato
Schauspiel
Mit einem Vorwort von Siegfried Lenz
Rowohlt Taschenbuch Verlag, Reinbek bei Hamburg, 1985

Václav Havel

**Das Gartenfest
Die Benachrichtigung**
Zwei Dramen
Essays
Antikoden
rororo theater 12736

Vaněk-Trilogie
Audienz – Vernissage – Protest
und
Versuchung, Sanierung
Theaterstücke
Mit einem Vorwort von Marketa
Goetz-Stankiewicz
rororo 12737

Largo Desolato
Schauspiel in sieben Bildern
rororo 5666

Versuch, in der Wahrheit zu leben
rororo aktuell Essay 12622

Briefe an Olga
Betrachtungen aus dem Gefängnis
Neuausgabe
rororo aktuell 1273

Fernverhör
Ein Gespräch mit Karel Hvlždala
Deutsch von Joachim Bruss
288 Seiten. Kartoniert

Am Anfang war das Wort
Zeugnisse der Widerspenstigkeit
rororo aktuell Essay 12838

Fernverhör
Ein Gespräch mit Karel Hviždala
Deutsch von Joachim Bruss
288 Seiten. Kartoniert

C 2370/4

Zeitgeschichte

Rudi Dutschke
Mein Langer Marsch
Reden, Schriften und Tagebücher
aus zwanzig Jahren (4718)
Die Revolte
Wurzeln und Spuren eines Aufbruchs
(4935)

Erhard Eppler
Das Schwerste ist Glaubwürdigkeit
Gespräche über ein Politikerleben
mit Freimut Duve (4355)

Helmut Lorscheid/Leo A. Müller
Deckname: Schiller
Die deutschen Patrioten des
Lyndon LaRouche (5916)

Analysen
und
Lebensläufe

Herausgegeben
von
Ingke Brodersen

C 2175/4

12488   5642

Ökologie

Olaf Achilles/Jochen Lange
Tiefflieger
Vom täglichen Angriff auf die Bürger.
Daten, Fakten, Hintergründe (12579)

Henk Hobbelink
Bio-Industrie gegen die Hungernden
Die Gen-Multis und die Lebens-Mittel der Dritten Welt (12381)

Ivan Illich
Selbstbegrenzung
Eine politische Kritik der Technik
(4629)
Fortschrittsmythen
Schöpferische Arbeitslosigkeit –
Energie und Gerechtigkeit – Wider die Verschulung (5131)

Herausgegeben
von
Ingke Brodersen

C 2266/6 c

12729

5219

Blickpunkt DDR

Rolf Henrich
Der vormundschaftliche Staat
Vom Versagen des real existierenden
Sozialismus
aktuell essay 12536 / DM 20,-

Walter Janka
Schwierigkeiten mit der Wahrheit
aktuell essay 12731 / DM 10,-

Charles Schüddekopf (Hg.)
«Wir sind das Volk!»
Flugschriften, Aufrufe und Texte einer
deutschen Revolution
sachbuch 8741 / DM 12,80

Hubertus Knabe (Hg.)
Aufbruch in eine andere DDR
Reformer und Oppositionelle zur
Zukunft ihres Landes
aktuell 12607 / DM 11,80

Michael Naumann (Hg.)
«Die Geschichte ist offen»
DDR 1990: Hoffnung auf eine
neue Republik
aktuell 12814 / DM 9,80

Robert Havemann
Die Stimme des Gewissens
Texte eines Antistalinisten
aktuell essay 12813

rororo
AKTUELL

C 2384/2